DANS LA MÊME COLLECTION

Esthétique contemporaine, J.-P. Cometti, J. Morizot et R. Pouivet (dir.)
Avec des textes de M. Beardsley, N. Carroll, N. Goddman, J. Hyman, P. Lamarque, J. Levinson, J. Margolis, D. McIver Lopes, A. Neill, D. Novitz, C. Radford, J. Robinson, R. Wollheim.

Métaphysique contemporaine, E. Garcia et F. Nef (dir.)
Avec des textes de R.M. Adams, D. Armstrong, R. Chisholm, J. Dokic, P. van Inwagen, D. Lewis, E.J. Lowe, D. Parfit, A. Plantinga, P. Simons, G.F. Stout, D.C. Williams

Philosophie de l'esprit, D. Fisette et P. Poirier (dir.)
– Volume I : « Psychologie du sens commun et sciences de l'esprit ». Avec des textes de P. Churchland, D. Davidson, D. Dennet, J. Fodor, C. Hempel, D. Lewis, H. Putnam, W. V. Quine et W. Sellars.
– Volume II : « Problèmes et perspectives ». Avec des textes de F. Dretske, J. Fodor, J. Levine, H. Putnam, Z. Pylyshyn, D. Rosenthal, P. Smolensky, S. Stich et T. van Gelder.

Philosophie de la connaissance, J. Dutant et P. Engel (dir.)
Avec des textes de L. BonJour, R. Chisholm, E. Gettier, A. Goldman, K. Lehrer, G.E. Moore, R. Nozick, E. Sosa, B. Stroud, T. Williamson, L. Zagzebski.

Philosophie des sciences, S. Laugier et P. Wagner (dir.)
– Volume I : « Théories, expériences et méthodes ». Avec des textes de R. Carnap, Ph. Frank, K. Popper, H. Reichenbach, B. Russell, M. Schlick et F. Waismann.
– Volume II : « Naturalismes et réalismes ». Avec des textes de J. Bouveresse, N. Cartwright, A. Fine, I. Hacking, T. S. Kuhn, H. Putnam, W. V. Quine, B. van Frassen et E. Zahar.

PHILOSOPHIE DE L'ACTION

COMITÉ ÉDITORIAL

TEXTES CLÉS

PHILOSOPHIE DE L'ACTION

Action, raison et délibération

Textes réunis par
Bruno GNASSOUNOU

Traductions par
L. BOUILLANT, H. CLÉMOT, B. GNASSOUNOU,
G. LE GOUSSE, J. MARTIN-CABETICH, C. MICHON,
F. DE MONNERON, S. MOTTA

PARIS
LIBRAIRIE PHILOSOPHIQUE J. VRIN
6, place de la Sorbonne, V^e
2007

INTRODUCTION GÉNÉRALE

ACTION, RAISON ET DÉLIBÉRATION

Qu'est-ce que, pour un homme, agir ? La question peut paraître saugrenue, comme toute question philosophique dont l'objet est à la fois très général et particulièrement banal. Après tout, chacun sait quand il est *actif* et quand il ne l'est pas. Je suis assis sur un banc, un journal à la main, attendant un ami. Je laisse baigner mon visage par la lumière soleil. Une rafale de vent soulève mes cheveux. Je me lève et me dirige en sifflotant vers mon ami que je vois venir à ma rencontre. Je suis renversé par un cycliste. On m'aide à me relever. J'écrase par inadvertance le pied d'un passant venu à mon aide. Je lisse les pans de ma veste pour la nettoyer. Ce fragment de biographie est compris immédiatement de tous et chacun y fera aisément la distinction, parmi les événements qui me concernent, entre les actions que j'accomplis et les événements qui ne font que m'arriver, en particulier les avanies que je subis. Il y a des événements qui dépendent de moi, dira-t-on, comme le fait que je me lève ou que je lisse les pans de ma veste pour la nettoyer. D'autres au contraire sont hors de mon contrôle immédiat, comme le mouvement de mes cheveux ou le fait que je sois renversé. Je n'en suis en quelque sorte que le spectateur impuissant.

Il est évident, toutefois, que la facilité avec laquelle nous opérons la distinction entre ce qui dépend de nous et ce qui n'en dépend pas ne nous dispense aucunement d'une analyse philosophique de la *racine* de cette distinction, pas plus que notre facilité à dire quand nous voyons et quand nous ne voyons pas ne nous épargne l'effort d'une analyse de la perception. Cela ne signifie pas que nous devons écarter comme trop peu philosophique le banal point de départ biographique que nous nous sommes donné. Car ce petit récit est déjà hérissé de difficultés que le sens commun serait bien en peine de surmonter. Par exemple, en quoi *attendre* est-il une action ? Il est incontestable que l'on ne subit pas l'attente et qu'en ce sens elle est volontaire. Mais d'un autre côté, il n'y a rien d'*actif* dans l'attente, aucun mouvement spécifique n'est requis, car attendre consiste précisément à ne pas bouger d'endroit. Je lis le journal, mais j'aurais tout aussi bien pu distribuer du pain aux pigeons. Devra-t-on dire que toute l'attente est dans l'intention, puisque rien dans les gestes présents ne la trahit ? Par ailleurs, je lis en attendant et je sifflote en marchant. Dans ces deux cas, nous avons affaire manifestement non à une, mais à deux actions, et pourtant elles ont lieu au même moment et sont accomplies par la même personne. Ce cas semble se distinguer de celui où je lisse les pans de ma veste et où, du même coup et en même temps, je la nettoie, car il semble bien que nettoyer ma veste consiste simplement à la lisser, alors qu'il ne suffit pas que je sifflote pour marcher ou que je marche pour siffloter. Il y a donc des actions que j'accomplis en me contentant d'en accomplir d'autres : comment se distinguent-elles alors ? Et quand on m'aide à me relever y a-t-il ou non une seule et unique action, bien que plusieurs acteurs interviennent ? Quand je marche sur le pied du badaud, ai-je agi, bien que de façon involontaire (après tout, je suis bel et bien la cause de l'écrasement du pied) ou n'ai-je pas agi du tout puisque je n'ai pas *voulu* écraser le pied ? Quand je *laisse* baigner mon visage par la lumière du soleil, aucun comportement n'est requis de ma part et pourtant, c'est volontaire. En quoi les permissions ou les omissions sont-elles des actions si aucun événement corporel ne les accompagne ?

Toutes ces questions appartiennent à deux registres, intimement liés en l'occurrence, celui de l'ontologie et celui de la philosophie de l'esprit. Il s'agit en effet de savoir si j'ai affaire deux fois à la même action ou à deux actions différentes. Il s'agit de déterminer ce qui peut distinguer cette action comme individu d'une autre ou ce qui permet de les identifier. Bref, il est question pour le philosophe de mettre en lumière les critères d'identité ou d'individuation des actions, un peu comme Platon ou Aristote pouvaient se demander si et comment on devait distinguer Socrate assis et Socrate debout. Mais en tentant de répondre à cette question aride, on ne manquera pas d'en rencontrer une autre, plus familière, celle des rapports de l'âme et du corps, c'est-à-dire une question qui relève de ce que les anglophones appellent la philosophie de l'esprit. Il est manifeste que parmi les actions volontaires, celles qui nous intéressent sont les actions intentionnelles. Or l'intentionalité est d'abord un phénomène *mental*. Si le mouvement d'ascension de mon bras est une action humaine, c'est que j'avais *à l'esprit* un certain objectif (par exemple, je l'ai accompli pour demander la parole : c'est l'idée que j'avais *en tête*) et cette intention est un élément que je ne peux négliger dans l'individuation de l'action : il lui donne son identité. Tout le problème est de savoir comment l'on doit penser les rapports entre cet élément mental et le mouvement physique (ou son absence) dans le monde.

Depuis un bon demi-siècle maintenant, l'*action* est, dans ce cadre, devenue un objet important d'analyse et de controverse philosophique, surtout dans les pays anglo-saxons. Il ne serait pas faux de dater ce regain d'intérêt porté à notre sujet à la parution du livre d'E. Anscombe, *L'Intention* (1957) et aux articles de D. Davidson qui suivirent quelques années après (à partir de 1963). Depuis, la littérature sur le sujet n'a cessé de croître et de s'enrichir. Mais l'on voit que ce faisant, la philosophie contemporaine n'a fait que reprendre à nouveaux frais, en construisant d'autres arguments et avec d'autres outils conceptuels, des problèmes vénérables que l'on trouvait déjà clairement formulés chez Platon et Aristote, puis chez les auteurs médiévaux, mais aussi chez Descartes, Spinoza ou Hume.

Pourtant le lecteur français, nourri de la tradition *française* de l'idéalisme allemand, pourrait être au premier abord surpris par le contenu de ces analyses, qui feront l'essentiel de cet ouvrage, comme d'ailleurs il tend à l'être devant les textes de l'Antiquité ou du 17e siècle. Pour lui, la question de l'action est aussi et surtout la question de la possibilité d'un sujet *pratique*, c'est-à-dire d'un acteur libre et d'une liberté qui importe au plus haut point pour son statut existentiel, moral et politique. D'où la forme ardue des questions formulées par Kant, Fichte ou Hegel et plus tard par Heidegger, Sartre ou Merleau-Ponty. Quand suis-je vraiment libre ou spontané ? La possession de la Raison en est-elle la condition ? Et comment cette Raison peut-elle s'inscrire dans mes actions : comment une raison pratique est-elle possible ? Savoir si le capitaine d'un navire qui jette sa cargaison par dessus bord pour éviter la naufrage a agi volontairement, pour reprendre le cas d'école d'Aristote, lui semble importer peu pour résoudre ces problèmes qui paraissent autrement profonds.

Il y a là cependant une erreur. Les questions morales, politiques et plus généralement celles touchant à la constitution du sujet pratique ont tout à gagner d'une analyse préalable du concept ordinaire d'action. C'est qu'en analysant l'action intentionnelle, on rencontre nécessairement la question des raisons d'agir. En effet, il semble tout à fait plausible de soutenir qu'une action intentionnelle est une action faite pour une ou des raisons déterminées. Or les raisons d'agir sont précisément ces considérations que nous mobilisons lorsque nous *raisonnons* sur ce que nous devons faire et qui confèrent une forme de rationalité à nos actions. C'est ainsi que nous retrouvons, en partant d'ailleurs, la question centrale de la rationalité pratique.

LA QUESTION DU RESTE ET LE PROBLÈME DE L'ARRÊT

Commençons par la question telle qu'elle se présente à beaucoup de philosophes contemporains, celle de savoir comment nous distinguons parmi les événements où nous sommes impliqués ceux qui sont réellement nos actions et ceux qui ne sont que des choses qui nous arrivent. On partira de l'idée qu'un même événement physique peut tantôt être une action, tantôt ne pas l'être. Prenons l'exemple suivant :

> 1) Quelqu'un prend un marteau et donne un coup sur un verre qui se brise.
> 2) Un violent coup de vent fait tomber un verre qui se brise.

On dira que dans le premier cas, la personne *a fait* quelque chose qui a entraîné le bris du verre, à savoir donné un coup de marteau. Dans le second cas, personne n'a rien fait qui a entraîné le bris du verre : c'est un changement qui a une cause, mais ce changement ne peut être considéré comme une action, car le coup de vent n'est l'action d'aucun acteur. Ce qui serait donc spécifique à l'événement pour qu'il soit une action, c'est qu'un acteur le *fasse* se produire. Sur quoi repose la distinction entre le simple événement et l'événement comme action? Chacun accordera que le même type d'événement s'est produit : le bris du verre. On ajoutera alors que si quelqu'un brise un verre, cela implique logiquement que l'événement consistant dans le bris du verre s'est produit. La survenue de l'événement est donc une condition nécessaire, bien que non suffisante, de l'accomplissement de l'action. Sans l'événement, pas d'action. Mais l'action ne se réduit pas à l'événement. Que faut-il rajouter à l'événement pour obtenir l'action? Wittgenstein, en une phrase restée fameuse, avait demandé : « Que reste-t-il donc quand je soustrais le fait que mon bras se lève du fait que je lève le bras? » [1].

---

1. Wittgenstein, *Philosophical Investigations*, New York, Macmillan, 1953; trad. fr. F. Dastur, M. Elie, J.-L. Gautero, D. Janicaud, E. Rigal, *Recherches philosophiques*, Paris, Gallimard, 2004, § 621.

Une des thèses les plus courantes de la philosophie contemporaine est tout d'abord l'affirmation qu'il reste bien quelque chose, qui, ajouté à l'événement consistant en l'élévation du bras, donne l'action de lever le bras. Il s'agit ensuite de déterminer la nature de ce reste. Appelons ce problème le *problème du reste*.

On pourrait répondre évidemment que ce qui reste, c'est tout ce que l'agent fait pour que le verre se brise, en l'occurrence donner un coup de marteau. Oui, mais donner un coup de marteau est lui-même une action et une action qui implique un événement : le déplacement du marteau et donc du bras qui le meut. Cet événement aurait pu avoir lieu sans qu'il fût une action, si par exemple quelqu'un avait heurté violemment le porteur du marteau et lui avait fait donner un coup au verre. Il faut donc que quelque chose s'ajoute à nouveau à l'événement du mouvement du bras pour qu'il soit une action véritable : l'acteur a dû le faire arriver. Mais l'on voit aisément que nous sommes entraînés dans une régression à l'infini. Pour tout événement, il faudra lui en adjoindre un autre qui est l'action de le faire arriver. Mais si cet événement est lui-même une action, c'est qu'il fallait, à lui aussi, lui adjoindre un autre événement qui était l'action de le faire arriver et pour lequel la même division s'impose, et ainsi de suite à l'infini. Il faut donc présupposer qu'il y a des actions que nous accomplissons sans que nous ayons rien à faire pour les accomplir. Il reste la question de savoir en quoi consiste ces actions qui sont telles que nous n'avons à faire rien d'autre pour les accomplir, actions qu'il est d'usage d'appeler *actions de base* ou *actions primitives* (*basic action*)[1]. Appelons ce problème le *problème de l'arrêt*. Si, dans cette perspective, on arrive à donner une solution au problème de l'arrêt, nous aurons du même coup donné une solution au problème du reste : l'action

---

1. L'expression est du philosophe américain Arthur Danto, voir « Basic Action », *American Philosophical Quaterly*, 1965, p. 141-148.

primitive sera précisément cet agir à l'état pur qu'il faut ajouter à un événement pour le transformer en une action.

LA SOLUTION VOLITIONISTE

La solution au problème de l'arrêt qui vient spontanément à l'esprit est de dire, comme le fait A. Danto, qu'il s'agit des mouvements corporels élémentaires dont tous les vivants un peu complexes sont capables. Je n'ai rien à faire d'autre pour mouvoir mon bras que de le mouvoir. Mais il appert très rapidement que cette solution n'en est pas une. Après tout, il me faut distinguer tout autant l'action de lever le bras du mouvement du bras lui-même et nous retrouvons ainsi le problème tel que Wittgenstein l'avait posé. Or s'il l'avait fait, c'est qu'il lui semblait que la question telle qu'elle était posée devait nous ramener tout droit à une forme de *dualisme* entre le corps et l'esprit qu'est le *volitionisme*, c'est-à-dire à la thèse que ce que nous faisons vraiment dans une action comme celle de lever le bras, c'est de *vouloir* lever le bras. Toute action *dans le monde* doit pouvoir s'analyser *in fine* en une conjonction d'un *acte* de volonté (en quoi nous sommes vraiment actifs) et d'un mouvement du corps qui procède de cet acte originaire. Attardons-nous un peu sur ce point.

Qu'est-ce qu'une action humaine? Une réponse raisonnable est d'affirmer qu'une action humaine est une action *volontaire*, ce qu'aucun philosophe ne nie. Une interprétation philosophique radicale de cette réponse ajoute que l'*essentiel* dans l'action humaine est son caractère volontaire, en entendant par là que cette action est 1) un mouvement du corps (la plupart du temps), 2) précédée d'un événement mental, la *volition*, sorte de décision d'agir, 3) causée par cet événement mental. Appelons *volitionisme* une analyse de l'action qui répond à ce schéma. Le volitionisme ainsi entendu a connu son plein épanouissement au 17e siècle dans le sillage du cartésianisme. Si lever mon bras est une action de ma

part, c'est que j'ai voulu intérieurement que le mouvement d'élévation du bras ait lieu et que cette pensée a été suivie d'effet. Le § 18
du *Traité des passions* de Descartes fournit une formulation particulièrement claire et laconique de ce genre d'analyse : « de cela seul
que nous avons la volonté de nous promener, il suit que nos jambes
se remuent et que nous marchons ». Ainsi, l'action de *marcher* se
résout en une *volonté* de se promener *plus* un *mouvement* des
jambes. Cette analyse résolutive de l'action est devenu un *topos* au
19e siècle. On la trouve par exemple très clairement exprimée par
J.S. Mill dans le texte suivant :

> Qu'est-ce qu'une action ? Ce n'est pas une seule chose ; c'est un
> composé de deux choses successives, l'état d'esprit appelé volition,
> et l'effet qui le suit. La volition ou l'intention de produire l'effet
> est une chose ; l'effet produit en conséquence de l'intention en est
> une autre ; les deux ensemble constituent l'action. Je veux mouvoir
> instantanément mon bras ; cette volonté est un état de mon esprit ;
> mon bras – s'il n'est pas lié ou paralysé – obéit et se meut ; c'est le fait
> physique consécutif à un état d'esprit. L'intention suivie du fait ou,
> si l'on aime mieux, le fait précédé et causé par l'intention s'appelle
> action de mouvoir son bras [1].

Cependant le volitionisme devait subir, sous cette forme, une
attaque frontale de la part de G. Ryle dans son maître ouvrage,
La Notion d'esprit, publié en 1949. On y trouve trois arguments
fondamentaux dont le dernier a joué un rôle important [2] :

1) *L'impossibilité d'attribuer aux volitions les prédicats ordinaires d'actions*. Personne ne décrit sa conduite en ces termes.
Personne n'a jamais dit qu'à telle heure, il était occupé à vouloir
ceci ou cela ; qu'entre midi et une heure, il a émis cinq volitions
rapides et aisées et deux volitions lentes et difficiles. Un accusé

---

1. Mill, *Système de logique*, I, 3, § 5, trad. fr. L. Peisse, Liège, Mardaga, 1988,
p. 58.
2. Voir G. Ryle, *La Notion d'esprit*, trad. fr. S. Stern-Gillet, Paris, Payot, 2005,
p. 141-149.

peut admettre ou nier avoir fait telle chose, mais il n'y a pas de sens à dire qu'il avoue ou nie avoir eu telle volition. Absurde de se demander depuis combien de temps quelqu'un a eu sa dernière volition ou combien de volitions il a accomplies en récitant « Le Corbeau et le Renard ». On ne voit pas quels prédicats ordinaires d'action l'on pourrait attribuer à ces volitions. Y a–t-il des volitions progressives ou soudaines, des volitions fortes ou faibles, aisées ou difficiles ? Peut-on les accélérer, les ralentir, les interrompre ou les suspendre ? Sont-elles fatigantes ou distrayantes ?

2) *La contingence du lien entre la volition et le mouvement physique*. Un acteur ne pourrait jamais savoir qu'une action résulte d'une volition donnée. Même si l'on supposait que l'acteur sait, par introspection, quelle volition il a accomplie, par exemple celle de vouloir pousser la gâchette juste avant de le faire, rien ne prouve que cette volonté soit la cause de cette poussée. Sa volition aurait pu avoir un autre effet et la pression sur la gâchette une cause différente.

3) *La régression à l'infini*. Il existe des actions physiques, mais aussi des actions mentales (calculer, imaginer, se souvenir etc.), car on peut leur appliquer des prédicats ordinaires d'actions : on peut se concentrer sur un geste physique, mais aussi sur une opération de calcul, etc. Il y a donc des actions mentales qui sont volontaires ou involontaires. La question est donc légitime de savoir si les volitions sont volontaires ou involontaires. Mais si ma volonté de pousser sur la gâchette est volontaire, elle doit elle-même résulter d'une volition plus primitive, dont il sera légitime de se demander à nouveau si elle est volontaire ou involontaire, et ainsi de suite à l'infini. En d'autres termes, dans une telle analyse de l'action volontaire, à chaque fois que l'on croit décompter une action, il en existe en réalité deux : l'action de pousser sur la gâchette (action physique) et l'action de vouloir pousser sur la gâchette (action mentale). Mais comme les actions mentales sont aussi des actions, l'action mentale elle-même doit être dupliquée si l'action est volontaire.

On voit en passant que le problème n'est pas celui du partage entre le mental et le physique puisqu'il y a des actions mentales (calculs mentaux ou même délibérations). Il est seulement celui de savoir si une action quelconque (physique *ou mentale*) doit être précédée d'un acte de volonté pour exister. En toute rigueur, l'acte de volition en question pourrait être aussi physique, cela ne changerait rien au problème (allons même plus loin : on pourrait imaginer un philosophe affirmant que ces opérations mentales que sont les calculs mentaux sont causées par des actes de volition physiques). Il ne faut pas réduire le problème du passage à l'acte et du volontaire au problème du passage du mental au physique.

L'argument invoquant la régression à l'infini, qui nous occupe plus particulièrement, a pourtant été l'objet d'une critique sophistiquée de la part de philosophes contemporains, comme J. Hornsby[1] et H. McCann[2]. On peut s'y attaquer de deux manières :

1) Cet argument suppose que les actes de volonté sont des actions et qu'ils causent des actions (c'est-à-dire que là où l'on serait enclin à voir une seule action, par exemple l'action de lever le bras, le volitioniste en poserait deux, l'action de lever le bras et l'action de vouloir lever le bras ; mais alors la régression à l'infini est effectivement inévitable : mon action de vouloir lever le bras en suppose nécessairement une autre pour être une action, à savoir une action de vouloir vouloir lever le bras, etc.). Si on laisse de côté l'objection (de style humien) selon laquelle les volitions (ou « conations ») ne sont pas des actions, mais plutôt des expériences, il ne reste plus qu'à admettre, comme le fait crânement Hornsby, que les volitions sont les *seules* actions et qu'elles ne causent pas elles-mêmes d'*action*, mais précisément seulement des *mouvements* du corps.

1. J. Hornsby, *Actions*, London, Routledge & Kegan Paul, 1980.

2. H. McCann, « Volition and Basic Action », *Philosophical Review* 83 (1974), p. 451-473. Voir aussi B. O'Shaughnessy, *The Will*, Cambridge, Cambridge University Press, 1980.

Ce faisant, Hornsby retrouve une solution qui était celle du philosophe d'Oxford, Harold A. Pritchard, qui dans une article de 1945[1], finit par soutenir que ce que nous voulons n'est pas une action, comme celle de marcher, mais bel et bien uniquement un événement physique (que nos jambes se remuent). Les seules actions que nous accomplissons sont celles de *vouloir* que nos jambes se remuent. Le volitionisme tout à fait logiquement en vient à défendre l'idée que toute l'action est dans la volonté et que le reste est affaire de nature (en particulier de physiologie nerveuse). Marcher, si on entend par là quelque chose que nous faisons, c'est tout simplement vouloir marcher, ou tenter de marcher. Le mouvement de mes jambes n'est en rien une action, ni même (comme encore chez Mill) une partie de mon action. C'en est seulement un effet. Seuls la décision ou l'essai de marcher sont véritablement accomplis.

2) Hugh McCann formule d'une autre manière le même point. Lui aussi est frappé par le fait que l'action ne peut être identifiée aux mouvements physiques et lui aussi se refuse à réduire l'idée d'agir à celle d'une corrélation entre événements mentaux et mouvements physiques. Agir, c'est bel et bien *faire que* quelque chose se produise (pour les actions primitives, un mouvements du corps), donc *produire* un événement. Et l'action n'est pas dans l'événement, mais bien dans le fait de le produire. Car tout événement ordinaire (un mouvement de mon bras par exemple) aurait pu survenir sans qu'il fût une action de ma part, par exemple celle de lever le bras. Bref, dans les « actions » ordinaires, nous distinguons clairement l'événement physique que McCann appelle un résultat et le produire du résultat, qui est l'action authentique. Ce qui enclenche la régression à l'infini, c'est que le produire est supposé être lui-même un événement, donc lui aussi décomposable en un événement physique et un acte de produire plus élémentaire, événement

---

1. H.A. Pritchard, « Acting, Willing, Desiring », dans *Moral Writings*, Oxford, Clarendon Press, 2002.

qui aurait pu survenir sans l'acte de le produire. Cette régression connaîtra un point d'arrêt si on pouvait trouver un acte de produire qui ne se distingue pas de son résultat. Pour McCann, l'acte de vouloir a précisément cette propriété. On ne peut distinguer en lui le fait que le bras se lève et l'événement qui serait la volition que le bras se lève. En somme, il suffit que je veuille pour réussir à vouloir. On ne peut trouver de distance entre une tentative (une décision) et une réalisation de cette décision. Bref, on a affaire à une pure action.

Une comparaison pourra peut-être éclairer le propos du volitioniste. De la même manière que rien n'atteste que ce que je vois soit réel, rien n'atteste que ce que je fais se fasse réellement. Il n'en demeure pas moins vrai que, quoique rien ne se passe dans le monde, j'ai fait quelque chose, comme il demeure que j'ai vu quelque chose, même si rien dans la réalité ne correspond à ce que j'ai vu. Je n'ai peut-être pas *levé mon bras*, mais j'ai tout fait pour que mon bras se lève. Plus simplement encore : j'ai *fait que* mon bras se lève. En conséquence de quoi, de ce que rien ne se passe dans le monde, je ne saurais en déduire que je n'ai accompli aucune action. Ce qui signifie que mon action ne peut être identifiée à un événement du monde, mais plutôt à l'action de le faire advenir. Comme le faire est la production de l'événement et non cet événement lui-même, et que cette production en quoi se résout toute entière la réalité de mon action est bien réelle, et même la seule réalité dont je suis absolument certain, puisqu'elle est attestée par les données intimes de la conscience, on en conclut aisément que l'action doit être intérieure : tout ce que je fais est de *vouloir*, et vouloir non pas à proprement parler agir, mais qu'un changement physique (corporel) ait lieu.

Mais ai-je fait quelque chose en voulant simplement que quelque chose se produise ? Quels que soient les mérites de cette solution, elle semble faire de l'agent un spectateur impuissant des opérations que nous voudrions tous pourtant lui attribuer. Ce n'est pas moi qui vraiment lève le bras, au fond je ne fais que *souhaiter* que mon bras se lève ; et s'il se lève effectivement, c'est, comme dit

Wittgenstein, une grâce du Destin [1]. Anscombe a résumé avec force les difficultés que rencontrait une telle analyse :

> En effet, le seul sens que je peux donner ici à « vouloir » serait celui dans lequel je pourrais fixer des yeux un objet et vouloir qu'il bouge. Certains disent que, par un acte de volonté, on peut obtenir le mouvement de son bras, mais pas celui d'une boîte d'allumettes ; mais s'ils entendent par là « Veuillez simplement que la boîte bouge, et elle ne bougera pas », alors je leur répondrai « Si je veux de la même manière que mon bras bouge, il ne le fera pas ». Et s'ils veulent dire qu'ils peuvent remuer le bras mais pas la boîte, je réponds que je peux bouger la boîte. Rien de plus facile [2].

Si ce que je veux (ou essaie de faire), c'est non pas lever mon bras, mais uniquement que mon bras se lève, alors suis-je dans une meilleure position que celui qui voudrait que la boîte d'allumettes devant lui se meuve ? Dans le second cas, chacun accordera qu'il ne suffit pas que je veuille que la boîte d'allumettes bouge pour qu'elle bouge effectivement et si action il y avait, elle ne consisterait pas à bouger la boîte, mais à exercer un pouvoir télékinétique. Le décideur attend simplement donc du monde qu'il se conforme à sa volonté, mais n'y intervient pas vraiment. Mais justement, dans le premier cas, il n'en va pas différemment : le décideur attend pareillement de son corps qu'il se conforme à sa volonté, mais il ne produit pas le mouvement [3]. Bref, le reproche que l'on peut faire au volitionisme, c'est non pas que son univers ne comporte aucune action au sens ordinaire (ce qu'il admettrait), mais qu'on n'y trouve tout simplement pas de volonté, de décision ou d'essai, mais tout au plus des *souhaits* que la nature et finalement le corps se comportent de la manière attendue ou désirée.

---

1. Wittgenstein, *Tractatus logico-philosophicus*, trad. fr. G.-G. Granger, Paris, Gallimard, 1993, 6.374.
2. E. Anscombe, *Intention*, Ithaca, NY, Cornell University Press, 1963 ; *L'Intention*, trad. fr. M. Maurice et C. Michon, Paris, Gallimard, 2002, § 29, p. 101.
3. Voir Anscombe, *ibid.*, § 29, p. 101.

LA SOLUTION CAUSALISTE ET LA DISSOLUTION
DU PROBLÈME PAR L'INTENTIONALISME

En réalité, si la question de l'action est celle de l'action intentionnelle, elle concerne l'action que nous avons des *raisons* d'accomplir. Anscombe et Davidson, débarrassés du volitionisme, ont concentré leur analyse sur la question de l'action en tant qu'elle répond à des *raisons d'agir*. Si traverser la rue est une action intentionnelle de ma part, c'est parce que je le fais *pour cette raison* que je désire entrer dans la librairie, et non pas tant parce que je voudrais traverser la rue. Ou plutôt, le vouloir d'un agent humain s'exprime dans les raisons de son action. Dire qu'une action est un acte qui a une raison d'agir, c'est dire que l'action a un *sens* que la raison permet de ressaisir et qui fait que l'action est *intelligible* ou *compréhensible*.

Selon Davidson, ces raisons, lorsqu'elles sont énoncées, comprennent la mention d'un désir (une « pro-attitude », tout ce qui présente l'action sous un jour favorable et qui pousse l'agent à l'accomplir) et d'une croyance selon laquelle agir de telle ou telle façon permet de satisfaire ce désir. Quelqu'un peut se trouver sur un trottoir et croire qu'en traversant la rue, il pourra entrer dans la librairie. Mais il ne traversera pas la rue (toutes choses égales par ailleurs), s'il n'a pas le désir d'entrer dans la librairie. Pareillement, il peut tout à fait avoir le désir d'entrer dans la librairie, mais s'il ne croit pas qu'en traversant la rue, il entrera dans la librairie, il ne la traversera pas. L'action est donc un événement, fondamentalement un mouvement du corps, qui demande explication et cette explication mentionne deux états mentaux, un désir et une croyance, qui sont les causes de la survenue de cet événement.

Qu'une raison d'agir, qui rend intelligible une action, puisse être aussi une cause, qui explique sa survenue comme événement physique dans le monde, est une idée qui vient naturellement à l'esprit, mais qui, pour certains, comme Anscombe, Melden, Kenny et d'autres, qui se réclamaient de Wittgenstein, était un préjugé contre lequel le philosophe avait pour tâche de lutter. Notons d'abord qu'il existe indéniablement des actions qui ont des causes mentales. Si je marche de long en large dans ma chambre, et qu'on me demande pourquoi, je puis répondre : « quand j'entends cette musique martiale, cela m'excite », et ce faisant, je donne une cause mentale à mon action, à savoir l'excitation [1]. Mais précisément, les cas où nous sommes prêts à concéder qu'une action a une cause mentale sont des cas, relativement exceptionnels, où ces causes n'apparaissent pas comme des raisons d'agir (l'excitation explique pourquoi l'action survient, mais elle ne la rend pas intelligible). Ensuite, le rapport causal entre événements est un rapport contingent logiquement : certes, quand on met le sucre dans l'eau, il fond, mais il n'y a rien de contradictoire à imaginer qu'il ne fonde pas. En revanche, il semble qu'il y ait un lien *logique* entre l'intention et son exécution : ce n'est pas une coïncidence si l'action de traverser la rue satisfait l'intention de traverser la rue. L'intention de traverser la rue est telle qu'il est *logiquement exclu* qu'aucune autre action satisfasse cette intention, par exemple celle de passer ma main dans les cheveux. Contrairement à ce qui se passe dans un rapport causal, je n'ai pas besoin d'attendre que l'événement surgisse pour connaître son identité, je sais à l'avance, une fois connue l'intention (et sans référence à aucune loi) quel *type* d'opération doit être accompli pour qu'elle corresponde à l'intention. Cet argument est passé dans la littérature sous le nom d'« argument de la connexion logique ». Enfin, une déclaration d'intention ne saurait être la description d'un état mental interne. Si je dis que j'ai l'intention d'aller en ville à dix heures et que, dix heures arrivant, je ne vais pas en ville, je ne peux répondre que lorsque j'avais déclaré mon intention, je décrivais simplement l'état psychologique dans lequel je me trouvais et non l'action que je me proposais d'accom-

---

1. Anscombe, *L'Intention*, *op. cit.*, § 10, p. 53.

plir. Il semble bien qu'en décrivant mon intention, je décrive l'action elle-même, présente *ou future*.

Dans cette perspective, que l'on peut appeler *intentionaliste*, c'est le schéma dualiste en général qui est remis en cause : impossible de décomposer l'action en un élément mental et un élément physique. C'est précisément pour mettre en garde le philosophe contre cette décomposition mentaliste de l'action que Wittgenstein avait posé le *faux* problème du reste et non comme la formulation d'un programme que se devait de remplir la philosophie à venir.

La délibération pratique

Dire que l'action intentionnelle est une action qui repose sur des raisons d'agir, c'est dire que nous pouvons justifier notre action. Or nous pouvons présenter cette justification sous forme d'un *raisonnement* qui est le résultat d'une *délibération*. On distinguera alors, comme dans tout raisonnement, des prémisses et la conclusion qui en découle, conclusion qui, si le raisonnement est pratique, est soit une décision d'agir, soit l'action elle-même. Le raisonnement pratique donne une réponse à la question : « que dois-je faire ? ». Il est à noter que le « doit » en question n'est pas le « doit » de l'obligation. C'est une tout autre question qui n'est pas immédiatement pratique que de se demander quelles sont mes obligations, par exemple mes obligations morales (« dois-je aider le nécessiteux ? »). Quand l'obligation morale a été déterminée, demeure encore la question *pratique* de savoir ce que je dois faire pour remplir cette obligation ici et maintenant. Il n'est pas absurde de se demander si, en la circonstance, on *doit* faire ce que l'on *doit* faire, si le premier *doit* est celui qui demande une justification pratique et le second est l'expression d'une obligation. Si les deux occurrences signifiaient la même chose, alors la proposition n'exprimerait qu'une tautologie. Ce point est important car il désolidarise d'emblée le raisonnement pratique de toute considération éthique. Dire que la rationalité pratique *est* la rationalité morale est une thèse (de nature kantienne) qui exige d'être spécifiquement défendue.

Qu'est-ce qui fait la spécificité du raisonnement pratique alors ? Il apparaît vite qu'il diffère du raisonnement théorique. Prenons un exemple : Joachim, quelque peu snob, est parti en voyage. Je puis avoir d'aussi bonnes raisons de penser que Joachim est à La Baule qu'au Touquet. Dans le cas théorique, si je ne dispose d'aucun indice concluant me permettant de juger vraie l'une ou l'autre hypothèse, il serait irrationnel de conclure dans l'un ou l'autre sens. Il faudrait faire un saut incompréhensible. Prenons maintenant le même Joachim qui désire aller en vacances et qui peut aller à La Baule ou au Touquet et qui n'a pas de raison particulière de favoriser l'une ou l'autre destination. Joachim est donc un agent. Si vous modelez le raisonnement pratique sur le raisonnement théorique, vous devriez en conclure, comme dans le premier cas, que Joachim doit faire un saut non moins rationnel pour passer des prémisses du raisonnement pratique à l'action (à la proposition selon laquelle il doit aller à La Baule ou celle selon laquelle il doit aller au Touquet, ou à l'action d'aller à La Baule ou à celle d'aller au Touquet). On en déduira assez rapidement que ce saut irrationnel est effectué par la volonté. Nous avons en somme affaire à une forme de décisionisme. Il y a d'une part le travail de la raison qui propose. Il y a d'autre part le travail de la volonté qui tranche. Le modèle implicite ici est celui du décideur et de ses conseillers : le conseiller économique dit qu'il serait bien *économiquement* d'agir ainsi, le conseiller politique dit que cette action n'est pas appropriée *politiquement*, mais qu'une autre l'est, etc. Le décideur est, lui, dans la position de l'*arbitre*. C'est lui qui choisit : il choisit de considérer que tel aspect est le plus important. Mais son choix est injustifié puisque toutes les raisons disponibles ont été présentées dans les délibérations de ses conseillers. Son choix est donc immotivé, c'est-à-dire irrationnel. Il choisit de *valoriser* une action ou de la privilégier à telle autre. Mais, *en soi*, il n'y a pas de raison à cette préférence ou à cette hiérarchie des valeurs.

Ce modèle est critiquable [1]. Il fait comme s'il y avait deux agents en un : un agent qui raisonne et qui envisage les différentes possibilités (les différentes fins possibles) et un agent qui passe à l'action. Mais dans la réalité, c'est la même personne qui raisonne et agit. Et cette personne a précisément des fins qui lui sont propres et servent de point de départ de sa délibération. Et *c'est pour spécifier ses fins* qu'elle raisonne. C'est précisément là la fonction du raisonnement pratique. Il n'est pratique que pour un agent, c'est-à-dire pour quelqu'un qui a déjà des fins, ces dernières s'exprimant dans les prémisses du raisonnement pratique. La question de la nécessité de poser un acte immotivé de l'esprit pour passer à l'action ne se pose donc pas. Elle ne se pose que pour quelqu'un qui envisage les fins comme autant de possibilités qui sont extérieures à l'agent et à partir desquelles ce dernier spéculerait pour déterminer les éventuels moyens qui permettraient de les atteindre. En d'autres termes, la vraie question est plutôt : à quelle fin une personne donnée raisonne-t-elle ? a) Elle raisonne à partir de prémisses qui ne sont pas les siennes : son raisonnement est intrinsèquement *théorique*, au sens où elle ne sera pas elle-même engagée par la conclusion de son raisonnement. C'est la situation du conseiller (bien sûr, il y a un effet pratique du conseil : le conseiller peut par ailleurs vouloir influencer le Prince pour obtenir le résultat, mais cette prémisse n'est pas une prémisse du raisonnement pratique qu'il présente au Prince lui-même : il peut y avoir un usage pratique d'un discours théorique). b) Elle raisonne à partir de prémisses qui sont les siennes : mais son raisonnement débouche alors normalement sur une action, si les fins qui s'y expriment sont effectivement les siennes. Il n'est en conséquence nul besoin de faire intervenir un acte de volonté visant à choisir telle action plutôt que telle autre parce que ce serait là un moyen d'atteindre la fin que l'on a *décidé* de *préférer*.

---

1. Voir en particulier V. Descombes, *Le Complément de sujet*, Paris, Gallimard, 2006, p. 244 *sq.*

Si on récuse le décisionisme, on peut distinguer trois conceptions du raisonnement pratique qui s'opposent :

1) une conception *instrumentaliste* (Hume). Les fins de l'agent sont données et sont soustraites à toute évaluation rationnelle. Le raisonnement pratique consiste à déterminer quels sont les meilleurs moyens d'atteindre sa ou ses fins. Cette conception est attribuée à Hume, mais elle forme pour beaucoup l'arrière-fond de la théorie moderne du choix rationnel. L'acteur rationnel est celui qui se demande comment maximiser *son* bien (intérêt) dans des situations qui sont marquées par une certaine forme d'incertitude ou de risque : je préfère aller à cette soirée plutôt que rester chez moi, mais à condition que mon ennemi intime, Paul, n'y aille pas. Là où je suis incertain sur la tournure que peuvent prendre les événements (Paul viendra-t-il ou pas?), se pose la question de savoir comment je vais agir. La théorie du choix rationnel dit comment l'agent doit agir, en particulier si l'acteur est capable d'attribuer des probabilités aux circonstances, quel que soit le contenu de ses fins, sur lequel elle ne se prononce pas.

2) une conception *normativiste* ou *légaliste* (Kant) disant que l'action rationnelle est celle que l'on peut déduire de normes ou de lois générales, qui peuvent peut-être recevoir une justification rationnelle. Agir, c'est appliquer, dans les circonstances détermi- nées, une loi (il n'est pas nié que cette application exige une forme de sagacité pratique, mais ce qui fait la rationalité de l'action, c'est que vous pouvez montrer qu'elle est déductible d'une loi, en particulier d'une loi de la raison).

3) une conception *spécificationiste* (Aristote) : agir, c'est agir au mieux dans les circonstances données. L'agent a une multipli- cité de fins qui doivent s'accorder et n'est nullement donnée à l'avance la façon dont elles le feront. Par ailleurs cet ensemble de fins est relativement vague et indéterminé. L'action consiste non pas toujours à déterminer un moyen pour une fin qui serait déjà déterminée avant ce moyen, mais à déterminer par l'action ce en quoi consiste cette fin dans ces circonstances.

Internalisme et externalisme

À la question de la délibération pratique est étroitement liée celle de savoir si toutes nos raisons d'agir doivent mentionner ou reposer sur un désir pour compter comme de véritables raisons. On appelle *internaliste* la position selon laquelle tel est le cas et *externaliste* la position contraire. Pour l'externaliste, il est parfaitement possible que nous jugions bonne une action sans que les considérations qui nous permettent de la juger telle ait un lien quelconque avec les désirs de l'agent, c'est-à-dire avec ce qui est susceptible de motiver l'acteur à accomplir ce qu'il estime bon. Et ces considérations fonctionneront quand même comme des *raisons* d'agir. Un acteur peut donc avoir d'excellentes raisons de faire ce que pourtant aucun désir ne le pousse à faire. Il a semblé évident à beaucoup que les considérations *morales* étaient de ce type. Pour l'internaliste, cela n'a pas de sens : quelqu'un ne peut avoir une raison d'agir qu'à la condition que celle-ci soit susceptible d'avoir une influence sur l'acteur ; dans le cas contraire, elle est peut-être une raison de juger bonne l'action, mais non une raison d'*agir*. Bernard Williams a défendu avec brio la position internaliste et c'est sous son influence que l'on a remis cette question au centre de la philosophie de l'action. Christine Korsgaard a défendu une forme d'internalisme de style kantien qui est l'objet d'un vif débat. Les raisons d'agir seraient intrinsèquement motivantes, non pas tant parce qu'elles seraient articulés à des désirs préalables qui échappent à l'évaluation rationnelle, mais parce que certains contenus rationnels sont tels qu'ils sont intrinsèquement motivationnels : quiconque les considère doit être poussé à agir, s'il est rationnel.

L'individuation des actions

Le raisonnement pratique a une autre vertu : il révèle précisément qu'en faisant telle action, (en levant la main), on en fait une autre (on demande la parole) : j'accomplis la première *pour* mener à bien la seconde. Mais a-t-on affaire réellement à *deux* actions ?

Nous ne sommes pas dans la situation de quelqu'un qui mange son potage tout en lisant le journal. Il n'y aucune relation téléologique entre ces deux dernières actions qui sont pourtant accomplies au même moment, par la même personne : il ne mange pas son potage *pour* lire, ni ne lit *pour* avaler son potage. Anscombe, Davidson, Hornsby ont tous considéré que dans le premier cas, nous n'accomplissons qu'une seule action : après tout, pour demander la parole, je n'ai rien à faire d'autre que de lever la main. D'autres au contraire, comme Goldman, Thomson et, très subtilement, David Mackie ont prétendu que plusieurs actions étaient accomplies même dans le premier cas. Une des raisons qui étayent cette affirmation est que s'il s'agissait de la même action, on pourrait dire indifféremment que l'homme a demandé la parole en levant la main, *mais aussi* qu'il a levé la main en demandant la parole puisque la relation d'identité est symétrique (si A = B, alors B = A). Un autre argument, peut-être plus important, s'appuie sur des considérations d'ordre temporel : si je verse du poison dans le verre et que celui qui l'ingère le lundi meurt deux jours plus tard, mercredi, on pourra à juste titre dire que je l'ai assassiné en l'empoisonnant. Mais si les deux actions d'empoisonner et d'assassiner sont identiques, elles ont toutes leurs propriétés en commun (application du principe de l'indiscernabilité des identiques), donc aussi leurs propriétés temporelles : elles doivent commencer et se terminer au même moment. Or il est manifeste que tel n'est pas le cas : l'empoisonnement s'achève le lundi, mais la victime ne mourant que le mercredi, on devra dire que l'action de le tuer n'a pas encore eu lieu. Elles sont donc distinctes.

Les textes réunis ici donnent une idée de la complexité du débat, mais on n'oubliera pas que cette enquête métaphysique sur l'identité des actions est subordonnée à ce qui fait l'intentionnalité de l'action. C'est précisément parce qu'une action humaine est typiquement une action qui est accomplie avec l'intention d'en accomplir « une autre » que se pose la question de savoir quand deux actions sont identiques.

La connaissance pratique

Lorsque nous agissons, nous savons ce que nous faisons et nous le savons, semble-t-il, sans avoir besoin de regarder ce qui se passe dans le monde. Bien sûr je puis vérifier que les choses se passent bien tel que j'avais l'intention qu'elles se passent, mais dans ce cas il ne s'agit que d'une confirmation de ce que je *savais* déjà : je ne suis pas surpris, la plupart du temps, par ce que m'offre l'observation des résultats de mon action et je ne *découvre* rien de nouveau par elle. La surprise, ajoutera-t-on, existe précisément lorsque les choses ne se passent pas tel que je croyais qu'elles se passaient. Je pensais sonner à la porte de Jean, mais en fait je sonne à la porte de son voisin. Voilà une erreur pratique et mon savoir prétendu se trouve en effet pris en défaut et infirmé par l'observation (par exemple) que c'est le voisin de Jean et non Jean qui ouvre la porte ou par la lecture du nom au dessus de la sonnette. Mais des erreurs de ce type existeraient-elles s'il n'était vrai que la plupart du temps on sonne aux bonnes portes ? Si la plupart de nos actions échouaient et avaient besoin de l'observation pour qu'il soit dûment constaté que parfois elles réussissent, pourrions-nous dire encore que nous agissons de façon intentionnelle ? Nous serions amenés à considérer que nous n'avons en réalité que l'*espoir* que les résultats attendus s'en suivent (suivent de certains actes élémentaires sur lesquels nous aurions un pouvoir absolu : nos contractions musculaires ? Non, elles peuvent, elles aussi, ne pas se produire, donc finalement seulement les tentatives de les contracter qui vont bien vite être réduites à la volonté de les contracter) et nous reviendrions à l'idée que l'intention n'est qu'une forme de souhait. Et, en effet, un souhait doit attendre l'observation pour qu'on sache s'il est exaucé ou non. Mais on a alors rendu l'individu impuissant, c'est-à-dire qu'on l'a privé de son statut d'acteur.

Pourtant, il existe au moins deux bonnes raisons de mettre en doute la notion même de connaissance pratique :

a) Comment expliquer que nous puissions savoir *sans regarder le monde* que quelque chose *dans le monde* (l'action) se produit ? Il y a là quelque chose qui peut paraître mystérieux. En vérité tout ce que m'apprend ma conscience, c'est l'*impression* que quelque chose se produit dans le monde. J'ai la *sensation* de lever le bras, mais la question de savoir si le bras se lève réellement est une autre affaire. Le parallèle avec la perception est là aussi évident : quand je vois un fleur, ce dont je suis sûr, c'est que j'ai l'expérience de la vision de la fleur ; qu'il y en ait effectivement une devant moi est une autre question.

On a ici une version expérientielle (cartésienne dans son esprit) de la connaissance pratique qui lui dénie toute capacité à délivrer un accès direct aux événements du monde et que l'on trouve par exemple très explicitement chez Searle[1]. Elle est expérientielle parce que les exemples que donne ce genre d'analyse sont ceux de mouvements corporels élémentaires. Mais même si l'on a une conception plus large de ce qu'est une action intentionnelle et que l'on considère qu'elle peut s'étendre au delà de la surface du corps, donc que l'on a une croyance (pas seulement une expérience) pratique, on peut soutenir que l'intention présente ne repose absolument pas sur et n'est pas identique à la croyance qu'on est en train de la faire : quand intentionnellement, je m'applique à faire dix copies au carbone d'un coup, je ne crois pas pour autant que je réussis, que je fais effectivement dix copies au carbone. Ce serait d'une certaine façon présomptueux. Dans cette ligne, on devrait être amené à conclure que la seule chose dont je suis sûr est que j'ai l'intention de faire dix copies au carbone et que la seule chose dont je sois vraiment certain dans mon action est l'intention qui la gou-

---

1. Voir J. Searle, *Intentionality*, Cambridge, Cambridge University Press, 1983 ; *L'Intentionalité*, trad. fr. Cl. Pichevin, Paris, Minuit, 1985, chap. 3 et 4.

verne : mon savoir ne va pas jusqu'au monde. En allant dans cette direction, on dira que la seule chose que je sache vraiment est que j'*essaie* de faire dix copies au carbone. Je ne peux savoir ce que je fais ; je n'ai de connaissance que de ce que j'essaie de faire, bref des *efforts* qui sont les miens ou de l'intention qui est la mienne. On peut même aller plus loin, comme le fait Davidson, et dire que les jugements signifiant les intentions ne sont en rien descriptifs : ils sont des expressions de désirs.

b) l'existence d'intention pour le futur est aussi une bonne raison de mettre en doute cette notion de connaissance pratique. Nous agissons intentionnellement, mais nous formons aussi des intentions dont la réalisation est à venir : non seulement nous pouvons être en train de rendre visite à une tante, mais nous nous proposons aussi de rendre visite à notre tante *la semaine prochaine*. Or comment une telle intention pourrait-elle prétendre être une connaissance d'une action qui n'existe pas encore ?

Davidson[1] affirme que l'on ne peut pas dire que « j'ai l'intention de φ-er » (« φ » représente un verbe d'action quelconque) implique le (ou est équivalent au) fait que je *crois* que je vais φ-er. Ici, « je crois » est ce qui est exprimé par une proposition assertive au futur : « je vais φ-er », à laquelle on prétend attribuer une valeur de vérité : le vrai ou le faux. Car il est parfaitement *contingent* que je fasse ce que j'ai l'intention de faire. Des obstacles de toutes natures peuvent surgir. Je ne suis donc pas obligé de croire que je ferai ce que j'ai l'intention de faire, en conséquence une proposition au futur sur ce que je vais faire ne peut recevoir de valeur de vérité : c'est justement un « futur contingent ». *La conclusion est que je puis tout à fait avoir l'intention de faire quelque chose sans pour autant croire que je vais effectivement faire cette chose.*

---

1. Voir D. Davidson, *Actions et événements*, trad. fr. P. Engel, Paris, PUF, 1993, p. 130 *sq.*

Qu'on n'aille pas dire que c'est une croyance au contenu conditionnel : je crois que j'irai visiter ma tante, *à moins qu'elle ne meure*. Car, la liste de ces conditions à satisfaire est par définition indéfinie (*à moins qu'elle ne s'en aille au Mexique, à moins qu'elle ne s'en aille en Tanzanie, à moins qu'elle ne refuse de me voir, etc.*). Autant dire que *je crois que je vais visiter ma tante, si je réussis à visiter ma tante*, ce qui est tautologique et donc jamais invalidable. Or tout le monde admettra que mes intentions peuvent demeurer lettre morte.

Mais ce dernier argument n'est pas peut-être pas aussi définitif qu'il en a l'air. En effet, il s'appliquerait tout aussi bien aux prédictions les plus ordinaires sur le futur. Si je dis qu'il va faire beau demain, personne ne nierait que je prétends parler du monde lui-même, même si ma croyance porte sur un événement qui n'a pas encore eu lieu, et que c'est là tout au mieux l'expression d'un souhait. Pourquoi ne pas dire alors que mon intention porte elle aussi sur le futur, sur ce qui va arriver, à savoir une action que je vais accomplir, et *qu'elle est donc un forme de prédiction* ? Il existe une différence entre les prédictions météorologiques et les déclarations d'intention : les raisons que j'ai de croire que ce qui est dit dans ma déclaration d'intention va se produire ne sont pas des raisons de supputer que ce que je dis devoir arriver va arriver, mais des raisons de le faire arriver, c'est-à-dire des raisons d'agir. Nous retrouvons ici le raisonnement pratique. Ces raisons d'agir sont données dans la délibération dont la conclusion est un jugement pratique sur ce qui va arriver, c'est-à-dire exprimant une intention de faire plus tard une certaine action. On notera que cette intention a cependant des conséquences dès maintenant : elle altère, dès qu'elle est formée, ce qu'on pourrait appeler le « monde pratique » de l'acteur (l'ensemble de ses possibilités d'agir). Si j'ai décidé d'aller rendre visite à ma tante la semaine prochaine, il y a dès maintenant des choses que je ne puis plus faire, par exemple me rendre en vacances au Mexique.

CONCLUSION

Les présentations précédentes ont simplement eu pour but d'introduire aux textes réunis dans ce volume. Je me suis donné pour politique de choisir autant que possible des textes originaux dans notre langue, c'est-à-dire non publiés auparavant en français. Il va de soi que certains textes déjà traduits ne pouvaient pas être absents de cet ouvrage, en particulier les textes d'Anscombe et de Davidson. La qualité des textes a été le seul critère et je n'ai pas hésité, sur un thème donné, à préférer un texte un peu moins connu que quelques autres s'il me paraissait plus éclairant. Cela semble toutefois une vérité assez générale que les articles les meilleurs sont aussi ceux qui ont rencontré le plus de succès. Chaque partie est précédée d'un texte assez court de la tradition philosophique, le but étant de défendre l'idée que les philosophes contemporains ne procèdent pas différemment que les auteurs du passé et que c'est même très consciemment qu'ils font référence à ces auteurs dont ils pensent continuer la tradition argumentative. Il va sans dire aussi que certains thèmes ont été laissés de côté. Tout ne pouvait être abordé. Je tiens enfin à remercier l'ensemble des traducteurs de ce volume qui, au sein de l'équipe de recherche du département de philosophie de l'Université de Nantes, ont rendu possible cet ouvrage.

Bruno GNASSOUNOU

INTENTION ET ACTION

INTRODUCTION

Une action proprement humaine est une action dont on peut donner les raisons. Ces raisons sont exprimées dans la ou les réponses de celui à qui l'on a demandé *pourquoi* il a agi ainsi. Le contenu de ces réponses peut être très divers. Pourquoi avez-vous apposé cette signature à cette feuille de papier? *Pour signer un contrat, pour m'entraîner à une nouvelle signature, pour voir si mon stylo marchait encore, pour me rassurer sur la mobilité retrouvée de ma main*, etc. Ces raisons donnent l'*intention* avec laquelle on a accompli l'action. Or il est manifeste que l'on peut parfaitement avoir l'intention d'agir sans pour autant agir, de sorte que l'intention et l'action sont au moins en droit séparables. Si tel est le cas, on peut être tenté de voir entre l'intention (les raisons) et l'action un lien purement causal. Avoir l'intention de signer un contrat, ce sera être dans l'*état mental* de *désirer* signer un contrat, ainsi que dans celui de *croire* qu'en apposant sa signature à ce document, on signera un contrat. Ces états mentaux constitueront la *cause* de mon action. Dans cette perspective, la tâche la plus urgente incombant au philosophe est de fournir une analyse précise de la nature de ce lien causal entre états mentaux et action (qui est fondamentalement, pour beaucoup de philosophes, un mouvement du corps). On retrouve les problèmes classiques depuis le 17ᵉ siècle du rapport entre l'âme et le corps. La position orthodoxe aujourd'hui et conforme à l'esprit scientiste de notre temps est, sur ce sujet, de récuser l'existence d'une substance particulière non mentale (la *mens* cartésienne) et d'affirmer l'identité des états (ou événements) mentaux à des états du corps, en particulier à des états du cerveau. Appelons *causalisme* la thèse selon laquelle le rapport entre l'intention (raisons d'agir) et l'action est un rapport causal.

Le causalisme s'est trouvé battu en brèche par une école de pensée, dont Anscombe, Melden, Kenny, von Wright ou Winch comptent parmi les plus célèbres représentants, qui a trouvé dans les travaux de Wittgenstein sa principale source d'inspiration. En effet, dans une page fameuse du *Cahier Bleu*, reproduite ici, Wittgenstein met en garde contre une tendance des philosophes à prendre les raisons (Wittgenstein dit aussi « les *motifs* ») d'une action pour des causes de cette action. Cette distinction entre les *causes* et les *raisons* s'appuie essentiellement sur une différence de régime logique. Elle se manifeste en deux points :

1) une cause est toujours susceptible d'être objet d'une investigation empirique, donc d'être découverte, donc d'être ignorée. Or il n'y a pas de sens à dire que je *découvre* des raisons d'agir que j'*ignorais* jusque là. Quelqu'un peut m'apprendre quelles sont les causes du mouvement de mon bras (tel influx nerveux, telle contraction musculaire, etc.), mais il ne peut certainement pas m'apprendre quelles étaient mes raisons de lever mon bras (par exemple l'intention de demander la parole). Je « sais » avant toute enquête empirique pourquoi j'ai agi et c'est la raison pour laquelle, lorsque l'on me demande quelle était mon intention en agissant, je n'ai aucun besoin de regarder le monde autour de moi ou, d'ailleurs, un monde en moi, celui de mes états psychologiques, pour pouvoir donner une réponse à la question. On est donc assuré de ce que, si je découvre moi-même un certain nombre de faits susceptibles d'expliquer l'occurrence d'un événement corporel (un état du cerveau, une habitude contractée durant l'enfance, etc.), ces faits seront les causes de mon action et jamais ses raisons. Il serait logiquement absurde de répondre à quelqu'un qui me demande mes raisons de me lever : « Je ne le sais pas au moment où je vous parle ;

mais si vous m'accordez un peu de temps, je vous dirai, après enquête, quelles elles sont ».

2) Lorsque l'on mentionne des causes pour expliquer la survenue d'un événement, il n'est pas dépourvu de sens de demander quelles sont les causes de ces causes et ainsi de suite à l'infini. Il ne s'agit pas de dire que la chaîne des causes est *nécessairement* infinie. Peut-être n'existe-t-il en fait qu'un nombre fini de causes antécédentes à un événement (c'est l'expérience qui l'indiquera), mais il n'est en tout cas pas exclu que cette chaîne n'ait pas de fin et que pour chaque cause, on trouve une cause de cette cause. En revanche, *les raisons sont nécessairement en nombre fini*. Si vous me demandez pourquoi je lève le bras, je puis répondre d'abord que c'est pour demander la parole ; si vous demandez pourquoi je demande la parole, je puis vous répondre que c'est pour poser une question ; si vous demandez pourquoi je pose une question, je puis vous répondre que c'est pour avoir une information ; si vous demandez pourquoi je veux avoir cette information, je puis répondre que je désire être au point sur la façon de conduire une rame de métro. Mais il arrive toujours un moment où ma raison n'est plus fondée sur une raison plus profonde, donc un moment où ma raison est ultime. Et cela, non parce que nos limitations psychologiques ne nous imposeraient qu'un nombre très raisonnable de pensées pratiques, mais parce que si le nombre des raisons était infini, *l'agent n'aurait jamais commencé d'agir*. Si, à chaque fois qu'une raison pouvait le pousser à passer à l'action, cette raison avait elle-même besoin d'un fondement rationnel, l'action serait indéfiniment différée (Wittgenstein retrouve ici une leçon fondamentalement aristotélicienne).

Les raisons ne peuvent donc être des causes. Le fait qu'à la question « pourquoi ? », on puisse donner tantôt des causes, tantôt des raisons, invite à voir dans le motif de l'action une cause de cette action, mais c'est là l'expression de ce que Wittgenstein appelle une confusion « grammaticale » (logique, conceptuelle). On retrouve en fait, dans un autre langage, les éléments principaux d'un débat qui a traversé la philosophie allemande du début du siècle lorsqu'il s'est agi de déterminer la spécificité de l'objet et de la méthode des sciences sociales : certains jugeaient que les actions humaines ne sont que des phénomènes naturels, qui attendent que la psychologie ait atteint son plein développement scientifique pour pouvoir être étudiées : elles ont des causes psycho-physiologiques ; d'autres au contraire estimaient que les actions sont fondamentalement des entités qui ont un *sens*, une *signification* qui demandent donc un mode de saisie particulier qui ne relève pas de l'application de lois causales. Max Weber appelle *compréhension* cette saisie du *sens* que l'acteur donne à ses actes (le sens est dit être « subjectif ») [1].

Oui, mais quel est le rapport entre l'intention et l'action ? S'il n'est pas causal (externe), il sera logique (interne). Du moins, est-ce ainsi que certains philosophes, dont Melden est un représentant typique, ont voulu présenter leur anti-causalisme. Ils ont défendu l'argument dit de « la connexion logique » entre l'intention et l'action. Il est fort simple. Dans sa forme la plus brève, il énonce que deux objets qui sont en relation causale ne peuvent avoir de relation logique entre eux. Or l'intention et l'action sont liées logiquement entre elles. Donc l'intention et l'action ne sont pas causalement liées. Si l'argument est valide, il ruine immédiatement les prétentions de ceux qui proposent une analyse causale de l'action. L'intention, qu'elle soit un événement de l'âme ou du cerveau, ne saurait causer l'action. Evidemment, tout repose sur l'admissibilité de la prémisse selon laquelle le lien entre l'intention et l'action est logique. Une manière de défendre cette idée est de remarquer que là où *deux* choses ont un lien logique, il s'agit en fait de deux *descriptions d'une seule et même* chose. L'argument peut donc être reformulé ainsi : la description de l'intention et la description de l'action sont des descriptions d'une seule et même chose. Il

---

1. Voir par exemple M. Weber, *Économie et société*, Paris, Pocket, 1995, t. 1, chap. 1, § 1A.

ne peut donc être question de deux événements qui sont causalement reliés. Donc, l'intention (les raisons d'agir) et l'action sont liées de façon logique. Cette thèse selon laquelle en décrivant l'intention, vous décrivez d'une certaine manière l'action (et non un état psychologique interne séparé et cause de cette action), nous pouvons l'appeler *intentionalisme*.

Comment défendre cette idée que donner l'intention, c'est décrire l'action ? Melden, pour ce faire, établit une distinction entre deux types d'*explication* : l'explication causale et l'explication par la ou les raisons (motifs) de l'action. Dans une explication causale, on a *déjà* identifié un événement et on en cherche la cause (qui est elle-même un événement). En conséquence de quoi, donner la cause ne sert pas à identifier l'événement lui-même, mais à en situer l'origine. En revanche, lorsque l'on donne les raisons d'une action, par exemple celle de lever le bras, nous offrons une nouvelle description de cet événement : si, répondant à la question de savoir pourquoi Paul a levé le bras, nous disons que sa raison était qu'il voulait signaler qu'il allait tourner, nous proposons une caractérisation supplémentaire de cette *même* action. Notre réponse revient à dire que l'action de lever le bras *était* en fait (identique à) l'action de signaler qu'il allait tourner. Bref, la réponse par les raisons, loin de présupposer l'événement déjà identifié, permet au contraire de déterminer plus avant à *quel* événement nous avions originellement affaire[1] : « Qu'est-ce que c'était que cet acte de lever le bras ? C'*était* un acte de signaler qu'il allait tourner ». En décrivant l'intention dans laquelle une action a été accomplie, je donne une nouvelle description, plus complète, de l'action elle-même. Il n'est donc nullement question d'un événement mental supplémentaire causant un événement physique.

---

1. A.I. Melden, *Free Action*, London, Routledge & Kegan Paul, 1961, p. 88 ; trad. fr. M. Neuberg, *Théorie de l'action*, Liège, Mardaga, 1991.

Si l'œuvre de Davidson a été si importante, c'est qu'elle a restitué à l'analyse causale de l'action des lettres de noblesse que lui avait fait perdre l'intentionalisme, tout en intégrant les leçons de ce dernier. Davidson accorde que la mention du contenu de l'intention doit rendre intelligible l'action, qu'elle la *rationalise* et il s'oppose donc très clairement à ceux qui pensent suffisant pour rendre compte de l'action de simplement mentionner un acte de volonté : « Je lève le bras *parce que je veux lever mon bras* » ne rend pas plus sensée l'action de lever le bras. Pour rendre intelligible cette action, il faut la mention d'un désir spécifiant le but que se propose d'atteindre l'agent en levant le bras et la croyance qu'en levant le bras il obtiendra la fin désirée, ensemble de dispositions psycho-logiques qu'il appelle *raison primaire*. Par ailleurs, nos raisons obéissent à des principes *normatifs* qui ne s'appliquent pas aux événements physiques (neuro-physiologiques par exemple). Elles échappent à la notion de loi : ce n'est pas une loi de la nature que si A croit que p et croit que si p, alors q, alors il croit que q. Nous jugeons plutôt que si A croit que p et croit que si p, alors q, alors il *doit* croire que q. La rationalité s'exprime dans des principes normatifs et non dans des lois descriptives. Il n'y a pas de lois psychologiques, ni psycho-physiques qui permettraient de justifier des énoncés causaux entre propositions énonçant des raisons et propositions décrivant des actions (c'est ce que Davidson appelle l'« anomalisme du mental »).

Pourtant, là est le point original de Davidson, les raisons d'agir sont *aussi* des causes et l'intention cause l'action. Car les raisons ne rendent pas simplement intelligible une action, elles expliquent aussi pourquoi cet événement dans le monde qu'est *aussi* indubitablement l'action est survenu. C'est en ce point qu'intervient l'argument-massue de Davidson. Je puis avoir, pour une seule et même action, de multiples raisons d'agir. Je puis désirer venir en aide à un riche oncle malade pour cette raison que le ménager pourrait me valoir une reconnaissance financière non négligeable ou parce qu'il est du devoir d'un neveu de prendre soin d'un oncle

en difficulté. Les deux explications sont parfaitement acceptables.
Ce qui fait que l'une est une considération sans conséquence et
l'autre fournit au contraire *la* raison de l'action (si on demande au
neveu pourquoi il est venu en aide à son oncle, il répondra non pas
qu'il a agi dans l'espoir d'un retour lucratif, même s'il a effectivement cet espoir, mais avant tout parce que cela fait partie de ses
obligations familiales), c'est que la première, bien que rendant
intelligible l'action, n'explique pas pourquoi cette action a eu lieu,
à la différence de la seconde. De la première, je puis dire que
l'action a eu lieu *et* qu'elle était présente, mais je ne saurais transformer cette simple conjonction en une relation causale et passer à
l'affirmation que l'action a eu lieu *parce qu'*elle était présente. Le
« parce que » des explications par les raisons sera donc bien causal.
L'autre raison, bien que son contenu fut présent à l'esprit de
l'acteur, n'était donc qu'une raison *potentielle* ou *apparente*. Elle
n'aurait acquis le statut de raison *effective* que si elle avait causé
l'action.

Davidson ne manque pas de relever les bizarreries qui selon lui
affectent l'argument de la connexion logique. Melden dit en effet :

> De l'affirmation faite par le conducteur qu'il a levé son bras pour
> informer les autres sur ce qu'il s'apprêtait à faire, il suit logiquement
> qu'il était en train de signaler ou, du moins, d'essayer (*attempting*)
> de faire un signal [1].

De deux choses l'une, pourrait objecter le causaliste :
– soit vous prétendez que de :
a) le conducteur a levé son bras pour informer autrui de ce qu'il
allait faire,
   il suit logiquement que :
b) le conducteur signalait qu'il allait tourner.
Il existe certainement un lien analytique entre (a) et (b), car
lever son bras pour informer que l'on va tourner signifie *signaler*

1. A.I. Melden, *Free Action*, *op. cit.*, p. 88-89.

que l'on va tourner. En conséquence de quoi, il est déjà trivialement donné que les propositions (a) et (b) décrivent une seule et même action.

– soit vous prétendez que de ce que le conducteur a la simple *intention* ou *volonté* de signaler qu'il va tourner, il s'ensuit logiquement qu'il va effectivement lever le bras pour faire ce signal. Mais vous vous proposez alors d'engendrer logiquement un existant à partir d'un autre, ce qui est impossible (c'est un peu comme si l'on disait que puisque *logiquement* une longueur de deux mètres est plus grande qu'une longueur de un mètre, et puisqu'il existe un objet long de deux mètres, il doit y avoir aussi un objet long d'un mètre). Ici, l'action n'est justement pas encore donnée et personne n'ira prétendre que la description de l'intention est déjà une description d'un événement qui n'existe pas encore. Il est donc clair que là où l'action elle-même est absente, mais où l'intention est déjà présente, donner l'intention dans laquelle elle va être accomplie ne saurait en constituer une redescription.

Il n'est pas sûr que l'intentionaliste ne dispose pas des moyens de répondre à cette objection. Est-il vrai que lorsque l'action n'est pas accomplie, aucune action n'est en jeu ? Peut-être pas, car une action peut ne pas être (déjà) accomplie, tout en étant *en train d'être* accomplie. Je peux ne pas avoir fini de construire une maison, mais être en train de la construire et lorsque l'on me pose la question de savoir ce que je fais en montant un mur et que je réponds que je me propose de construire une maison, je redécris mon action de monter un mur comme étant celle non pas d'avoir construit la maison, mais comme celle d'être en train de la construire. Donner l'intention, c'est décrire une action donnée (celle de monter le mur) comme étant le commencement (le moyen) d'une « autre » action (celle de construire la maison). Pour réussir une action, il faut s'en donner les moyens et se donner les moyens de la réussir, ce n'est pas déjà l'avoir réussi, bien que la mobilisation de ces moyens constitue bel et bien l'action elle-même, à son commencement. Melden le soutient en fait clairement lorsqu'il affirme que si le conducteur dit qu'il veut signaler qu'il va tourner en levant le bras, il signale qu'il va tourner, *ou du moins essaie* de signaler qu'il va tourner. Et essayer ici ne renvoie pas un acte mental, mais bien à une action réelle qui, si elle réussit, constituera le signal désiré. C'est donc bien l'action de signaler elle-même, mais non accomplie encore : l'action de signaler à l'état inachevé.

Le causalisme à la Davidson a paru cependant pêcher pour une autre raison. En faisant de l'action une paire d'événements liés causalement (raison primaire mentale + mouvement du corps), il a donné l'impression que l'*agent* lui-même avait été éliminé de la scène pratique au profit d'un sujet passif qui était le théâtre d'enchaînement causaux. Or peut-on se passer de la notion d'agent ? Qu'est-ce qu'une action sinon une opération accomplie par un acteur ? S'il n'y a plus d'acteur, plus rien n'est vraiment *fait*. On peut tout juste dire que des choses se font, « se produisent ». Certains, comme Irving Thalberg, ont tenté de remettre l'agent au centre de l'analyse de l'action en défendant la thèse que c'est l'agent lui-même qui cause le mouvement du corps[1]. On parle alors de *causalité* de l'agent. John Bishop donne une version sophistiquée de cette conception[2].

Mais il n'est pas sûr que ce soit là la meilleure façon de réintroduire l'acteur dans le monde pratique. On doit à Vincent Descombes, tirant profit des travaux du linguiste Lucien Tesnière, la tentative la plus aboutie pour expliquer en quoi une analyse de l'action ne peut pas se passer de la notion d'agent. Mais l'agent ne peut plus être conçu comme celui qui cause un mouvement de son corps, car se pose inévitablement la question de savoir comment il a fait pour causer ce mouvement. L'agent est bien quelqu'un qui fait (en sorte) que quelque chose se produise, mais ce qu'il fait arriver, c'est un résultat dans le monde. Agir, ce n'est pas produire en soi un

1. I. Thalberg, « Do we Cause our Own Actions ? », *Analysis* 27 (1967), p. 201-213.

2. J. Bishop, « Agent Causation », *Mind* 92 (1983), p. 61-79.

mouvement, c'est produire dans le monde un changement. Cette conception, qui fait de l'action l'intervention d'un agent dans un monde qui présente essentiellement des obstacles ou des facilités à ses opérations, permet de réintroduire une forme de complexité dans le monde pratique que lui ôtent les analyses causales de l'action. Non seulement, j'agis, mais pour parvenir à mes fins, il m'arrive de me subordonner d'autres agents. Non seulement, je fais, mais, comme agent *principal*, je fais faire certaines choses à d'autres, mes agents *auxiliaires* (je fais livrer par le fleuriste des fleurs à ma dulcinée). Dans une conception ordinaire (humienne) de la causalité, on ne voit pas comment on pourrait m'imputer l'action d'autres agents, puisqu'il ne s'agit que d'effets plus ou moins lointains de cet événement qu'est un mouvement du corps et donc, pour ainsi dire, hors de sa portée. Impossible de comprendre, dans cette perspective, en quoi c'est moi donc qui aie *fait* que ma dulcinée ait des fleurs, puisque je ne les ai pas livrées moi-même. En réalité, l'agent a un *rayon d'action* qui dépasse, même dans les circonstances les plus ordinaires, les limites de son propre corps. Du moins, est-ce là une des leçons de l'intentionalisme quand il affirme que l'intention est dans l'action : si je bouge mon bras dans l'intention de peindre un mur, c'est que mon action consiste bel et bien en ce qu'un *mur* est peint par moi, en ce que de la *peinture* lui soit appliquée, qui prend un certain temps pour sécher, qui a un certain degré d'adhésion à la paroi, toutes choses avec lesquelles je dois compter et sur lesquelles j'ai certes un contrôle, mais toujours relatif, pour arriver à mes fins.

LUDWIG WITTGENSTEIN

LE CAHIER BLEU*

La proposition selon laquelle votre action a telle et telle cause est une hypothèse. Cette hypothèse est bien fondée si vous avez eu un certain nombre d'expériences qui, pour le dire rapidement, s'accordent à montrer que votre action est la conséquence régulière de certaines conditions que nous appelons alors causes de l'action. Mais s'il s'agit de savoir la raison que vous aviez d'énoncer telle chose, d'agir d'une manière particulière, etc., il n'est pas nécessaire d'avoir un certain nombre d'expériences concordantes, et l'énoncé de votre raison n'est pas une hypothèse. La différence entre les grammaires de « raison » et de « cause » est assez semblable à celle entre les grammaires de « motif » et de « cause ». De la cause, on peut dire qu'on ne peut la *connaître*, mais qu'on peut seulement la *conjecturer*. En revanche on dit souvent : « Il faut bien que *moi*, je sache pourquoi j'ai fait cela » lorsqu'on parle du *motif*. Nous verrons plus tard que, lorsque je dis : « Nous pouvons seulement *conjecturer* la cause, mais nous *connaissons* le motif », cet énoncé est un énoncé grammatical. Le « pouvons » renvoie à une possibilité *logique*.

---

* *Le Cahier Bleu et le Cahier Brun*, trad. fr. M. Goldberg et J. Sackur, Paris, Gallimard, 1996, p. 54.

La double utilisation du mot « pourquoi », qui demande la cause aussi bien que le motif, jointe à l'idée que nous pouvons non seulement conjecturer mais aussi connaître nos motifs, produit la confusion selon laquelle un motif est une cause dont nous sommes conscients sans médiation, une cause « vue de l'intérieur », ou une cause vécue. – Donner une raison, cela ressemble à exposer un calcul par lequel vous êtes arrivés à un résultat donné.

ABRAHAM MELDEN

L'ACTION LIBRE*

Selon une conception familière, suggérée par l'étymologie du terme, le motif est le mobile de l'action, Le motif meut; les motifs d'une personne la motivent, la font agir, fournissent les impulsions internes conduisant à l'action. La séquence motif-action apparaît ainsi comme une relation mécanique spéciale reliant le mental au physique. Ce n'est cependant pas cette étymologie qui explique le pouvoir suggestif de cette manière de se représenter les choses. Ne dit-on pas, après tout, que tel et tel comportement aurait été différent si la personne *n'avait pas eu* tels et tels motifs, *sans* ces motifs ou *en l'absence* de ces motifs (on peut encore penser à d'autres expressions familières). De plus, lorsqu'on veut savoir, par exemple, si c'était bien Pierre Dupont qui a sauvagement attaqué Paul Durand, la question des motifs a sûrement son importance. Pierre Dupont n'aurait pas commis ce crime s'il n'avait pas été mû par… (on complète l'explication en indiquant un motif pertinent pour l'action en question). Des considérations de ce genre, et pas seulement des raisons étymologiques, donnent une force presque irrésistible à l'idée que les motifs sont des causes quasi-mécaniques de ce qu'on appelle le « comportement mani-

* A.I. Melden, *Free action*, London, Routledge & Kegan Paul, 1961, chap. 9, p. 84-89 ; trad. fr. M. Neuberg, *Théorie de l'action*, Liège, Mardaga, 1997, p. 42-46.

feste », et qu'ils expliquent l'action d'une personne comme les événements naturels sont expliqués par leurs causes.

Cependant, cette conception est de toute évidence déficiente. Supposons que le motif soit une cause au sens humien de ce terme : un événement mental interne. Alors, l'effet est un autre événement. Imaginons qu'une personne lève le bras pour donner un signal. Une chose qui se passe (et qui est *effectivement* conforme au modèle humien de l'effet) est que son bras s'élève. La séquence causale est donc apparemment la suivante : motif → mouvement corporel. Mais cela ne suffit pas. Par hypothèse, le motif explique une action (« Sans ce motif, il *n'aurait pas agi* de telle et telle façon »). En identifiant une séquence causale allant du motif au mouvement corporel, on n'explique donc pas l'action. Il faudrait en plus identifier le mouvement corporel en question comme celui qui se produit quand cette action est accomplie. On devrait donc, pour expliquer l'action de lever le bras par le motif (compris comme une cause humienne du mouvement corporel), compléter l'énoncé de la relation causale (motif → mouvement corporel) par un autre énoncé reliant le mouvement corporel à l'action. Mais ce dernier énoncé, disant que le mouvement du bras se produit quand on lève le bras, ne décrit pas une causation. Les mouvements corporels ne *produisent* pas les actions dans lesquelles ils interviennent et ne sont pas produits par elles. En effet, ce que l'on décrit, d'une part, comme l'action de lever le bras, et, d'autre part, comme le mouvement du bras, est la même chose. Ce ne sont pas non plus des descriptions alternatives des mêmes événements (« le fait que mon bras s'élève » et « le fait que je lève le bras »), ou deux façons de dire la même chose. S'agirait-il alors de descriptions alternatives du même événement dans le sens où « le fait que mon bras s'élève » et « les doigts de ma main s'ouvrent » se réfèrent au même mouvement corporel ? Là encore la réponse est non ! Il n'y a pas de description supplémentaire des propriétés du mouvement corporel qui soit susceptible de révéler ce trait additionnel qui en fait une action. Ainsi donc, si on part du motif comme événement interne causant un mouvement corporel, l'explication de l'action en termes de causalité humienne s'avère impossible.

Mettons pour le moment entre parenthèses le problème du lien entre mouvements corporels et actions et admettons le motif comme un événement causant l'action. Sommes-nous alors en présence du sens dans lequel le motif explique l'action? Les expressions « en l'absence de » « s'il n'avait pas eu », etc., ont-elles la même signification, appliquées à l'action, que dans des énoncés comme « S'il n'y avait pas eu (en l'absence de) cette forte concentration de vapeur d'essence dans l'air, l'explosion ne se serait pas produite » ?

Considérons le cas d'un conducteur qui, approchant d'un carrefour, lève le bras. Normalement, on ne se demande pas pourquoi il le fait, non pas parce que cette question est dépourvue de sens mais parce qu'elle est inutile : on sait très bien ce qui se passe et on connaît donc la réponse. Si quelqu'un qui n'est pas familier de ce genre de situation nous posait la question, on lui répondrait que le conducteur a levé le bras pour signaler qu'il va tourner. On se réfère donc à un motif, à savoir la raison pour laquelle le conducteur a agi d'une certaine façon. L'hypothèse que ce motif est un événement mental pouvant se trouver dans une relation causale humienne avec un autre événement – en l'occurrence l'action de lever le bras – est sujette à la simple objection empirique suivante : quel est donc l'événement mental qui s'est produit lorsque le conducteur a levé le bras ? Imaginons qu'au moment d'agir, tout ce qui lui traversait l'esprit était : « Encore un virage dangereux sur cette mauvaise route ! ». Serait-ce là un contre-exemple à la réponse qu'on a donnée ? On est peut-être tenté de dire qu'il doit y avoir quelque chose dans l'esprit de l'agent qui puisse être identifié comme motif de l'action, Mais pourquoi *devrait*-il y avoir ce quelque chose ? C'est ici que l'exhortation familière de Wittgenstein est à sa place : « Ne pensez pas, regardez ». Il est certain que le motif de l'agent était tel et tel et qu'une pensée traversait son esprit. Si le conducteur est incapable d'identifier lui-même l'événement mental correspondant au motif, pourquoi supposer qu'il s'agit de quelque chose de difficilement saisissable, d'une chose qui lui échappe[1]? Il avait l'intention de tourner et c'est pourquoi il a levé le bras; il l'a levé pour indiquer qu'il allait tourner. Pourquoi supposer que l'expression « afin d'indiquer que … » désigne un événement mental? D'un autre côté, il est vrai que le conducteur a indiqué son intention de tourner, ce qui est différent de lever simplement le bras, Pour expliquer cette différence, ne faut-il pas supposer l'existence, à ce moment-là, d'un événement qui était le motif du conducteur? Supposons que *quelque chose* se passait, un événement commun à tous les cas de ce genre et particulier à eux. Supposons en outre que cet élément si difficile à saisir ait été le motif du conducteur, la cause de ce qu'il ait levé le bras (et négligeons toujours pour le moment le problème que cette cause semble avoir pour effet le mouvement corporel plutôt que l'action de lever le bras). Je vais montrer que cette supposition est logiquement contradictoire.

Dans les explications causales simples d'un événement par un autre, on ne s'interroge pas sur l'identité ou la nature de l'effet, mais sur les conditions dans lesquelles il s'est produit; on explique comment il s'est produit. Avant même de donner l'explication, on sait très bien quel événement on va expliquer. En d'autres mots, l'explication causale ne fournit pas une caractérisation supplémentaire de l'événement expliqué (sauf, évidemment, dans le sens banal où elle le décrit comme un événement ayant une certaine cause) mais explique pourquoi un événement dont la nature est déjà connue s'est produit. Dans notre hypothèse, le motif de l'action de lever le bras correspond à l'événement causant cette action. Or, ce motif est aussi le motif de l'agent pour accomplir l'action. Le motif de l'action est donc la cause de l'action, ce qui est contradictoire. En effet, si le motif est la cause de l'action, il ne peut pas en donner une

---

1. « Il est ici facile de tomber dans cette impasse philosophique qui consiste à croire que la difficulté de la tâche tient à ce que nous avons à décrire des phénomènes difficilement saisissables, l'expérience fugitive du moment présent, ou d'autres choses semblables » (Wittgenstein, *Recherches philosophiques*, § 436, trad. fr. E. Rigal (dir.), Paris, Gallimard, 2004).

caractérisation supplémentaire, alors qu'il doit le faire en tant que motif en indiquant ce que la personne faisait en réalité, à savoir que l'action du conducteur de lever le bras était en fait l'action d'informer autrui qu'il allait tourner. Ce faisant, le motif donne une description plus complète de l'action et une meilleure compréhension de ce que le conducteur faisait (ceci ne dépend pas du fait que donner un signal est une action obéissant à des conventions). Une cause humienne ne saurait jamais réaliser cela ; la cause de l'action de lever le bras expliquerait seulement comment cette action s'est produite (dans ce cas, la différence entre le fait que le bras s'élève et l'action de lever le bras s'efface). L'affirmation du conducteur qu'il a levé le bras afin d'avertir autrui, entraîne logiquement qu'il donnait ou essayait de donner un signal. Si le motif était un événement se produisant avant ou en même temps que l'action de lever le bras, il faudrait donc supposer une connexion logique nécessaire entre ces deux événements, le supposé motif et l'action, quelle que soit la façon de décrire cette dernière. Or, cela est impossible si la relation motif-action est de nature causale. C'est également impossible si le motif est un événement mental distinct de l'événement qu'est l'action de lever le bras. Par conséquent, l'explication d'une action par un motif n'est pas et ne saurait être une explication du même type que celles s'appliquant aux phénomènes naturels, qu'il s'agisse d'excitations musculaires, de mouvements des membres, de l'explosion de vapeurs d'essence ou du comportement des corps en chute libre.

Ce résultat n'est guère surprenant. Souvenons-nous de notre analyse précédente des difficultés rencontrées par Prichard à propos de la notion d'acte de volonté. Selon Prichard, ces actes sont les causes des actions correspondantes, mais ils ne peuvent être décrits que par référence à ces actes. Nous avons montré que ces deux exigences sont contradictoires. Le dilemme de Prichard est précisément qu'il doit accepter ces deux traits logiquement incompatibles. Cependant, bien que cette conclusion représente une voie sans issue, Prichard avait quand même une intuition valable en insistant sur le fait qu'un acte de volonté doit être décrit en se référant à l'action correspondante, cela non seulement parce qu'il voyait que la solution alternative mène à une multiplication inacceptable d'indéfinissables, mais, de façon plus significative, parce qu'il appréhendait correctement, quoique de façon confuse et obscure, le concept pertinent de l'explication commune du comportement humain. Si on veut expliquer une action comme lever le bras par un acte de volonté et dans le sens où on l'explique par un motif (il signale qu'il va tourner), la description du soi-disant acte de volonté doit clairement indiquer *quelle* est l'action accomplie. En d'autres mots, l'acte de volonté doit être décrit de façon à ce qu'il découle logiquement de cette description et de l'énoncé constatant que l'action de lever le bras se produit, que la personne donne un signal. C'est ainsi que le motif précise la nature de l'action. La contradiction dont souffre la doctrine des actes de volonté, naît d'une confusion entre deux sens fort différents du terme « explication » : l'explication causale et l'explication commune du comportement par des motifs. Dans la mesure où l'on avance des causes humiennes d'événements qui se produisent quand la personne agit, on n'explique pas l'action dans ce sens commun et important. Inversement, les explications de ce dernier type n'évoquent pas des événements mentaux internes. Puisque le motif, dans une explication d'action, précise de quelle action il s'agit, toute description ou explication se réfère nécessairement à une action en train d'être accomplie, et plus particulièrement à l'action spécifiée dans l'explication. C'est la raison pour laquelle, dans notre exemple, l'énoncé indiquant le motif de l'agent ne se réfère pas à des pensées traversant l'esprit de l'agent au moment d'agir ou à quelque autre événement interne, mais à une chose réalisée publiquement. Lorsque, à la question « Pourquoi avez-vous levé le bras ? », on répond « Pour signaler que j'allais tourner », on n'attire pas l'attention sur un événement mental, mais sur l'action qu'on vient d'accomplir et sur les circonstances dans lesquelles on vient de la faire à savoir que l'on était en train de conduire, qu'on allait tourner et qu'il fallait avertir autrui. Ce sont là des choses qui se passent sur la scène publique de l'action humaine et non dans les coins reculés et cachés de l'esprit.

Donald Davidson

ACTIONS, RAISONS ET CAUSES *

Quelle est la relation entre une raison et une action quand la raison explique l'action, en donnant la raison qu'avait l'agent de faire ce qu'il a fait? Nous pouvons appeler *rationalisations* les explications de ce genre, et dire que la raison *rationalise* l'action.

Dans cet article, je veux défendre la thèse traditionnelle – qui est aussi celle du sens commun – selon laquelle une rationalisation est une forme d'explication causale ordinaire. Pour défendre cette position, il faut sans doute la reformuler, mais il ne paraît pas nécessaire, contrairement à ce qu'ont récemment proposé de nombreux auteurs [1], de l'abandonner plus ou moins complètement.

---

* D. Davidson, « Actions, raisons et causes », dans *Actions et événements*, trad. fr. P. Engel, Paris, PUF, 1993, p. 15-36.

1. Voici quelques exemples : G. Ryle, *The Concept of Mind*; G.E.M. Anscombe, *Intention*; S. Hampshire, *Thought and Action*; H.L.A. Hart and A.M. Honoré, *Causation and the Law*; W. Dray, *Laws and Explanations in History*, et la plupart des livres de la collection dirigée par R.F. Holland, *Studies in Philosophical Psychology*, y compris le livre d'A. Kenny, *Action, Emotion and Will* et celui d'A.I. Melden, *Free Action*. Les références entre parenthèses renvoient à ces œuvres.

I

Une raison ne rationalise une action que si elle nous conduit à voir quelque chose que l'agent a vu ou cru voir dans son action – un trait, une conséquence ou un aspect quelconque de l'action que l'agent a voulu, désiré, prisé, chéri, considéré comme étant de son devoir, bénéfique, obligatoire, ou agréable. On ne peut expliquer pourquoi quelqu'un a fait ce qu'il a fait en disant seulement que telle action particulière l'a attiré ; on doit indiquer ce qui, dans l'action, était attirant. Chaque fois que quelqu'un fait quelque chose pour une raison, on peut donc dire a) qu'il avait une sorte de pro-attitude à l'égard d'actions d'un certain type, et b) qu'il croyait (ou savait, percevait, remarquait, se rappelait) que cette action était de ce type. Dans la rubrique (a) il faut inclure des désirs, des volontés, des envies, des incitations, et une grande variété de conceptions morales, de principes esthétiques, de préjugés écono-miques, de conventions sociales, d'objectifs, et de valeurs, publics ou privés, pour autant qu'on puisse interpréter ceux-ci comme les attitudes d'un agent dirigées vers des actions d'un certain type. Ici, le mot « attitude » est un terme à tout faire, car il doit recouvrir non seulement des traits de caractère permanents qui se manifestent dans le comportement durant toute la vie, comme l'amour des enfants ou le goût pour une bruyante compagnie, mais aussi les lubies les plus soudaines qui provoquent une action unique, comme le désir soudain de toucher le coude d'une femme. En général, on ne doit pas confondre les pro-attitudes avec des convictions, aussi temporaires soient-elles, que toute action d'un certain type doit être accomplie, vaut la peine d'être accomplie ou est, tout bien consi-déré, désirable. Car un individu peut, toute sa vie durant, avoir un désir intense, par exemple celui de boire un pot de peinture, sans jamais, même au moment où il succombe à cette tentation, croire que cela en vaille la peine.

Donner la raison pour laquelle un agent a fait quelque chose revient souvent à nommer la pro-attitude a) ou la croyance associée

b) ou les deux ; appelons ce couple *la raison primaire* pour laquelle l'agent a accompli l'action. On peut alors reformuler la thèse selon laquelle les rationalisations sont des explications causales et donner une structure à cette argumentation en énonçant les deux thèses suivantes concernant les raisons primaires :

1) Pour comprendre comment une raison d'un type quelconque rationalise une action, il est nécessaire et suffisant de voir, au moins dans les grandes lignes, comment construire une raison primaire.

2) La raison primaire d'une action est sa cause.

Je défendrai successivement ces deux thèses.

II

Je tourne l'interrupteur, j'allume la lumière et j'illumine la pièce. À mon insu, j'alerte aussi un rôdeur de ma présence à la maison. Ici, je n'ai pas eu à faire quatre choses, mais une seule, dont on a donné quatre descriptions [1]. J'ai tourné l'interrupteur parce que

---

1. Nous pourrions ne pas appeler action le fait que j'aie involontairement alerté le rôdeur, mais on ne doit pas en conclure qu'alerter le rôdeur est quelque chose de différent du fait de tourner le commutateur, c'est-à-dire seulement sa conséquence. Les actions, les réalisations et les événements qui n'impliquent pas la présence d'une intention se ressemblent en ceci qu'on les désigne ou les définit en partie en termes d'un état terminal, d'un résultat, ou d'une conséquence. Le mot « action » n'apparaît pas très souvent dans le discours ordinaire, et quand il apparaît, c'est souvent dans des contextes assez solennels. Je me conforme à une pratique philosophique utile en appelant action tout ce qu'un agent fait intentionnellement, y compris les omissions intentionnelles. On a certainement besoin d'un terme générique approprié pour combler la lacune suivante : supposons que « A » soit la description d'une action, que « B » soit la description de quelque chose fait volontairement mais pas intentionnellement, et que « C » soit une description de quelque chose fait involontairement et non intentionnellement ; et enfin supposons que A = B = C. Dans ce cas, A, B, et C sont la même chose, mais quoi ? « Une action », « un événement », « une chose faite », ont chacun, tout au moins dans certains contextes, une résonance bizarre si on les associe à une description qui ne leur convient pas. Il n'y a que la question : « Pourquoi avez-vous (a-t-il) fait A ? » qui soit générale au sens requis. Il est clair que le problème

je voulais allumer la lumière et, en disant que je voulais allumer la lumière, j'explique (donne la raison de, rationalise) l'action de tourner l'interrupteur. Mais en donnant la raison, je ne rationalise pas le fait d'avoir alerté le rôdeur, ni le fait d'avoir illuminé la pièce. Comme les raisons peuvent rationaliser ce que fait une personne sous une certaine description et pas sous une autre, on ne peut traiter ce qui a été fait simplement comme un terme figurant dans les phrases comme « La raison que j'avais de tourner l'interrupteur était que je voulais allumer la lumière » ; sinon, nous serions forcés de conclure, du fait que tourner l'interrupteur était identique au fait d'alerter le rôdeur, que la raison que j'avais d'alerter le rôdeur était que je voulais allumer la lumière. Marquons plus nettement ce caractère quasi intensionnel [1] des descriptions d'actions dans les rationalisations en énonçant un peu plus précisément une condition nécessaire des raisons primaires :

> C1. R est une raison primaire pour laquelle l'agent a accompli l'action A sous la description d que si R consiste en une pro-attitude de l'agent à l'égard d'actions qui ont une certaine propriété et en la croyance de l'agent que A, sous la description d, a cette propriété [...].

Une raison primaire consiste en une croyance et une attitude, mais il est en général vain de mentionner les deux. Si vous me dites que vous relâchez le foc parce que vous voulez empêcher la grand-voile de revenir en arrière, je n'ai pas besoin qu'on me dise que vous voulez empêcher la grand-voile de revenir en arrière ; et si vous dites que vous me faites un pied de nez parce que vous voulez m'insulter, il ne sert à rien d'ajouter que vous pensez qu'en me

empire si l'on suppose, comme Melden, qu'une action (« lever son bras ») peut être identique à un mouvement du corps (« le bras se lève »).

1. « Quasi intensionnel » parce que, outre son aspect intentionnel, la description de l'action doit aussi faire référence à une rationalisation, car autrement on pourrait dire qu'une action a été faite pour une certaine raison tout en n'ayant pas été accomplie. Comparez avec « l'auteur de *Waverley* » dans « George IV savait que l'auteur de *Waverley* écrivit *Waverley* ».

faisant un pied de nez, vous m'insulterez. De même, de nombreuses explications d'actions en termes de raisons qui ne sont pas primaires ne requièrent pas qu'on mentionne la raison primaire pour que l'histoire soit complète. Si je dis que j'arrache les mauvaises herbes parce que je veux un beau gazon, il serait stupide d'allonger la sauce en disant : « Et c'est pourquoi je vois quelque chose de désirable dans toute action, qui rend, ou a des chances de rendre beau mon gazon ». Pourquoi insister pour voir un *intermédiaire* quelconque, qu'il soit logique ou psychologique, dans le passage du désir d'une fin qui n'est pas une action aux actions que l'on considère comme des moyens ? On s'en tire aussi bien en disant que la fin désirée n'explique l'action que si ce que l'agent croit être un moyen en vue de cette fin est désiré.

Heureusement, il n'est pas nécessaire de classer et d'analyser les nombreuses variétés d'émotions, de sentiments, d'humeurs, de motifs, de passions et d'appétits que l'on peut mentionner pour répondre à la question : « Pourquoi avez-vous fait cela ? » pour voir comment, quand la mention de ces états rationalise l'action, une raison primaire est présente. La claustrophobie nous donne la raison pour laquelle un individu a quitté une réception parce que nous savons que les gens veulent éviter, échapper à, se préserver de, ou mettre à distance d'eux-mêmes, ce dont ils ont peur. La jalousie est un mobile dans un empoisonnement parce qu'entre autres choses, l'empoisonneur croit que son action nuira à son rival, supprimera la cause de son supplice, ou redressera une injustice : c'est le genre de choses qu'un homme jaloux veut faire. Quand nous apprenons qu'un homme a escroqué son fils par cupidité, nous ne savons pas nécessairement ce qu'était la raison primaire, mais nous savons qu'il y en avait une, et quelle était en gros sa nature. Ryle analyse « Il se rengorgeait par vanité » par « Il se rengorgeait en rencontrant un étranger et son acte satisfait la proposition suivante qui a la forme d'une loi : chaque fois qu'il trouve une occasion de s'attirer l'admiration et l'envie des autres, il fait tout ce qui peut lui procurer cette admiration et cette envie » (p. 89). On critique souvent, et peut-être à juste titre, cette analyse, en faisant remarquer que la vanité peut conduire un homme à se rengorger juste une fois. Mais si le vantard de Ryle faisait ce qu'il faisait par vanité, alors il y a quelque chose de vrai dans l'analyse de Ryle : le vantard voulait s'attirer l'admiration et l'envie des autres et il croyait que son action produirait cette admiration et cette envie ; vraie ou fausse, l'analyse de Ryle ne fait pas l'économie des raisons primaires : elle en dépend.

Connaître la raison primaire pour laquelle quelqu'un a agi d'une certaine façon n'est pas connaître une intention qu'il avait en agissant ainsi. Si je tourne à gauche au croisement parce que je veux aller à Katmandou, mon intention en tournant à gauche est d'aller à Katmandou. Mais connaître l'intention n'est pas nécessairement connaître la raison primaire dans le détail. Si Jacques va à l'église avec l'intention de faire plaisir à sa mère, alors il doit avoir une quelconque pro-attitude dirigée vers l'action de faire plaisir à sa mère, mais nous avons besoin d'une information supplémentaire pour dire si sa raison est qu'il aime bien faire plaisir à sa mère, ou bien qu'il pense que c'est une bonne chose, ou que c'est son devoir, ou une obligation. L'expression « l'intention qu'avait Jacques en allant à l'église » a la forme externe d'une description, mais est en fait syncatégorématique et ne peut être considérée comme désignant une entité, un état, une disposition, ou un événement. Sa fonction dans le contexte est d'engendrer de nouvelles descriptions des actions en termes de leurs raisons ; ainsi « Jacques alla à l'église avec l'intention de faire plaisir à sa mère » engendre une nouvelle description, plus complète, de l'action que l'on décrit en disant « Jacques alla à l'église ». C'est essentiellement la même chose qui se passe quand je réponds à la question « Pourquoi vous agitez-vous ainsi ? » avec « Je suis en train de tricoter, de tisser, de faire de l'exercice, de faire de l'aviron, de faire des câlins, de dresser des puces ».

La simple description d'un résultat voulu explique souvent une action mieux que si l'on déclare que le résultat est le produit d'une intention ou d'un désir. « Cela vous calmera les nerfs » explique

que je vous verse une bonne rasade de façon aussi efficace que « Je veux faire quelque chose qui vous calmera les nerfs », puisque la première description dans le contexte de l'explication implique la seconde ; mais la première est meilleure parce que, si elle est vraie, les faits justifieront l'action que j'ai choisi de faire. Justifier une action et l'expliquer vont souvent de pair ; c'est pourquoi nous indiquons souvent la raison primaire qu'on a eue pour faire une action en avançant une proposition qui, si elle était vraie, aurait aussi pour effet de vérifier, de justifier, ou de confirmer la croyance ou l'attitude pertinente de l'agent ; « Je savais que je devais le rendre », « Le journal disait qu'il allait neiger », « Vous m'avez marché sur les pieds », toutes ces expressions employées dans des contextes appropriés où il s'agit de donner des raisons, ont habituellement cette double fonction.

III

C'est à la lumière d'une raison primaire qu'une action se révèle comme s'accordant avec certains traits momentanés ou durables, caractéristiques ou non de l'agent, et que l'agent apparaît dans son rôle d'Animal Rationnel. La croyance et l'attitude qui constituent la raison primaire d'une action peuvent toujours être mises en correspondance avec les prémisses d'un syllogisme que nous pouvons toujours construire, pour autant que nous fassions preuve d'un peu d'ingéniosité. Ces prémisses entraînent que l'action a une certaine « caractéristique de désirabilité » (selon le terme d'Anscombe)[1]. Ainsi toute rationalisation a-t-elle un rôle justifi-

---

1. Anscombe nie que le syllogisme pratique soit déductif, en partie parce qu'elle considère, comme Aristote, que le syllogisme pratique correspond à un raisonnement pratique (alors que pour moi c'est seulement une partie de l'analyse du concept de raison pour laquelle quelqu'un agit). Cela la conduit, à nouveau à la suite d'Aristote, à penser que la conclusion d'un syllogisme pratique correspond à un jugement, d'après lequel non seulement une action a une caractéristique désirable, mais aussi d'après lequel l'action est désirable (raisonnable, valable, etc.).

cateur en un certain sens même si c'est en un sens assez faible : du
point de vue de l'agent, il y avait, quand il a agi, quelque chose qui
parlait en faveur de son action.

Certains philosophes, remarquant que l'élément de justification
que fournissent les raisons est absent dans certaines explications
causales non téléologiques, en ont conclu que le concept de cause
qui s'applique ailleurs ne peut s'appliquer à la relation entre les
raisons et les actions, et que le schème de la justification produit,
quand on a affaire à des raisons, l'explication requise. Mais admettons que seules les raisons justifient les actions quand elles expliquent ; il ne s'ensuit pas que l'explication ne soit pas aussi – et
nécessairement – causale. En fait, la première condition que nous
avons posée au sujet des raisons primaires (C1) est destinée à
séparer les rationalisations des autres types d'explication. Si une
rationalisation est, comme je veux le soutenir, une espèce d'explication causale, alors la justification, au sens donné par C1, est au
moins une différence spécifique. Que faut-il penser de l'autre thèse,
celle qui veut que la justification soit un type d'explication, en sorte
que l'on n'a pas besoin d'introduire la notion ordinaire de cause ?
Ici, il nous faut décider ce que nous devons ranger sous le terme de
« justification ». On pourrait considérer qu'il ne recouvre que ce
que requiert C1, à savoir que l'agent a certaines croyances et attitudes à la lumière desquelles l'action apparaît comme raisonnable.
Mais alors il ne fait pas de doute que nous avons laissé de côté
quelque chose d'essentiel, car une personne peut avoir une raison
de faire une action, et accomplir cette action bien que la raison ne
soit pas la raison pour laquelle elle a accompli l'action. Il y a une
idée qui est indissociable de la relation entre une action et la raison
qui l'explique : c'est l'idée que l'agent a accompli l'action parce
qu'il avait une certaine raison. Bien sûr, nous pouvons inclure cette
idée dans la notion de justification ; mais alors la notion de justification devient aussi obscure que la notion de raison tant que nous ne
pouvons pas rendre compte de la force de ce « parce que ».

Quand nous demandons pourquoi quelqu'un a agi d'une certaine manière, nous voulons qu'on nous donne une interprétation. Son comportement paraît étrange, étonnant, outré, absurde, déconcertant, incongru; peut-être même ne parvient-on pas à y reconnaître une action. Quand nous apprenons sa raison, nous avons une interprétation, une nouvelle description de ce qu'il a fait, qui s'inscrit dans un cadre familier. Ce cadre inclut quelques-unes des croyances et des attitudes de l'agent, peut-être aussi des objectifs, des buts, des principes, des traits généraux de caractère, des vertus et des vices. En outre, la redescription d'une action par une raison peut placer l'action dans un contexte social, économique, linguistique ou évaluatif. Apprendre, en apprenant cette raison, que l'agent concevait son action comme un mensonge, comme le remboursement d'une dette, comme une insulte, comme l'obéissance à une obligation avunculaire, ou comme un gambit du cavalier, c'est saisir la raison d'être de l'action au sein d'un certain dispositif de règles, de pratiques, de conventions et d'attentes.

Nombre de philosophes ont proposé, non sans subtilité et finesse, des remarques de ce genre, inspirées par le second Wittgenstein. Et il est indéniable que quand nous expliquons une action en donnant sa raison, nous redécrivons l'action; que cette redescription de l'action lui donne une place dans une certaine trame, et que de cette manière l'action se trouve expliquée. Ici, il est tentant de tirer deux conclusions qui ne s'ensuivent pas. En premier lieu, nous ne pouvons pas inférer, du fait que donner des raisons redécrit simplement l'action et que les causes sont séparées de leurs effets, qu'il s'ensuit que les raisons ne sont pas des causes. Les raisons, étant des croyances et des attitudes, ne sont certainement pas identiques à des actions; mais – et c'est plus important – les événements sont souvent redécrits en termes de leurs causes. (Supposez que quelqu'un soit blessé. Nous pourrions redécrire cet événement « en termes de sa cause » en disant qu'il a été brûlé). En second lieu, c'est une erreur de penser que, parce que le fait de placer une action au sein d'une trame plus large l'explique, nous comprenons dès lors quel type d'explication est en jeu. Parler de trames et de contextes ne répond pas à la question de savoir comment les raisons expliquent les actions, parce que la trame ou le contexte pertinent contiennent à la fois la raison et l'action. L'une des façons dont on peut expliquer un événement consiste à le placer dans le contexte de sa cause ; cause et effet forment le type de trame qui explique l'effet, en un sens de « explique » que nous pouvons comprendre aussi bien qu'un autre. Si raison et action illustrent une trame différente d'explication, il faut identifier la trame en question.

Je voudrais illustrer ce point sur un exemple de Melden. Un homme qui conduit une automobile lève le bras pour faire signe qu'il va tourner. Son intention, celle de faire signe qu'il va tourner, explique son action, lever le bras, en la redécrivant comme l'action de faire signe qu'il va tourner. Quelle est la trame qui explique l'action ? Est-ce la trame familière de l'accomplissement d'une action pour une certaine raison ? Dans ce cas, elle explique effectivement l'action, mais seulement parce qu'elle présuppose la relation entre la raison et l'action que nous voulons analyser. Ou la trame n'est-elle pas plutôt la suivante : l'homme conduit, il s'approche d'un croisement ; il sait qu'il doit faire signe qu'il va tourner, il sait comment faire signe qu'il va tourner, en levant le bras. Et voici que, dans ce contexte, il lève le bras. Peut-être, comme Melden le suggère, si tout ceci arrive, fait-il signe effectivement qu'il va tourner. L'explication serait alors la suivante : si, dans ces conditions, un homme lève le bras, alors il fait signe qu'il va tourner. La difficulté est, de toute évidence, que cette explication ne nous dit pas pourquoi il a levé le bras. Il avait une raison de lever le bras, mais on n'a pas montré que c'était la raison pour laquelle il l'a fait. Si la description « faire signe qu'il va tourner » explique son action en donnant sa raison, alors l'acte de faire signe qu'on va tourner doit être intentionnel ; mais selon l'analyse qui vient d'être donnée, il ne peut pas l'être.

Si, comme le soutient Melden, les explications causales n'ont « aucune pertinence pour la compréhension de l'action humaine que nous recherchons » (p. 184), alors nous ne pouvons pas rendre compte de la présence de « parce que » dans des explications comme « Il l'a fait parce que ... » où nous nommons une raison. Hampshire remarque, à propos de la relation entre raisons et action : « en philosophie, on devrait à coup sûr considérer cette connexion comme parfaitement mystérieuse ». Hampshire rejette la tentative d'Aristote pour résoudre ce mystère en introduisant le concept de vouloir comme facteur causal, parce que, selon lui, la théorie qui en résulte est trop claire et trop définie pour s'appliquer à tous les cas et parce qu'« on ne voit toujours pas bien pourquoi il faudrait insister sur le fait que le mot "vouloir" *doit* faire partie de tout énoncé complet des raisons qu'un agent peut avoir pour agir » (p. 168). Je suis d'accord pour dire que le concept de vouloir est trop étroit, mais j'ai soutenu que, au moins dans un grand nombre de cas typiques, on doit supposer qu'une pro-attitude quelconque est présente si l'on veut comprendre l'énoncé des raisons qu'un agent peut avoir d'agir. Hampshire ne voit pas comment le schème aristotélicien peut être tenu pour vrai ou faux, « car on ne voit pas ce qui fonderait nos attributions de raisons, ni quelles sortes de données pourraient être décisives » (p. 167). Mais je dirais plutôt, pour ma part, qu'à défaut d'une autre solution, ce qui parle le mieux en faveur d'un schème comme celui d'Aristote est qu'il est le seul qui rende prometteuse une analyse de la « connexion mystérieuse » entre les raisons et les actions.

IV

Pour transformer le premier « et » en un « parce que » dans la phrase « Il faisait de l'exercice *et* il voulait maigrir et pensait que l'exercice le ferait maigrir », nous devons, en tout premier lieu[1], renforcer la condition C1 par :

C2. Une raison primaire d'une action est sa cause.

Ce qui milite en faveur de C2 est à présent, je l'espère, évident. Dans ce qui suit, je voudrais défendre C2 contre diverses critiques et par là clarifier la notion d'explication causale ici en présence.

A) La première critique est la suivante. Les raisons primaires consistent en des attitudes et en des croyances qui sont des états ou des dispositions, et pas des événements ; par conséquent, elles ne peuvent pas être des causes.

Il est facile de répondre que les états, les dispositions et les conditions sont souvent nommés en tant que causes d'événements : le pont s'est effondré à cause d'un vice de construction ; l'avion s'est écrasé au décollage parce que la température de l'air était anormalement élevée ; l'assiette s'est cassée parce qu'elle était fendue. Cette réponse, toutefois, ne rend pas compte d'un fait qui est étroitement lié au précédent. Quand on mentionne une condition causale pour un événement, on ne donne une cause que sous l'hypothèse qu'il y avait aussi un événement qui précédait le premier. Mais quel est l'événement qui précède et qui cause une action ?

Dans bien des cas, on n'a aucun mal à trouver des événements qui soient étroitement associés à la raison primaire. Les états et les dispositions ne sont pas des événements, mais la manifestation d'un état, d'une disposition, est un événement. Un désir de vous blesser peut surgir en moi au moment où vous vous mettez en colère contre moi ; je peux commencer à vouloir manger du melon seulement au moment où j'en vois un ; et les croyances peuvent se former au moment où nous remarquons, percevons, apprenons ou nous rappelons quelque chose. Ceux qui ont soutenu qu'il n'y avait pas

---

1. Je dis « en tout premier lieu » pour annuler toute suggestion que C1 et C2 seraient ensemble *suffisants* pour définir la relation des raisons aux actions qu'elles expliquent.

d'événements mentaux qu'on puisse considérer comme des causes des actions se sont souvent fourvoyés parce qu'ils ont insisté sur le fait qu'un événement mental devait être observé ou remarqué (plutôt qu'être une observation ou une remarque) ou qu'il devait être ponctuel comme un coup de couteau, un haut-le-cœur, une piqûre ou un frisson, une mystérieuse pointe de conscience ou un acte de la volonté. Quand il analyse le cas du conducteur qui fait signe qu'il va tourner en levant le bras, Melden met au défi ceux qui veulent expliquer les actions en termes causaux d'identifier « un événement qui soit commun et particulier à tous les cas de ce genre » (p. 87), qu'il s'agisse d'un motif ou d'une intention, ou en tout cas, « d'un certain sentiment ou d'une certaine expérience éprouvée » (p. 95). Mais il va de soi qu'un événement mental est présent ; à un moment donné, le conducteur a remarqué (ou a pensé qu'il remarquait) qu'il allait devoir s'apprêter à tourner, et c'est à ce moment-là qu'il a fait signe. Durant toute activité continue, telle que conduire une auto, ou toute performance difficile à réaliser, comme traverser l'Hellespont à la nage, il y a des objectifs à réaliser, des critères, des désirs et des habitudes plus ou moins fixes qui donnent forme et direction à l'entreprise tout entière, et il y a une entrée continue d'information sur ce que nous faisons, sur les changements dans l'environnement, en termes desquels nous réglons et ajustons nos actions. Élever la conscience qu'un conducteur a de devoir bientôt tourner à la dignité d'une expérience vécue ou même d'un sentiment est sans doute exagéré. Mais qu'elle mérite un nom ou pas, il vaut mieux que ce soit la raison pour laquelle il a levé le bras. Dans ce cas précis, et dans la plupart des cas il ne peut y avoir quoi que ce soit que nous puissions appeler un motif, mais si nous mentionnons un objectif général, comme vouloir parvenir à destination sain et sauf, il est clair que le motif n'est pas un événement. L'intention qu'avait le conducteur quand il a levé le bras n'est pas, elle non plus, un événement, parce qu'elle n'est pas une chose : ni événement, ni attitude, ni disposition, ni objet. Enfin, Melden demande au partisan de la théorie causale de trouver un événement qui soit commun et particulier à tous les cas où un homme lève intentionnellement le bras, et on doit admettre qu'il est impossible de produire un tel événement. Mais si c'est vrai, on ne peut pas non plus produire une cause commune et unique des effondrements de ponts, des accidents d'avions ou des bris d'assiettes.

Le conducteur qui fait signe qu'il va tourner peut répondre à la question : « Pourquoi avez-vous levé le bras quand vous avez levé le bras ? », et en obtenant la réponse nous apprenons la raison qui a causé l'action. Mais l'auteur d'une action peut-il toujours répondre à une question de ce genre ? Quelquefois la réponse mentionnera un événement mental qui ne donne pas de raison : « Je me suis finalement décidé ». Mais il paraît aussi y avoir des cas d'action intentionnelle où nous ne pouvons pas expliquer pourquoi nous avons agi quand nous l'avons fait. Dans de tels cas, l'explication en termes de raisons primaires peut être mise en parallèle avec l'explication de l'effondrement d'un pont dû à un défaut de construction : nous ignorons quel est l'événement ou la suite d'événements qui ont produit (ont causé) l'effondrement, mais nous sommes sûrs qu'il y avait un tel événement ou une telle suite d'événements.

B) Selon Melden, une cause doit être « logiquement distincte de son effet supposé » (p. 52) ; or une raison d'agir n'étant pas logiquement distincte de l'action, les raisons ne sont pas des causes de l'action[1]. On a déjà suggéré une forme que pouvait prendre cet argument. Puisqu'une raison rend une action intelligible en la redécrivant, on n'a pas affaire à deux événements, mais à un seul sous des descriptions différentes. Or les relations causales présupposent des événements distincts.

On peut être tenté de faire l'erreur de supposer que mon action de tourner l'interrupteur a causé mon action d'allumer la lumière

---

1. On peut trouver cet argument ou certaines de ses versions chez Kenny, Hampshire, et Melden, ainsi que chez P. Winch, *The Idea of a Social Science*, et chez P.S. Peter, *The Concept of Motivation*. Sous l'une de ces formes, l'argument s'inspire évidemment de l'analyse des motifs de Ryle dans *The Concept of Mind*.

(en fait, elle a causé le fait que la lumière s'est allumée). Mais il ne s'ensuit pas qu'il soit faux de considérer que «ma raison pour tourner l'interrupteur était que je voulais allumer la lumière» implique, en partie, que «j'ai tourné l'interrupteur et cette action peut être décrite plus avant comme ayant été causée par ma volonté d'allumer la lumière». Décrire un événement en termes de sa cause, ce n'est pas confondre l'événement avec sa cause, pas plus qu'expliquer un événement en le redécrivant n'exclut qu'on fournisse par là une explication causale.

Cet exemple nous permet aussi de réfuter la thèse selon laquelle nous ne pouvons pas décrire l'action sans utiliser des mots qui la rattachent à sa cause supposée. Ici on doit expliquer l'action sous la description : «mon action de tourner l'interrupteur», et la cause supposée est «ma volonté d'allumer la lumière»; mais même ici le lien se révèle être, si l'on y regarde de plus près, grammatical plutôt que logique.

En tout cas, il y a quelque chose de très bizarre dans l'idée que les relations causales sont empiriques plutôt que logiques. Qu'est-ce que cela peut vouloir dire? Sûrement pas que tout énoncé causal vrai soit un énoncé empirique. Car supposez que «A a causé B» soit vrai, alors la cause de $B = A$; et donc, en substituant les identiques, nous obtenons «la cause de B a causé B» qui est un énoncé analytique. La vérité d'un énoncé causal dépend de la réponse à la question : *Quels* sont les événements qui sont décrits? Le statut analytique ou synthétique de l'énoncé dépend de la réponse à la question : *Comment* les événements sont-ils décrits? Et pourtant, on peut soutenir qu'une raison ne rationalise une action que quand les descriptions sont fixées de façon appropriée, et les descriptions appropriées ne sont pas logiquement indépendantes.

Supposons que dire qu'un individu voulait allumer la lumière *ait signifié* qu'il aurait accompli l'action dont il croyait qu'elle réaliserait cette fin. Alors, l'énoncé de sa raison primaire pour tourner l'interrupteur impliquerait qu'il a tourné l'interrupteur – «il agit aussitôt», comme le dit Aristote. Dans ce cas, il y aurait certainement une connexion logique entre raison et action, le même type de connexion que celle qu'il y a entre « c'est soluble dans l'eau et cela a été mis dans l'eau » et « cela s'est dissous ». Puisque l'implication va de la description de la cause à la description de l'effet, mais non l'inverse, le fait de nommer la cause nous donne toujours une information. Et bien que l'on néglige souvent ce point, « le mettre dans l'eau a été cause qu'il s'est dissous » n'implique pas « c'est soluble dans l'eau » ; par conséquent ce dernier énoncé a une force explicative additionnelle. Néanmoins, l'explication serait bien plus intéressante si, au lieu de la solubilité, avec son lien définitionnel évident avec l'événement à expliquer, on pouvait faire référence à une certaine propriété, par exemple une certaine structure cristalline, dont le lien avec la dissolution dans l'eau n'est connu qu'expérimentalement. Or on voit clairement pourquoi des raisons primaires telles que des désirs et des volontés n'expliquent pas les actions de la même manière que la solubilité explique – d'une manière relativement triviale – les dissolutions. La solubilité est, par hypothèse, une pure propriété dispositionnelle : elle est définie en termes d'une épreuve unique. Mais les désirs ne sauraient être définis en termes des actions qu'ils peuvent rationaliser, même si la relation entre le désir et l'action n'est pas simplement empirique ; il y a d'autres critères, également essentiels, pour les désirs – par exemple le fait qu'ils s'expriment dans des sentiments et dans des actions qu'ils ne rationalisent pas. La personne qui a un désir (ou une volonté, ou une croyance) n'a habituellement besoin d'aucun critère – elle sait en général, même en l'absence d'indices que les autres auraient à leur disposition, ce qu'elle veut, désire, et croit. Ces traits logiques des raisons primaires montrent que ce n'est pas simplement le manque d'ingéniosité qui nous empêche de les définir comme des dispositions à agir pour ces raisons.

C) Selon Hume, « nous pouvons définir une cause comme un objet, suivi par un autre, tel que tous les objets semblables au premier soient suivis par des objets semblables au second », mais Hart et Honoré nous disent que « l'énoncé qu'une personne a fait quelque chose parce que, par exemple, une autre personne l'a menacée, n'implique ni ne présuppose tacitement que si les circonstances se répétaient, la même action s'ensuivrait » (p. 52). Hart et Honoré admettent que Hume a raison de dire que les énoncés causaux singuliers impliquent des généralisations, mais qu'il a tort pour cette même raison de supposer que les désirs et les motifs sont les causes ordinaires des actions. Bref, les explications causales ordinaires impliquent de façon essentielle l'existence de lois, mais ce n'est pas le cas pour les rationalisations.

On essaie souvent de contrer cet argument en suggérant que nous avons en fait des lois rudimentaires reliant les raisons et les actions, et que celles-ci peuvent, en théorie, être précisées. Il est vrai que les gens qu'on menace ne réagissent pas tous de la même manière ; mais nous pouvons distinguer différentes sortes de menaces et différentes sortes d'agents, en termes de leurs croyances et de leurs attitudes.

Cette suggestion est pourtant trompeuse, parce que les généralisations qui relient des raisons et des actions ne sont pas – et ne peuvent pas être précisées de manière à produire – le genre de lois sur la base desquelles on peut faire des prédictions exactes. Si nous réfléchissons à la manière dont les raisons déterminent les choix, les décisions et le comportement, il est facile de voir pourquoi. Ce qui ressort, dans l'atmosphère *ex post facto* de l'explication et de la justification, comme étant *la* raison, était souvent, aux yeux de l'agent et au moment de l'action, une considération parmi d'autres, *une* raison. Toute théorie digne de ce nom qui entendrait prédire l'action sur la base de raisons, doit trouver une manière d'évaluer la force relative de divers désirs et croyances dans la matrice de la décision ; elle ne peut pas prendre pour point de départ une généralisation plus précise de ce que l'on peut attendre d'un seul désir. Le syllogisme pratique ne nous fournit ni un modèle pour une science prédictive de l'action ni une analyse normative du raisonnement évaluatif.

Notre ignorance de lois prédictives appropriées ne nous interdit pas de donner des explications causales valides, ou tout au moins quelques-unes de ces explications. Je suis certain que la vitre de la fenêtre s'est brisée parce qu'elle a été frappée par une pierre – j'ai vu tout ce qui s'était passé. Mais je ne dispose pas (et quelqu'un en dispose-t-il ?) de lois sur la base desquelles je peux prédire quelles sortes de coups casseront quelles sortes de vitres. Une généralisation telle que : « Les vitres sont fragiles, et les choses fragiles tendent à se casser quand on les frappe assez fort, toutes choses égales par ailleurs » n'est pas une loi prédictive rudimentaire – la loi prédictive, si nous l'avions, serait quantitative et utiliserait des concepts très différents. La généralisation, comme nos généralisations au sujet du comportement, a une fonction différente : elle nous permet de savoir qu'il existe une loi causale qui couvre le cas en question.

Nous sommes en général bien plus certains de l'existence d'une connexion causale que nous ne le sommes de l'existence d'une loi causale gouvernant la circonstance en question ; cela montre-t-il que Hume avait tort quand il soutenait que les énoncés causaux présupposent des lois ? Pas nécessairement, car la thèse de Hume, citée ci-dessus, est ambiguë. Ou bien elle peut vouloir dire que « A a causé B » implique l'existence d'une loi particulière mettant en jeu les prédicats utilisés dans les descriptions « A » et « B », ou bien elle peut vouloir dire que « A a causé B » implique l'existence d'une loi causale exemplifiée par certaines descriptions vraies de « A » et de « B » [1]. De toute évidence, chacune des deux versions de la doctrine de Hume permet de donner un sens à la thèse selon laquelle des énoncés causaux singuliers impliquent des lois, et chacune de ces versions nous autorise à dire que les explications causales « impli-

---

1. On pourrait en gros décrire ainsi l'analyse des énoncés causaux singuliers suggérée ici : « A a causé B » est vrai si et seulement s'il y a des descriptions de A et de B telles que la phrase obtenue en remplaçant « A » et « B » par ces descriptions dans « A a causé B » dérive d'une loi causale vraie. Cette analyse échappe à la trivialité parce que toutes les généralisations vraies ne sont pas des lois causales ; ce qui permet de reconnaître les lois causales (ce n'est pas une analyse, cela va de soi) est le fait qu'elles sont inductivement confirmées par leurs instances et par le fait qu'elles soustendent des énoncés causaux contrefactuels et au conditionnel irréel.

quent l'existence de lois». Mais la seconde version est bien plus faible, en ceci qu'aucune loi particulière n'est impliquée par une affirmation causale singulière, et on peut défendre une affirmation causale singulière – si besoin est – sans défendre une loi quelconque. Il n'y a que la seconde version de la doctrine de Hume qui puisse s'accorder avec la plupart des explications causales; elle s'accorde aussi bien avec les rationalisations.

L'explication la plus primitive d'un événement consiste à donner sa cause; les explications plus élaborées peuvent nous en dire plus, ou renforcer l'énoncé causal singulier en produisant une loi pertinente ou en donnant des raisons de croire qu'il existe une telle loi. Mais c'est une erreur de penser qu'on n'ait pas donné d'explication tant qu'on n'a pas produit de loi. Ces erreurs sont liées à l'idée que les énoncés causaux singuliers indiquent nécessairement, de par les concepts qu'ils emploient, les concepts qui figureront dans la loi qu'ils impliquent. Supposons qu'un ouragan, rapporté à la page 5 du *Times* de mardi, cause une catastrophe, rapportée page 13 de la *Tribune* du mercredi. Dans ce cas, l'événement rapporté page 5 du *Times* de mardi cause l'événement rapporté page 13 de la *Tribune* de mercredi. Devons-nous nous mettre en quête d'une loi reliant des événements de *ce* type? Il est à peine moins ridicule de rechercher une loi reliant les ouragans et les catastrophes. Les lois dont on a besoin pour prédire la catastrophe avec précision n'auraient, bien entendu, pas besoin de recourir à des concepts tels que ceux d'ouragan et de catastrophe. Le problème, quand il s'agit de prévisions météorologiques, est que les descriptions sous lesquelles les événements nous intéressent – «une journée fraîche et nuageuse avec de la pluie dans l'après-midi» – n'ont que des rapports lointains avec les concepts qui figurent dans les lois plus précises qu'on puisse connaître.

Les lois dont l'existence est requise si les raisons sont les causes de l'action ne reposent sûrement pas sur les concepts sur lesquels doivent reposer les rationalisations. Si les causes d'une certaine classe d'événements (les actions) appartiennent à une certaine classe (celle des raisons), et s'il y a une loi derrière chaque énoncé causal singulier, il ne s'ensuit pas qu'il existe une loi quelconque reliant les événements classés comme raisons aux événements classés comme actions – les classifications peuvent même être de nature neurologique, physique, ou chimique.

D) On dit que le type de connaissance que l'on a de ses propres raisons quand on agit n'est pas compatible avec l'existence d'une relation causale entre les raisons et les actions : une personne, quand elle agit, connaît ses propres intentions de façon infaillible, sans recourir à l'induction ou à l'observation, alors qu'aucune relation causale ne peut être connue de cette manière. Il ne fait pas de doute que la connaissance qu'on a de ses intentions quand on agit aura beaucoup de points communs avec la connaissance très spécifique qu'on peut avoir, du point de vue de la première personne, de ses propres douleurs, croyances, désirs, et ainsi de suite. La question est de savoir si cette spécificité de la connaissance à la première personne prouve que les raisons ne causent pas, au sens le plus ordinaire de ce terme, les actions qu'elles rationalisent.

Quelqu'un peut facilement se tromper sur la vérité d'un énoncé tel que : « J'empoisonne Charles parce que je veux lui épargner des souffrances », parce qu'il peut croire empoisonner Charles et se tromper sur l'action qu'il est en train de faire – il peut être lui-même en train de boire le contenu de la coupe empoisonnée par erreur. Mais il semble aussi que l'on puisse se tromper sur ses raisons, en particulier quand on a deux raisons distinctes d'accomplir une action, l'une qui nous plaît et l'autre pas (par exemple, quand on veut épargner des souffrances à Charles, mais aussi se débarrasser de lui). On peut se tromper sur le mobile qui nous a conduit à agir.

Le fait qu'on puisse se tromper sur ses mobiles ne montre pas qu'il y ait en général un sens à se demander comment on peut savoir quelles raisons on a, ou à se demander comment on peut établir qu'on a telles ou telles raisons. Bien qu'on puisse, en de rares occasions, reconnaître que telle ou telle donnée publique ou privée montre qu'on se trompe sur ses raisons, on ne dispose habituellement d'aucune donnée et on ne recourt pas à l'observation. La connaissance qu'on a de ses propres raisons d'agir n'est donc pas en général inductive, puisque pour qu'il y ait induction il faut qu'il y ait des données empiriques. Cela montre-t-il que cette connaissance n'est pas causale? Je ne vois pas en quoi cela pourrait le montrer.

Les lois causales se distinguent des généralisations vraies mais non nomiques (*nonlawlike*) en ceci que leurs instances les confirment; l'induction est donc certainement une bonne méthode pour vérifier la vérité d'une loi. Il ne s'ensuit pas que ce soit la seule manière de vérifier la vérité d'une loi. Quoi qu'il en soit, pour savoir si un énoncé causal singulier est vrai, il n'est pas nécessaire de connaître la vérité d'une loi; il est seulement nécessaire de savoir qu'il existe une loi s'appliquant aux événements concernés. Et il est loin d'être évident que l'induction, et elle seule, puisse nous apprendre qu'une loi causale satisfaisant certaines conditions existe. Ou encore, en d'autres termes, un seul cas souvent suffit, comme le reconnaissait Hume, pour nous convaincre qu'il existe une loi, ce qui revient à dire que nous sommes convaincus qu'il existe une relation causale, sans en avoir des preuves inductives directes.

E) Enfin, je voudrais dire un mot du malaise qu'éprouvent certains philosophes quand on parle de causes de l'action. Melden, par exemple, dit que les actions sont souvent identiques à des mouvements corporels, et que les mouvements corporels ont des causes; et pourtant il nie que ces causes soient les causes des actions. Il y a là, à mon avis, une contradiction, qui provient chez lui de considérations du genre suivant: « Il est futile de chercher à expliquer la conduite par l'efficacité causale du désir – car la *seule* chose que cette dernière puisse expliquer, ce sont d'autres événements, et non pas des actions accomplies par les agents. L'agent pris dans le réseau causal dans lequel ces événements ont lieu est la victime impuissante de tout ce qui se passe en lui et de ce qui lui arrive » (p. 128, 129). Si je ne me trompe, ce genre de raisonnement, s'il était valide, montrerait que les actions ne peuvent pas avoir de causes du tout. Je ne m'attarderai pas sur les difficultés évidentes qu'on rencontrerait si l'on soustrayait entièrement les actions du domaine de la causalité. Mais il vaut peut-être la peine d'essayer d'indiquer quelle est la source du problème. Pourquoi donc dirait-on qu'une cause transforme l'action en un simple événement, et la personne en une victime impuissante ? Est-ce parce que nous avons tendance à supposer, tout au moins dans la sphère de l'action, qu'une cause implique l'existence de quelqu'un qui cause, et que l'agir implique l'existence d'un agent ? On est ainsi amené à se demander : si mon action est causée, qu'est-ce qui l'a causée ? Si c'est moi la cause, on est confronté à une régression à l'infini absurde ; si ce n'est pas moi, je suis une victime. Mais bien entendu il y a d'autres possibilités. Il y a des causes pour lesquelles il n'y a pas d'agent. Parmi ces causes sans agent se trouvent les états et les changements des personnes qui, du fait qu'elles sont des raisons autant que des causes, font de certains événements des actions libres et intentionnelles.

Vincent Descombes

LES DEGRÉS DE L'AGIR *

Le théoricien Fontanier avait discerné une figure poétique non répertoriée à laquelle il avait donné le nom de « subjectification » […]. Comment se fait-il que le problème puisse se poser de décider si c'est au sens propre ou au sens figuré que *ma main* fait telle ou telle chose ? Est-ce que toute action de la main de X est en réalité une action de X ? Ou bien y a-t-il à considérer deux cas, celui dans lequel les mots « la main de X » désignent le tout dont cette main fait partie, donc X, et celui où la main agit de façon indépendante ? Cette question est capitale pour la philosophic de l'action. Elle justifie qu'on fasse un détour par la syntaxe de l'imputation de l'agir à plusieurs agents, ou syntaxe de la *diathèse causative*. Au terme de ce détour, nous aurons achevé de dessiner le portrait philo-sophique d'un sujet compris comme l'agent doté de la capacité à faire des actions dont il puisse répondre parce qu'il en est l'agent proprement dit, ou encore, si l'on veut, le « sujet propre » de l'action considérée.

Introduisons d'abord la notion de « diathèse causative » ou de « voix causative », par une comparaison avec la diathèse du passif. Si nous racontons l'histoire des anciens Grecs, nous dirons que les

---

* V. Descombes, *Le Complément de sujet. Enquête sur le fait d'agir de soi-même*, Paris, Gallimard, 2004, p. 90-97.

Grecs ont vaincu les Perses à Platées. Lorsque nous rapportons le même fait au passif (« les Perses ont été vaincus par les Grecs à Platées »), nous en faisons un épisode de l'histoire des Perses. Il s'agit bien du même événement : les conditions de vérité des deux récits sont identiques.

Considérons maintenant une phrase narrative élémentaire : « Alfred est parti ». Si cette phrase est acceptée comme vraie, elle rapporte un fait sur lequel on peut ensuite s'interroger. Pourquoi est-il parti ? Est-il parti *de lui-même*, ou bien *quelqu'un l'a-t-il fait partir* ? Ainsi, la réalité de son départ est assurée, quelle que soit l'explication de cet événement, mais cette réalité peut être re-décrite soit comme étant un simple départ (spontané), soit comme étant une expulsion. Si nous apprenons que Bernard est à l'origine du départ d'Alfred, alors nous pouvons maintenant rapporter à nouveau le même événement en le présentant comme une action de Bernard et non plus une initiative d'Alfred : *Bernard a chassé Alfred*, autrement dit il l'a fait partir.

Mais que veut dire : Bernard a fait partir Alfred (ou a fait qu'il parte) ? Il y a, semble-t-il, deux possibilités. Alfred a dû *accepter* de partir du fait de l'intervention de Bernard : il y a eu dans ce cas épreuve de force, conflit de deux volontés. Ou bien Alfred n'a pas eu le choix entre céder ou tenir bon : par exemple, il a été chassé de son poste par celui qui détenait le pouvoir de nommer et de déposer le titulaire de ce poste. Ici, on peut penser à l'anecdote rapportée par celui qui fut gouverneur de la Banque de France avant de devenir le ministre des Finances du général de Gaulle. Baumgartner a raconté qu'il avait essayé de résister à cette dernière nomination en arguant qu'il était un piètre politique et qu'il se sentait plus utile à l'État dans ses fonctions de gouverneur. À quoi de Gaulle lui avait répondu : « Mais *vous n'êtes plus* gouverneur de la Banque de France ! »[1]. Le général ne lui avait nullement offert d'entrer au

---

1. A. Peyrefitte, *C'était de Gaulle*, Paris, Fayard, 1994, t. 1, p 76.

gouvernement plutôt que de rester à la Banque de France, mais il lui avait simplement communiqué sa décision.

Si quelqu'un est contraint de partir alors qu'il aurait préféré rester, mais qu'il aurait pu résister, ce n'est pas comme si son départ s'était fait sans qu'il ait jamais pu s'y opposer. Alfred qui part parce que Bernard obtient son départ par des menaces et des agissements hostiles est quelqu'un qui exerce un pouvoir, même s'il le fait dans des circonstances déplaisantes. Un départ auquel je suis contraint n'est pas un départ involontaire, c'est seulement quelque chose que je fais de mauvais gré, malgré moi, mais non pas quelque chose à quoi j'assiste impuissant ou inactif. Raconter une histoire à la voix causative, c'est donc ajouter une *dimension* supplémentaire au récit, puisqu'il y a lieu maintenant d'apprécier jusqu'à quel point l'action rapportée était volontaire de la part de l'agent. Il faut parler ici d'une dimension, car l'opposition du volontaire et de l'involontaire doit se faire par degrés. Pour sauver son navire pris dans une tempête, le capitaine a dû faire jeter la cargaison par-dessus bord. En un sens, il l'a fait parce qu'il a jugé que c'était la chose à faire : son geste a été volontaire, et même réfléchi. Mais, en un autre sens, il a été acculé à prendre cette décision : ce n'est pas de gaieté de cœur, mais contraint et forcé (par les circonstances) qu'il l'a fait[1]. C'est la tempête qui lui a fait faire une chose que personne ne ferait de soi-même. La conduite du capitaine est volontaire (il aurait pu agir autrement), mais elle lui a également été imposée (il n'aurait pas pu bien agir en agissant autrement, il « n'avait pas le choix » s'il devait faire au mieux).

La notion de diathèse causative permet ainsi de débrouiller les questions relatives à l'imputation de l'agir sans s'enfermer dans le schéma uniforme du *sujet* et de *l'objet*, c'est-à-dire d'un agent conçu comme unique source de tout l'agir qui se manifeste dans une

---

1. On sait que c'est l'exemple par lequel Aristote illustre l'opposition du volontaire et de l'involontaire (*Éthique à Nicomaque*, III, I, 1110 a).

action et, face à cet agent, d'un patient conçu comme un objet inerte, pur instrument de manipulation. Lorsque le maître *fait faire* ses devoirs à l'élève, c'est l'élève qui fait les devoirs, pas le maître. Ce n'est pas comme lorsque le maître fait que s'écrive au tableau noir le mot «théorème» en faisant faire des mouvements au morceau de craie qu'il tient dans sa main : ici, c'est le maître qui écrit, pas le morceau de craie. Dans la métaphysique qui ne connaît d'autre schéma syntaxique que l'opposition monotone du sujet et de l'objet, toute activation d'un autre agent hors de soi tend à être représentée comme le maniement d'un corps inerte. Il n'y aurait pas réellement partage de l'agir entre plusieurs agents. Mais, grâce à des notions analytiques telles que celle du système des verbes narratifs et de la diathèse causative, nous pouvons analyser les choses de façon plus conforme à ce que nous voulons vraiment dire.

Appelons opération causative le fait de faire passer un verbe de l'actif au causatif. Du point de vue syntaxique, l'opération causative libère la place du premier actant en renvoyant le nom qui jouait ce rôle à une autre place dans la phrase. La question se pose alors de savoir comment cette opération répartit l'agir entre les deux individus qu'elle met en scène. Dès lors que plusieurs agents interviennent, le problème se pose de savoir comment le travail de l'œuvre est divisé entre eux. Forment-ils une simple *chaîne* causale, à la façon des anneaux qui sont attachés les uns aux autres de telle sorte que le mouvement de l'un d'entre eux provoque celui de tous les autres? Ou bien ces agents *coopèrent-ils* sur un pied d'égalité, chacun agissant de sa propre initiative? Ou bien y a-t-il parmi eux un agent *principal* et des agents *auxiliaires*? On peut ici se servir de l'opération causative telle que la définit Tesnière pour distinguer ces différents cas de figure. Le linguiste écrit à ce propos quelques lignes qu'il convient de citer intégralement :

> 1. – Si le nombre des actants est augmenté d'une unité, on dit que le nouveau verbe est CAUSATIF par rapport à l'ancien. Ainsi nous pouvons dire que, pour le sens, *renverser* est le causatif de *tomber* et *montrer* le causatif de *voir*.

2. – On constate que, dans ce cas, le nouvel actant est toujours, sinon l'agent immédiat du procès, du moins, à un degré plus médiat, mais souvent plus efficace, donc plus réel, son INSTIGATEUR. C'est ainsi que si Alfred (A) voit une image (B), c'est évidemment lui qui est l'agent de voir, mais que si *Charles (C) montre l'image (B) à Alfred (A)*, c'est, par-derrière Alfred, Charles qui est le promoteur responsable de l'action exécutée par Alfred. Le caractère d'instigateur du nouvel actant est très bien mis en relief par une phrase attribuée au duc de Guise, lequel, entendant citer une jolie épigramme de Gombauld (A) demanda : « *N'y aurait-il pas un moyen de faire en sorte que (C) j'(A) eusse fait cette épigramme (B) ?* » [1].

L'opération causative est illustrée dans ce texte à l'aide de deux exemples. Dans le premier, on passe, par application de l'opérateur causatif « faire » au verbe « voir », d'un schéma *A voit B* à un schéma *C fait voir B à A*. Dans cette affaire, l'activité de A n'est en rien diminuée ou dégradée : lorsque Charles montre l'image à Alfred, ce dernier voit exactement ce qu'il verrait s'il voyait l'image sans qu'elle lui soit montrée par quelqu'un. Mais, mesurée sur une échelle des degrés de l'agir, la position de l'agent C du verbe sous forme causative est supérieure à celle de l'agent A du verbe d'action : dans l'exemple donné, c'est parce que Charles montre à Alfred une image que ce dernier la voit. On a donc ici un schéma bien connu en historiographie dans lequel on distingue une cause principale (C) d'une cause auxiliaire (A) qui s'exercent l'une et l'autre sur le même objet B. Ce schéma peut éventuellement servir à reconstruire l'histoire en attribuant tout le mérite de ce qui se fait à un instigateur ou un inspirateur suprême [2].

Par l'opération causative, le premier actant initial (A) est comme *dégradé* au rang d'agent immédiat (et donc plus facile à

---

1. L. Tesnière, *Éléments de syntaxe structurale*, Paris, Klincksieck, 2e éd. 1988, chap. 108, p. 260.

2. L. Marin a étudié le fonctionnement de cette appropriation des œuvres par le monarque en régime absolutiste (cf. *Le portrait du roi*, Paris, Minuit, 1981).

détecter), tandis qu'un autre individu entre en scène comme l'agent principal de toute l'affaire. Le comique de l'anecdote relative au poète Gombauld et au duc de Guise vient de l'incongruité métaphysique de ce qui est demandé : comment le duc pourrait-il, après coup, se faire attribuer le mérite d'un trait d'esprit dont un autre que lui est l'auteur véritable ? Plus généralement, comment pourrait-on faire preuve d'esprit en chargeant d'autres de trouver les bons mots ? La réaction du duc est elle-même spirituelle parce qu'elle a réussi à donner une forme bouffonne au sentiment d'admiration teintée d'envie dont elle est l'expression.

En revanche, il ne serait pas absurde de se faire attribuer le mérite d'une œuvre dont l'exécution et les détails auront été confiés à des agents auxiliaires subalternes. Telle est sans doute l'interprétation qu'on peut donner du célèbre exemple de grammaire latine : *Caesar fecit pontem*[1]. Certes, César n'a pas construit un pont au sens laborieux du mot, il s'est contenté de donner un ordre et de veiller à son exécution. Mais le général en chef fait des routes et des ponts au sens où il gagne des batailles, en ce sens que le pont ne serait pas fait s'il ne l'avait pas voulu, et qu'il a suffi qu'il le commande pour que ses troupes se mettent au travail. S'il en est ainsi, le déplacement de l'agir vers César n'est pas une usurpation ou un détournement abusif, tant du moins qu'on impute à César le seul mérite d'avoir fait ce qu'il fallait pour qu'un pont traverse le fleuve à tel endroit, non le travail de sa construction pierre par pierre[2].

Que nous apprend la notion syntaxique d'une diathèse causative sur notre concept ordinaire d'action ? Cette diathèse se comprend par analogie avec celle d'une forme passive d'un verbe transitif. Le passage du passif à l'actif permet de décrire ce que *subit* A comme ce que *fait* B. C'est ainsi que la défaite de A peut être la victoire de B. Le passage au causatif permet de décrire ce que *fait*

---

1. Voir Tesnière, *Éléments de syntaxe structurale*, *op. cit.*, p. 272.

2. Voir toutefois la discussion de cet exemple par B. Gnassounou dans son article « La grammaire logique des phrases d'action », *Philosophie* 76 (2002), p. 33-51.

A (agent immédiat) comme ce que *fait* B (agent principal). Par exemple, A regarde l'image parce que B la lui montre. Ainsi, la notion de causatif est celle d'un couple d'agents, l'immédiat et le principal. Il importe que les deux individus mentionnés soient l'un et l'autre des agents. Si l'agent principal parvenait à s'approprier tout l'agir, il n'y aurait pas de différence entre redécrire l'action de A comme étant celle de B (diathèse causative) et redécrire l'action apparente de A comme étant en réalité un changement provoqué en lui et subi par lui du fait de l'action de B (diathèse passive).

Le fait que l'agent immédiat soit comme « dégradé » dans l'échelle de l'agir ne veut donc pas dire qu'il ne soit actif qu'en apparence. Cela veut seulement dire qu'il y a, derrière lui, un autre individu qui lui est antérieur dans l'ordre des initiatives. Ce que l'opération causative déplace n'est pas le fait d'agir, mais plutôt le fait d'agir à titre principal au regard d'une certaine description de l'action. Mais, s'il en est ainsi, il faut que les agents subordonnés retrouvent le statut d'agents principaux au regard d'une autre description de la même action, une description qui soit à la mesure de leur capacité à agir d'eux-mêmes. Les soldats de César n'ont pas décidé qu'il fallait construire un pont à tel endroit, mais ils décident certainement des mouvements qu'ils font pour exécuter le commandement général. On pourrait peut-être formuler ainsi ce point grammatical : pour que A *fasse* quelque chose à l'instigation de quelqu'un d'autre (B), lequel se révèle être l'agent principal, il faut que A soit à d'autres égards l'agent principal de ce qu'il fait. Si les soldats de César n'étaient pas des agents autonomes à un niveau plus élémentaire, par exemple lorsqu'il s'agit de déplacer maintenant (plutôt que dans cinq minutes) telle pierre (plutôt que telle autre), alors il faudrait dire que c'est César qui fait tout. Il n'y aurait pas d'autre agir que celui de César et tout se passerait comme s'il n'utilisait pas des agents auxiliaires, mais seulement des instruments inertes. L'idée que l'agent principal d'une œuvre collective soit en fin de compte le seul à agir apparaît comme une idée confuse et même incohérente, puisque cela revient à poser un instigateur sans personne pour agir à son instigation. De fait, il est aisé de glisser de la notion d'un agent auxiliaire à celle d'un pur instrument. Il semble que mainte théologie de l'agir providentiel repose sur une confusion de ce genre. De même, si l'on en croit Cornelius Castoriadis[1], le rêve d'un contrôle parfait de l'activité des agents d'exécution, qui est au cœur de l'idée moderne d'une administration des hommes planifiée d'en haut, et qu'on retrouve aussi bien dans la technique humaine du taylorisme que dans les organisations totalitaires, ce rêve absurde exprime précisément le vœu contradictoire de faire agir d'autres agents (pour démultiplier son propre agir) sans pour autant laisser à ces agents l'autonomie nécessaire à une action intelligente.

Que nous a appris la voix causative ? Au moins ceci : il peut arriver que l'activité d'un agent A ne soit pas exclusivement son opération, mais qu'elle soit en même temps celle d'un autre agent B. Pour décrire l'activité de A comme une activité de B, nous appliquons un verbe auxiliaire causatif (« faire ») au verbe narratif qui décrit l'opération de l'agent immédiat (A), ce qui fait surgir derrière lui l'instigateur, l'agent principal (B). Par exemple, le verbe « voir », lorsqu'il est mis à la voix causative, devient « faire voir », c'est-à-dire « montrer ».

Du même coup, on peut appeler action *propre* d'un agent celle qui, de fait, n'apparaît en aucune façon comme étant aussi l'action de quelqu'un d'autre. Lorsque l'agent fait quelque chose sans que personne ne le lui fasse faire, on pourra dire qu'il le fait *de lui-même*. C'est une autre façon de dire que l'individu est l'agent *principal* et pas seulement l'agent *immédiat*, de son action.

Ce serait évidemment une erreur de considérer qu'une action propre soit le résultat d'une instigation exercée à l'égard de soi-même. Lorsque l'agent agit de lui-même, par exemple lorsqu'il se

---

1. Voir par exemple C. Castoriadis, *Sur* Le Politique *de Platon*, Paris, Seuil, 1999, p. 54.

lève de lui-même, ce n'est pas comme s'il y avait un agent immédiat et, opérant sur lui, un agent principal qui lui faisait faire ce qu'il fait, avec cette circonstance particulière d'une identité de ces deux agents. Beaucoup de philosophes disent qu'ils ressentent un malaise lorsqu'ils entendent parler d'une action que ferait un agent sans que rien ne la lui fasse faire. Cette notion leur semble mystérieuse. Admettre qu'un agent pourrait agir de lui-même, ce serait accepter qu'il y ait des événements inexplicables, de miraculeux surgissements dans le cours des choses. Il faudrait, disent-ils, doter l'agent d'un mystérieux pouvoir de provoquer en lui-même les événements capables de déclencher le mouvement de ses organes. Ces philosophes sont perplexes parce qu'ils confondent la série causative dont il est ici question avec une simple chaîne causale. Or il y a une différence majeure : la chaîne causale telle qu'ils la conçoivent est une séquence d'événements distincts les uns des autres (comme le choc du caillou sur la vitre et le bris de cette vitre) alors que notre série causative ne concerne que deux descriptions d'une seule et même action, qui est rapportée d'abord à son agent immédiat, ensuite à son agent principal.

On est tenté de raisonner selon le schème atomiste de la chaîne causale des événements quand on prend sur l'action un point de vue rétrospectif et qu'on se demande par exemple : comment aurait-on pu empêcher l'action d'être faite ? Mais il suffit de considérer une action du point de vue prospectif pour retrouver la place, dépourvue de tout mystère, que joue la notion d'un agent principal dans notre pensée et nos échanges quotidiens. Chaque fois que je me tourne vers quelqu'un pour le prier de faire quelque chose, je me conduis envers cet interlocuteur comme on doit le faire face à un agent principal, sujet propre de certaines opérations. Ce n'est pas comme s'il suffisait de demander aux gens de nous rendre des services pour qu'ils se mettent immanquablement à notre service. En fait, nous considérons qu'il y a des choses qui dépendent d'eux : ils peuvent les faire ou non, selon qu'ils veulent les faire ou pas. Nous tentons d'obtenir qu'ils consentent à les faire par différents moyens :

prières, menaces, cadeaux, rappels des engagements pris, etc. Mais quelle que soit la forme que prend notre demande, le simple fait de demander à quelqu'un d'agir montre que nous reconnaissons en lui le sujet propre de certaines opérations. Nous pouvons bien prétendre qu'il a agi à notre demande et que nous avons donc été à l'origine de l'action, il n'en demeure pas moins que la demande est toujours un appel au bon vouloir de quelqu'un d'autre.

L'INDIVIDUATION DES ACTIONS

INTRODUCTION

Anscombe, dans un célèbre passage de *L'Intention*[1], met en scène un homme qui bouge son bras, ce faisant actionne une pompe, remplissant ainsi une citerne d'eau empoisonnée, qui, bue par les occupants d'une maison, les empoisonne. La question qui se pose est celle de savoir si notre homme accomplit au moins quatre actions distinctes (mouvoir son bras, actionner la pompe, remplir la citerne, empoisonner les habitants) ou s'il accomplit une seule et unique action qui reçoit quatre descriptions différentes. Le débat est d'ordre ontologique. Or, on aura répondu grandement à la question de savoir ce qu'est une action après avoir déterminé si l'on peut dire que l'on affaire deux fois à la même action ou si l'on a affaire à deux actions réellement distinctes. Il s'agit de formuler les critères d'individuation des actions.

La réponse d'Anscombe, qui est aussi celle de philosophes aussi différents que Davidson, Hornsby ou Bennett, est claire : dans notre exemple, une seule action est accomplie. Mais d'autres comme Judith Jarvis Thomson et David Mackie, de façon très subtile, défendent la thèse contraire.

Encore faut-il admettre, pour que le débat ait un sens, que les actions constituent des individus à propos desquels les questions de dénombrement puissent se poser. Comme les actions sont manifes-

1. G.E. Anscombe, *L'Intention*, *op. cit.*, § 24.

tement des événements (des choses qui se produisent), la discussion sur l'individuation de l'action commence souvent d'abord par une enquête sur la nature de ces événements : doit-on admettre dans notre ontologie, à côté des substances (Socrate, Marcel Mauss) et des accidents individuels (la blancheur de Socrate, la taille de Marcel Mauss), les événements comme entités particulières, individuelles (la naissance de Socrate, le voyage de Marcel Mauss à Londres)? Cette question est conceptuelle. Elle n'est pas de même nature que celle consistant à demander si, par exemple, il y a une pendule dans la pièce à côté. Pour répondre à cette question, il suffit de s'assurer de la solidité de certains témoignages ou d'aller y voir soi-même. Si la pendule s'y trouve, on aura une preuve de ce qu'il y a *une* pendule dans la pièce à côté, puisque *cette* pendule s'y trouve. En revanche, on ne peut pas de la même manière envisager une réponse à la question : y a-t-il des *objets matériels*? Celui, qui par impossible, nierait l'existence des objets matériels ne tiendrait pas comme réfutant de sa position le fait que cette pendule s'y trouve. Il pourrait toujours rétorquer, par exemple, que la pendule que vous lui montrez n'est qu'un ensemble de *sense-data*, et répéter cette réponse pour chaque objet matériel que vous voudrez bien lui présenter. De la même manière, il ne suffira pas, pour réfuter un sceptique vis-à-vis de l'existence des événements, et donc des actions, comme particuliers, de lui montrer du doigt la course d'un cheval ou la construction d'un maison. Bref, nous avons affaire à un différend philosophique qui porte non pas sur le *genre* de choses que l'on peut admettre exister (des oiseaux qui nagent existent-ils?), différend que l'on peut toujours en principe apaiser par une investigation empirique, mais sur le nombre de *catégories* de choses que l'on est prêt à admettre dans son ontologie et que seule une analyse conceptuelle peut lever.

Donald Davidson est un défenseur vigoureux de la nécessité d'admettre dans notre ontologie des événements comme entités individuelles. Ce n'était pas gagné d'avance. Si je dis que le pont est blanc, je n'ai peut-être besoin d'admettre comme entité particulière que le pont qui instancie l'universel « être blanc », et non en sus la blancheur de ce pont comme accident individuel. De la même manière quand je dis que le pont s'effondre, il est besoin, arguera-t-on, de poser dans son ontologie seulement le pont individuel et l'universel qui est exprimé par le verbe « s'effondrer » et que le pont instancie à ce moment là. Rien n'exige qu'en sus, on admette un effondrement particulier comme ontologiquement distinct.

Il existe pourtant diverses raisons d'admettre comme primitive la catégorie des événements, aux yeux de Davidson. Mais une seule nous retiendra, parce qu'elle relève directement de la philosophie de l'action.

Lorsque Davidson se propose de rendre compte de ce qu'il appelle la « forme logique des phrases d'action »[1], il prend pour point de départ le problème qui se pose immanquablement à tous ceux qui sont tentés de prendre la structure grammaticale apparente des propositions narratives, telle *Brutus a tué César*, pour leur structure logique profonde : elles seraient construites sur le schéma d'un prédicat dyadique (*tuer*), affublé de deux sujets (*Brutus* et *César*). Pourtant une telle analyse de la proposition narrative ne peut pas expliquer, aux yeux de Davidson, les inférences naturelles que nous effectuons entre différentes descriptions de l'action : si Brutus a tué César avec un couteau, on en conclut *logiquement* que Brutus a tué César. Or si l'on se donnait une proposition formée à l'aide d'un prédicat triadique (*x tue y à l'aide de z*), on ne voit pas comment on pourrait *logiquement* en tirer une proposition avec un prédicat dyadique (*x tue y*). On aborde ici le problème de la « polyadicité variable » des verbes d'action[2].

Certains, et au premier chef A. Kenny, avaient proposé une analyse logique des phrases d'action très profonde[3]. Toute phrase

---

1. Voir D. Davidson, *Actions et événements*, *op. cit.*, p. 149.
2. L'expression et la formulation logique du problème sont dues à A. Kenny, *Action, Emotion and Will*, London, Routledge & Kegan Paul, 1963, p. 156.
3. A. Kenny, *op. cit.*, chap. 8.

narrative doit pouvoir rendre compte de ce que dans l'action, il s'agit d'une opération d'un agent sur un patient, ce que Kenny appelle une *performance*. Or ce qui caractérise une telle opération, c'est qu'elle se définit par un changement d'état qui affecte *le patient*. Si je scie une planche, ce qui atteste de l'efficacité de mon opération, c'est le fait qu'avant l'action la planche était indivise, alors qu'elle ne l'est plus après. Les changements de l'acteur (je suis plus fatigué avant l'action qu'après, etc.) sont accidentels par rapport à *cette* action-là. Une bonne exposition logique de la phrase narrative doit mettre en relief ce changement d'*état* du patient et c'est pourquoi Kenny propose que l'on se donne comme para-phrase canonique de la proposition narrative : *A fait en sorte que p*, où A est un agent et « p » représente l'état du patient. Si je scie une planche, je fais en sorte que la planche soit coupée et si Brutus tue César, il fait en sorte que César soit mort. L'action est ici identifiée à partir de son résultat et sa représentation logique fait apparaître une proposition qui décrit ce résultat, affectée d'un opérateur, *A fait en sorte que*, que nous appellerons, à la suite de V. Descombes [1], un *opérateur de causation* ou *causatif* : agir, c'est faire que quelque chose soit le cas, la production ou causation d'un état. Mais premiè-rement, cette analyse causative de la phrase d'action laisse intacte la représentation de l'action comme lien entre deux sujets : *Brutus a fait en sorte que César soit mort* s'analyse *aussi* en un prédicat dyadique *x a fait en sorte que y soit mort* saturé par deux noms propres (*Brutus* et *César*). Et en second lieu, estime Davidson, cette analyse ne fait guère disparaître la difficulté de la polyadicité variable puisque le problème se pose pour la phrase qui rend compte du résultat : comment passer logiquement de *César est mort aux Ides de Mars sur les marches du Sénat* à la proposition simple *César est mort* ?

1. V. Descombes, « L'Action », dans *Notions de philosophie*, II, D. Kambouchner (dir.), Paris, Gallimard, 1995, p. 146.

La solution de Davidson consiste à substituer systémati-
quement au prédicat dyadique (plus généralement au prédicat à
n-places) rapportant l'opération effectuée un prédicat triadique
(plus généralement un prédicat à n+1-places) comportant une place
pour un événement sur lequel on quantifie existentiellement et ainsi
à transformer toute modification adverbiale du prédicat en une
attribution tout à fait banale d'une propriété à cet événement. Ainsi,
au lieu de lire dans *Brutus tua César* la forme logique *Tua (Brutus,
César)*, on y verra plutôt : *∃eTua(Brutus, César, e)*. Le david-
sonien, pourrait-on dire, estime qu'il faut prendre au sérieux le fait
que nous glosions naturellement une phrase comme *Brutus a tué
César* en *il y a eu un meurtre sur la personne de César perpétré par
Brutus*, c'est-à-dire : il *y a eu un événement qui consiste dans le
meurtre de César par Brutus*, ce qui atteste que même dans la
langue la plus usuelle, nous quantifions sur des événements, et donc
les admettons comme entités individuelles à part entière, lorsque
nous rendons compte d'actions. Mais surtout, cette introduction des
événements dans notre ontologie permet de comprendre comment
l'on conclut que Brutus tua César de ce que Brutus tua atrocement
César, puisque, ce faisant, nous ne relatons rien d'autre que le fait
qu'il y eut un meurtre de César par Brutus et que ce meurtre fut
atroce. De *∃e (Tua (Brutus, César, e) et Atroce(e))*, je puis effectivement conclure logiquement : *∃e Tua (Brutus, César, e)*, puisque
si deux prédicats s'appliquent à un même individu, chacun d'entre
eux s'y applique aussi séparément.

Il existe plusieurs raisons de fond qui rendent prodigieusement
attirante l'introduction d'une quantification sur les événements
pour relater les actions, mais la plus cruciale est que cette quantification permet de rendre compte de l'agir humain comme d'un fait
de relation externe entre deux événements. Dire que Brutus a tué
César en le poignardant, c'est dire qu'il existe au moins deux
événements dont l'un a consisté dans le poignardage de César par
Brutus et l'autre dans la mort de César, et que l'un a causé l'autre :
∃e∃e' (Poignarda (Brutus, César, e) et Meurt (César, e') et Cause

(e, e')). Comme le dit très clairement Davidson à propos d'une reine qui empoisonne son royal époux (Hamlet), « décrire le fait de verser du poison comme un meurtre, c'est le décrire comme l'*acte de causer une mort* »[1]. Bien qu'il n'y ait qu'une seule action qui soit décrite par les deux phrases *La reine empoisonne le roi* et *La reine tue le roi*, il existe cependant (au moins) *deux* événements irréductiblement distincts constituant le meurtre : le geste de la reine et la mort du roi.

Les gestes de mon corps sont donc les seules actions dont je puisse être tenu pour réellement l'auteur. Le reste, c'est la nature qui le fait[2]. Le compte rendu d'une action doit être expurgé de tout élément un tant soit peu éloigné de ce que j'accomplis. On devra donc distinguer deux types de descriptions de ce que je fais : les descriptions *directes* ou *intrinsèques*, celles des mouvements de mon corps, et les descriptions *indirectes* ou *extrinsèques*, celles qui identifient mes actions par les événements qu'elles causent, leurs *effets*, et qui sont des caractéristiques extrinsèques de ces actions. Je puis dire que j'appuie sur la gâchette (description directe[3]). Et si je dis que ce faisant, je tue, cela signifie qu'il y a un événement qui consiste dans le mouvement de mon doigt et qui a causé une mort (description indirecte). La possibilité de faire varier les descriptions d'une même action en transformant les modifications adverbiales en modifications adjectivales est donc étroitement liée chez Davidson a une conception de l'action qui fait d'elle un événement susceptible de causer d'autres événements logiquement indépendants de lui.

Selon Alvin Goldman, un acte particulier n'est rien d'autre que l'exemplification d'une propriété d'acte par un agent en un moment

1. D. Davidson, *Actions et événements*, *op. cit.*, p. 238, je souligne.

2. D. Davidson, *Actions et événements*, *op. cit.*, p. 89.

3. En fait pas totalement, puisque dans cette description intervient la gâchette et donc un patient, le pistolet. Il faudrait dire que je meus mon index de telle et telle façon.

particulier. Par exemple, poignarder quelqu'un ou mouvoir un bras sont, pris indépendamment de toute référence à un agent particulier qui poignarde ou meut son bras, des propriétés d'actes (des «types» d'acte ou des concepts d'acte). Mais quand Brutus poignarde César à tel moment de la journée, cette propriété abstraite est dite être exemplifiée par l'acte particulier de l'agent Brutus au moment où il l'accomplit. Goldman donne un critère simple d'identité de deux actes : « deux actes individuels sont identiques si et seulement s'ils comprennent le même agent, la même propriété et le même temps » [1]. Comme l'action de poignardage de César par Brutus implique un autre propriété (« poignarder ») que celle qui est impliquée par le meurtre de César par Brutus (qui implique la propriété générale de «tuer»), ce sont deux actions différentes. Entre les différents actes particuliers accomplis par Brutus, il y a pour Goldman une relation spécifique qu'il appelle de « génération causale » : l'acte de φ-er engendre causalement l'acte de ψ-er, si le premier cause un effet qui est nécessaire pour que l'on puisse dire que le second a eu lieu. Ainsi, l'acte particulier de poignarder César engendre causalement l'acte de le tuer parce que cet acte cause la mort de César, événement nécessaire à ce que l'on puisse dire que Brutus a tué César. Cette relation d'engendrement causal peut s'exprimer simplement par la locution «en» : Brutus tue César *en* le poignardant. Elle a la particularité d'être ce qu'un logicien appellerait une «relation d'ordre» : elle est asymétrique (Brutus tue César en le poignardant, mais il ne le poignarde pas en le tuant), irréflexive (Brutus ne tue pas César en le tuant) et transitive, (si Brutus met fin au règne de César en le tuant, et s'il le tue en le poignardant, alors il met fin au règne de César en le poignardant). Ce comportement logique du gérondif constitue en fait un appui de plus à la thèse générale de Goldman, car si ces actions étaient

1. A. Goldman, *A Theory of Human Action*, Princeton, Princeton University Press, 1970, p. 10.

identiques, on n'expliquerait pas cet ordre puisque la relation d'identité est, quant à elle, en plus d'être transitive, symétrique et réflexive (c'est, dans le jargon du logicien, une relation d'équivalence : si A est identique à B alors B est identique à A et A est toujours identique à lui-même).

Mais Alvin Goldman parle-t-il de la même chose que ceux qui, comme Davidson ou Anscombe, admettent la réalité individuelle des actions ? Rien n'est moins sûr. C'est que les « actions » de Goldman ressemblent plus à des abstractions qu'à des entités concrètes bien individualisées. Quelqu'un dit « salut » et il le dit faiblement. Pour Goldman, il y a là deux actions particulières distinctes puisque « dire "Salut" » et « dire "Salut" faiblement » sont des propriétés distinctes. Donc l'action *concrète* de dire « Salut » doit être prise « abstraction faite » de son degré de puissance sonore, ce qui est pour le moins étrange. C'est comme si l'on disait qu'à côté du Socrate avec sa taille, son poids, etc, nous pourrions distinguer un Socrate tout aussi concret, mais pris abstraction faite de sa taille. Bref, il est douteux que les actions particulières de Goldman soit 1) des actions particulières, 2) cohérentes. C'est précisément contre les conséquences difficilement admissibles de ce genre d'analyse que sont en partie dirigées les attaques de ceux qui défendent l'introduction, dans l'ontologie, des actions à titre d'entités individuelles.

Pourtant, il n'est pas sûr que ces derniers aient le dernier mot. C'est qu'en effet, il est manifeste que la thèse qu'ils proposent soulève des problèmes tenant à l'inscription temporelle de l'action. Comme le fait remarquer Thomson, si, quand j'appuie sur la gâchette, je tire et je tue quelqu'un, et que mon action d'appuyer sur la gâchette est la même que celle de tuer, provoquant la mort de la cible une journée plus tard, alors elles ont les mêmes propriétés. Donc ce que je fais est terminé quand j'ai terminé d'appuyer sur la gâchette. Par conséquent, j'ai tué au moment même où j'ai appuyé sur la gâchette. Ou encore : si je fais visiter l'université à des étrangers et, leur présentant la bibliothèque, je leur dis : « Voici la bibliothèque que les étudiants ont fait exploser hier », alors que tout est en place, il paraît pour le moins absurde de répondre à l'étonnement de mes hôtes par : « Certes, elle est encore en place, mais des étudiants ont placé des explosifs hier et comme placer des explosifs est la même chose que faire exploser la bibliothèque, ils ont fait sauter la bibliothèque hier ». Il vaut donc peut-être mieux admettre que l'acte d'appuyer sur la gâchette et l'acte de tuer sont bel et bien deux actes distincts.

À cette objection, il suffit peut-être de répondre que l'action d'appuyer sur la gâchette (tout comme celle de tirer) n'est pas *au moment où* elle a lieu une action de tuer, mais qu'elle le devient *quand* la cible meurt. C'est en tout en cas un des points que l'article de David Mackie cherche ici à éclaircir.

SOMME THÉOLOGIQUE
Ia IIae, question 7, article 3 [*]

…Cicéron dans sa *Rhétorique* énumère sept circonstances qui sont contenues dans ce vers :

> *Qui, quoi, où, par quels moyens, pourquoi, comment, quand*

Dans les actions, en effet, on doit prendre en considération qui l'a fait, par quels moyens ou instruments il l'a fait, ce qu'il a fait, où il l'a fait, comment il l'a fait et quand il l'a fait. Mais Aristote, dans le livre III de l'*Éthique à Nicomaque*, ajoute une autre circonstance, à savoir « à propos de quoi » il l'a fait, que Cicéron avait comprise dans le « quoi ». Et la raison pour laquelle on peut accepter cette énumération est la suivante. On appelle circonstance ce qui, existant pour ainsi dire en dehors de la substance de l'acte, l'atteint en quelque façon. Or cela peut arriver de trois façons : premièrement, quand l'acte lui-même est atteint ; en deuxième lieu, quand la cause de l'acte est atteinte ; en troisième lieu, quand l'effet est atteint. L'acte est atteint soit de façon qui prête à la mesure, comme pour le temps et le lieu, soit de façon qualitative comme la manière d'agir. Quant à l'effet, on considère ce que quelqu'un a fait. Quant à la cause de l'acte, on a, quand il s'agit de la cause finale, le

---

* *Summa theologica*, P. Caramello (ed.), Rome, Marietti, 1950-1953.

« pourquoi » ; quant à la cause matérielle ou de l'objet, on a le « à propos de quoi » ; quant à la cause agente principale, on a qui l'a faite ; quant à la cause agente instrumentale, on a les moyens par lesquels l'action a été faite. [...]

Réponse 3 : Ce n'est pas de la condition de la cause que dépend la substance de l'acte, mais d'une condition surajoutée. Ainsi, pour l'objet, on ne dit pas que le fait qu'il soit le bien d'autrui est une circonstance du vol, mais c'est une circonstance qu'il soit grand ou petit. Il en va de même pour les autres circonstances qui se rapportent aux autres causes. En effet, ce n'est pas la fin spécifiant l'acte qui est une circonstance, mais une fin surajoutée ; ainsi, que le courageux agisse courageusement à cause de ce bien qu'est le courage, ce n'est pas une circonstance de l'acte, mais qu'il agisse courageusement pour la libération de la cité ou du peuple chrétien ou pour quoi que ce soit d'autre, c'est une circonstance de l'acte. Il en va de même pour ce qui est du « quoi » : qu'en versant de l'eau sur quelqu'un, on le lave, ce n'est pas une circonstance de l'ablution ; mais qu'en le lavant, on le refroidisse ou le réchauffe, on le guérisse ou on le lui fasse du mal, cela est une circonstance de l'acte.

Traduction Bruno GNASSOUNOU

JUDITH JARVIS THOMSON

LE TEMPS D'UN MEURTRE[*][1]

Sirhan Sirhan a tué Robert Kennedy en lui tirant dessus. Il est naturel de vouloir dire que son acte de tuer Kennedy est ou était identique à son acte de tirer sur Kennedy. Après tout, une fois qu'il avait tiré sur Kennedy, il n'y avait rien de plus qu'il n'ait eu besoin de faire pour tuer Kennedy ; l'acte lui-même de tirer était suffisant. Si Sirhan avait été tué par les gardes du corps de Kennedy avant la mort de Kennedy, il ne serait pas devenu faux qu'il a tué Kennedy. En outre, quiconque a vu Sirhan tirer sur Kennedy pourrait dire plus tard à ses amis, ou aux tribunaux, qu'il a vu Sirhan tuer Kennedy, même s'il n'a rien vu de ce qui s'est produit après l'acte de tirer[2].

Ce serait certainement une économie si nous pouvions identifier l'acte de tuer avec l'acte de tirer. L'acte de Sirhan de tirer sur Kennedy était un acte mauvais, démentiel. Si nous ne les

* J.J. Thomson, « The Time of a Killing », *The Journal of Philosophy*, LXVIII, 5 (1971), p. 115-132.

1. Je voudrais exprimer ma gratitude envers J. Thomson et R.M. Harnish pour nos nombreuses discussions sur ces sujets ainsi que pour leur critique très utile des versions antérieures de cet article. (Un article de L.H. Davis, « Individuation of actions », *The journal of philosophy*, LXVII, 5 (6 Août 1970), p. 520-530, paru après que j'eus terminé le mien, parvient à un certain nombre de conclusions proches de celles du présent article).

2. Je dois ce point à Charlotte Fishman.

identifions pas, il nous faudrait dire qu'il y avait *deux* actes mauvais et démentiels accomplis par Sirhan cette nuit-là à Los Angeles.

De plus, la question de savoir comment ces deux actes étaient liés entre eux surgirait alors immédiatement. Ils étaient dans tous les cas liés puisque Sirhan a tué Kennedy *en* lui tirant dessus. Et nous aimerions donc savoir quelle est cette « en-relation » que deux actes (distincts) peuvent avoir l'un avec l'autre ? Peut-être que la seule chose qui est claire est quelque chose de négatif : nous ne pouvons pas dire qu'il s'agit de la relation de cause à effet. L'acte de Sirhan de tirer sur Kennedy a certainement causé sa mort mais il n'a tout aussi certainement pas causé l'acte de Sirhan de tuer Kennedy.

Je pense, incidemment, que nous devons accepter que « l'acte de Sirhan de tirer sur Kennedy » fait bien référence à un acte, dont nous pouvons demander si oui ou non « l'acte de Sirhan de tuer Kennedy » y fait référence aussi. Certains semblent penser que toute phrase qui quantifie sur ou qui prétend faire référence à des actes peut être paraphrasée par une phrase qui ne le fait pas – ainsi, par exemple, « L'acte de Sirhan de tirer sur Kennedy a eu lieu à Los Angeles » par « Sirhan a tiré sur Kennedy à Los Angeles » – et *par conséquent* qu'à tout le moins, nous n'avons jamais besoin de dire qu'il y a des actes et sinon, d'une manière plus forte, qu'il y a quelque chose de louche à propos des actes ou, d'une manière plus forte encore, qu'il n'y a pas d'actes du tout. Maintenant je pense qu'il est fort improbable que l'on puisse produire de telles paraphrases en toutes circonstances. Mais même si cela était possible, il est difficile de voir précisément l'importance que cela aurait. Supposez qu'il se trouve que toute phrase qui quantifie sur ou qui prétend faire référence à une main humaine puisse être paraphrasée par une phrase qui ne le fait pas. S'en suivrait-il qu'il n'y a pas de mains humaines ? Ou bien qu'il y a quelque chose de louche à leur égard ? Eh bien, nous pourrions éviter de dire qu'il y en a le moins du monde, mais nous pourrions le faire sans paraphrases, en gardant simplement la bouche fermée.

Alors pourquoi ne pas donc identifier l'acte de Sirhan de tirer sur Kennedy avec son acte de tuer Kennedy? J'aimerais examiner quelques difficultés, concernant le temps [*time*] et les temps grammaticaux [*tense*], qui semblent se présenter lorsque l'on s'engage sur le chemin d'une telle identification.

I

Supposez que *A* tire sur *B* en *T*. J'ai indiqué *T* sur le schéma suivant par un trait plutôt que par un point, faisant de *T* un moment étendu plutôt qu'un moment ponctuel, car tirer sur quelqu'un *prend* du temps. Puisque *T* est un moment étendu nous devrions plutôt dire que *A* tire sur *B* pendant *T* (comme dans « *A* a tiré sur *B* pendant l'après-midi »), ou le *T* (comme dans « *A* a tiré sur *B* l'année dernière »), ou encore *T* tout seul (comme dans « *A* tirera sur *B* samedi »); mais il me faudra ignorer cela et je dirai uniformément « en *T* ». Supposons en outre que *B* meure en *T'*. Certains soutiendraient que le moment auquel *B* meurt est aussi un moment étendu; d'autres diraient que la mort est le point final d'un processus et, ainsi, qu'il se produit en un instant. Cela n'a pas d'importance pour nos préoccupations présentes, et je l'indiquerai sur le schéma à l'aide d'un petit point, dont vous pouvez prétendre qu'il n'a pas d'extension, si cela vous plaît. *T** et *T*** sont des moments ponctuels indiqués sur le schéma pour des références ultérieures.

Et supposez, enfin, que *A* ne tire pas seulement sur *B*, mais qu'il tue *B* en lui tirant dessus.

Pouvons-nous dire :

1) L'acte de *A* de tirer sur *B* est l'acte de *A* de tuer *B*.

Imaginons que nous soyons maintenant en T^*, entre T et T'. Puisque nous sommes en T^*, il serait vrai de dire :

2) A a tiré sur B.

Il y a donc eu un acte auquel vous pouvez faire référence par l'expression « l'acte de A de tirer sur B » et à propos duquel vous diriez quelque chose de vrai si vous disiez :

2') L'acte de A de tirer sur B a eu lieu.

Bien entendu, A pourrait avoir tiré sur B autant de fois que l'on veut dans le passé, mais cela signifie seulement que vous diriez vrai si vous disiez (2') en faisant référence à *n'importe lequel* de ces actes de tirer. Si je dis à quelqu'un « j'ai raccommodé ta chaussette », en faisant référence à une chaussette particulière, cela ne serait guère rendu faux par le fait qu'il possède plus d'une chaussette.

Par contraste, il ne serait pas vrai de dire :

3) A a tué B

car même s'il est absolument certain que B va mourir – par hypothèse, A aura tué B en lui tirant dessus – B n'est pas encore mort, et il n'est donc pas encore vrai de dire que A l'a tué. Par conséquent, il ne serait pas vrai de dire :

3') L'acte de A de tuer B a eu lieu.

Si A n'a pas tué B, alors l'acte de A de tuer B ne s'est sûrement pas produit – il n'y a pas d'acte auquel on puisse faire référence par l'expression « L'acte de A de tuer B », dont vous diriez vrai si vous disiez (3').

Mais alors si un homme dit (1) maintenant, en T^*, et fait référence à cet acte de tirer que A vient juste de réaliser en tirant sur B en T, comment ce qu'il dit peut-il être vrai ? Car il est en train de dire qu'un certain acte X est identique à un certain acte Y – alors que X a eu lieu et non Y. « Avoir eu lieu » semble clairement être une propriété que X et Y feraient mieux d'avoir en commun si X doit être identique à Y.

Soit dit en passant, il convient de noter que les gens qui sont très stricts à propos de la référence pourraient soutenir que (1) est encore pire que ce que je viens juste de suggérer. Ils pourraient dire que, puisqu'il n'est maintenant, en T^*, pas vrai de dire (3), il n'y a rien du tout qui soit l'acte de A de tuer B, rien auquel on fasse référence par «l'acte de A de tuer B», et qu'ainsi, (1) échoue non pas parce qu'il assimile un acte X à un acte Y, où X a une propriété qui fait défaut à Y, mais parce qu'il assimile un acte X à rien du tout.

Nous pouvons répondre par une question : Pourquoi est-il supposé découler du fait que (3) n'est pas vraie qu'il n'y a rien qui soit l'acte de A de tuer B ? Cette conclusion ne serait-elle pas au moins aussi probable de découler du fait (si cela était un fait) que (3) *est* vraie ? A a tiré sur B ; cet acte de tirer n'est pas, maintenant, en T^*, en train de se poursuivre ; alors pourquoi ne pas s'inquiéter au moins autant de l'expression «l'acte de A de tirer sur B» qui prétend y faire référence ? Bien sur, certains de ceux qui sont stricts à propos de la référence diront que le passé est différent du futur, et que l'on peut faire référence aux événements et aux choses passés, mais non aux choses futures. Mais en premier lieu, il n'est même pas évident que ce soit le futur qui soit en question ici. Ce n'est pas comme si en T^*, l'acte de A de tuer B était encore censé se produire, puisque A a déjà tiré sur B en T^*, et il l'aura tué en lui tirant dessus ; et on peut même soutenir que nous pouvons dire, en T^*, que A est maintenant en train de tuer B. Je reviendrai sur ce point plus bas page 119. Mais deuxièmement, dans tous les cas, nous devrions sûrement rejeter cette inquiétude à propos de la référence – même dans le cas des actes futurs. Un oracle peut très bien nous dire véridiquement :

4) Jones tuera Smith demain

et il semble plausible de dire qu'il aurait parlé tout aussi véridiquement s'il avait dit à la place :

4') L'acte de Jones de tuer Smith aura lieu demain

en faisant référence à l'acte de Jones de tuer Smith de demain. On ne peut certainement pas exiger pour la vérité de (4') que la chose à laquelle l'oracle fait référence existe au moment où l'oracle dit (4'), si nous entendons par là que la chose est alors en train d'avoir lieu. Il devrait suffire que la chose à laquelle il fait référence aura lieu le lendemain. Maintenant dans notre cas, il serait, par hypothèse, vrai de dire :

5) *A* aura tué *B*.

Et il semble ainsi convaincant de dire qu'il serait également vrai de dire :

5') L'acte de *A* de tuer *B* aura eu lieu

en faisant référence ainsi à l'acte de *A* de tuer *B* – et pour la vérité de cela, il semble clairement suffisant, quand bien même il n'est pas vrai de dire que la chose à laquelle il est fait référence a eu lieu, qu'elle aura lieu.

Même si nous ignorons cette inquiétude à propos de la référence, il reste toutefois la difficulté pour (1) que j'ai mentionnée, à savoir que l'acte de tirer possède une propriété que l'acte de tuer ne possède pas – la propriété « d'avoir eu lieu ». Appelons cela le « problème du temps grammatical » [« *the tense problem* »].

Il y a d'autres problèmes qui surgissent d'une façon similaire. Nous pourrions appeler le suivant « le problème de la date ». Supposons que nous sommes maintenant en T^{**}, après que *B* a déjà péri. Puisque nous sommes maintenant en T^{**}, il serait vrai de dire :

6) *A* a tiré sur *B* en *T*.

Il y a donc eu un acte auquel vous pouvez faire référence par l'expression « l'acte de *A* de tirer sur *B* » et dont vous diriez quelque chose de vrai si vous disiez :

6') L'acte de *A* de tirer sur *B* a eu lieu en *T*.

Mais il ne serait pas vrai de dire :

7) *A* a tué *B* en *T*

car, même si *B* est maintenant, en *T***, mort et que *A* l'a bien tué, il est mort en *T'*, si bien que *A* ne l'a pas tué en *T*. Puisque *A* a bien tué *B*, il s'est déjà produit un acte auquel vous pouvez faire référence par l'expression « l'acte de *A* de tuer *B* », mais, puisqu'il n'est pas vrai de dire (7), il ne serait pas vrai de dire de cet acte :

7') L'acte de *A* de tuer *B* a eu lieu en *T*.

Mais alors si quelqu'un dit (1) en *T***, faisant référence à cet acte de tirer et à cet acte de tuer, comment cela peut-il être vrai ? « avoir eu lieu en *T* » est certainement une propriété que *X* et *Y* feraient mieux d'avoir en commun si *X* doit être identique à *Y*.

Et troisièmement, nous pourrions appeler le problème suivant « le problème de l'ordre temporel ». Si nous sommes maintenant en *T***, il serait vrai de dire :

8) *B* est mort *n* heures après que *A* a tiré sur *B*.

Il y a donc eu un acte auquel vous pouvez faire référence par l'expression « l'acte de *A* de tirer sur *B* » et dont vous diriez quelque chose de vrai si vous disiez :

8') la mort de *B* a eu lieu *n* heures après l'acte de *A* de tirer sur *B*.

Mais il ne serait pas vrai de dire :

9) *B* est mort *n* heures après que *A* a tué *B*

puisque la mort de *B* a mis fin à l'acte de tuer, et n'était pas quelque chose qui s'est produit *n* heures après celui-ci. Puisque *A* a bien tué *B*, un acte auquel vous pouvez faire référence par l'expression « l'acte de *A* de tuer *B* » a déjà eu lieu, mais puisqu'il n'est pas vrai de dire (9), il ne serait pas vrai de dire de cet acte

9') la mort de *B* a eu lieu *n* heures après l'acte de *A* de tuer *B*.

Mais alors si quelqu'un dit (1) en *T***, faisant référence à cet acte de tirer et à cet acte de tuer, comment cela peut-il être vrai ?

« Avoir été suivi *n* heures plus tard de Z » est certainement une propriété que *X* et *Y* feraient mieux d'avoir en commun si *X* doit être identique à *Y*.

II

La manœuvre qui, selon moi, s'offrira immédiatement comme une solution est la suivante : j'avais tort en supposant que les déclarations appropriées de (3), (7) et (9) ne sont pas vraies, et donc tout aussi tort en supposant que les déclarations appropriées de (3'), (7') et (9') ne sont pas vraies. À savoir, on dira qu'en T^*, il aurait été vrai de dire que *A* a tué *B*, et que l'acte de tuer a ainsi eu lieu ; qu'en T^{**} il serait vrai de dire que *A* a tué *B* en *T*, et qu'ainsi l'acte de tuer a eu lieu en *T* ; qu'en T^{**} il serait vrai de dire que *B* est mort *n* heures après que *A* l'a tué, et qu'ainsi la mort de *B* a eu lieu *n* heures après l'acte de tuer. En d'autres termes, que nous devrions indiquer « *A* tue *B* » sur le schéma juste en dessous de « *A* tire sur *B* », comme se produisant au même moment :

les caractéristiques temporelles possédées par l'acte de tirer étant ainsi toutes possédées par l'acte de tuer. Il ne s'agissait que d'une simple erreur de croire qu'elles posaient problème en premier lieu.

Après tout, comme nous l'avons noté plus tôt, une fois que *A* a tiré sur *B* (en supposant qu'il s'agisse d'une blessure fatale, et que *B* en mourra), il n'y a rien de plus que *A* ait besoin de faire pour avoir tué *B*. Et si vous aviez vu *A* tirer sur *B* en *T*, alors, même si vous n'avez rien vu de plus que cela, vous pourriez dire plus tard à vos amis que vous aviez vu *A* tuer *B*. Alors comment se fait-il que l'acte de tuer ne soit pas terminé une fois pour toutes au moment où l'acte de tirer l'est ?

On devrait probablement concéder que ce serait à tout le moins égarant de dire en T^* que A a tué B, puisqu'en T^*, B est toujours vivant; également égarant de dire en T^{**} que A a tué B en T puisque B était toujours vivant après T; et une attitude plutôt particulière que de dire que la mort de B a eu lieu n heures après que A l'a tué. Bien entendu, si l'on dit que X a tué Y à tel ou à tel autre moment, on suggère à tout le moins, on donne l'impression, on donne à supposer à l'auditeur que Y est mort, et l'est depuis ce moment-là. Mais on insistera sur le fait que, bien que dire «X a tué Y en T» donne bien cette impression, «X a tué Y en T» n'*entraîne* pas que Y soit mort en T ou pendant T. On pourrait insister sur le fait que, bien que ce soit égarant de dire que X a tué Y quand Y est toujours vivant, cela pourrait toujours être *vrai*.

Maintenant, je n'ai pas d'argument coup-de-poing contre cette suggestion. Mais je pense que l'on doit dire deux choses à son sujet. a) Il me semble que dire de telles choses sonne d'une façon suffisamment bizarre pour que l'on estime qu'essayer de résoudre ces problèmes d'une autre manière soit une meilleure méthode. Je n'ai pas de preuve qu'il serait faux, plutôt qu'égarant, de dire par exemple d'un homme qui est actuellement en train d'écrire son testament, que Jones l'a tué il y a une heure de cela. Je n'ai pas de preuve qu'il serait faux de dire des choses telles que : A a tué B en novembre dernier à New York, à la suite de quoi B est alors allé vers le sud dans l'espoir de guérir de ses blessures, mais hélas il ne s'en est pas remis et est finalement mort dans un hôtel à Miami. Mais je suppose que nous devrions tous[1] préférer une solution qui ne nous force pas à la possibilité que ces choses soient vraies.

---

1. Même Donald Davidson n'est pas particulièrement heureux d'avoir à dire de telles choses – bien qu'il pense que nous devions nous y résoudre. Voir son article «The Individuation of Events», dans N. Rescher *et alii* (ed.), *Essays in Honor of Carl G. Hempel*, New York, Humanities, 1970 [trad. fr. P. Engel, «L'individuation des événements», dans *Actions et événements, op. cit.*, p. 219-243, plus précisément p. 238].

Parfois dans les films, le méchant tire sur l'un de ses subalternes, celui-ci relève les yeux, choqué, et dit « Tu m'as tué, Big Al! ». Mais remarquez qu'il arrive aussi parfois que le méchant dise, *avant* de tirer, « Tu es mort, Little Joe; tu ne le sais pas encore, mais tu es mort » et cela ne peut certainement pas être vrai. Je pense que nous devrions appeler cela l'usage « hollywoodien » du langage.

Nous devrions aussi considérer rapidement les passifs. Les usages hollywoodiens mis à part, y a-t-il vraiment quelqu'un pour vouloir dire qu'au moment $T*B$ avait été tué par A? Ou que B a été tué par A en T? Ou que B est mort n heures après qu'il ait été tué?

Deuxièmement, b) il existe d'autres verbes qui paraissent en un certain sens être comme le verbe « tuer » et pour lesquels une proposition analogue semblera plutôt hors propos. Considérez « fondre » par exemple. Supposez que A ait appuyé sur le bouton d'un chauffage électrique en T; le chauffage s'est donc réchauffé et, si l'on imagine que sa grille était vieille, cela prit un long moment avant qu'il ne soit chaud; en T'(un moment étendu) la tablette de chocolat qui était sur le chauffage a fondu.

T	$T*$	T'	$T**$
A appuie sur le bouton		Le chocolat fond	

Supposez en fait que A ait fait fondre le chocolat en appuyant sur ce bouton. Nous pourrions très bien nous sentir fortement enclins à dire que l'acte de A de faire fondre ce chocolat est ou était son acte d'appuyer sur le bouton tout comme nous voulions dire que l'acte de Sirhan de tuer Kennedy est ou était son acte de tirer sur Kennedy. Mais sommes-nous prêts un seul instant à admettre qu'il serait vrai de dire en $T*$ que A a maintenant fait fondre le chocolat? Quand, comme nous pouvons le supposer, le chocolat n'a même pas encore commencé à fondre au moment $T*$? Cependant remarquez qu'ici aussi, une fois que A avait appuyé sur ce bouton, il n'y avait plus rien qu'il n'ait eu besoin de faire pour faire fondre le chocolat. Et si vous aviez vu le chocolat sur le chauffage et que vous aviez vu A tourner le bouton du chauffage, alors, si A plus tard nie avoir fait fondre le chocolat, vous pouvez lui dire que vous l'avez vu faire.

Est-ce qu'il serait vrai de dire que vous avez cassé une chose à un moment où elle n'est pas encore cassée ? Supposez que la nuit dernière, en T, les étudiants aient déposé des explosifs dans le sous-sol de la bibliothèque. Nous emmenons nos invités visiter le campus le matin en T^*, et nous disons « Vous voyez, la bibliothèque est ici. Les étudiants l'ont fait exploser en T la nuit dernière ». Toutefois, la bibliothèque est bien là. « Eh bien » disons-nous, « ils ont déposé les explosifs en T, et rien ne les neutralise ; leur compte à rebours est lancé maintenant et il est absolument certain que la bibliothèque explosera en T cette après-midi. Ils ont donc déjà fait exploser la bibliothèque ». C'est juste une mauvaise blague.

Certaines personnes peuvent ressentir qu'il est moins manifestement faux de dire en T^{**}, après que le chocolat a fondu et que la bibliothèque a explosé, que vous ayez fait fondre le chocolat en T, et qu'ils aient fait exploser la bibliothèque en T. Mais je pense que personne ne dirait ces choses et personne ne les compterait comme vraies si quoi que ce soit d'important se produisait au cours du minutage. Supposez qu'il était important que le chocolat soit fondu en T – pour un soufflé dont on avait besoin en T^*. Si A dit « Eh bien, tu m'as demandé de le faire fondre en T, et je l'*ai bien* fait fondre en T » la façon qui est à mon sens la plus généreuse de comprendre cela, c'est de penser qu'il espère s'en sortir avec une blague. De toute manière ce n'est pas vrai.

Et bien pire encore serait « le chocolat a fondu n heures après que je l'ai fait fondre » et « la bibliothèque a explosé n heures après que les étudiants l'ont fait exploser ». Ou bien encore, pour en venir aux passifs, « Le chocolat a fondu n heures après qu'il ait été fondu », et « La bibliothèque a explosé n heures après qu'elle ait été pulvérisée par une explosion ». Vous voulez dire qu'il a fondu ou qu'elle a explosé une *deuxième* fois ?

Je devrais être capable de dire précisément quel est ce « certain sens » selon lequel « tuer » est comme « fondre », « casser », « exploser », « détruire », et ainsi de suite – je pense que l'on a un sentiment intuitif des autres verbes à ajouter à la liste. Et je devrais ensuite être capable de montrer que puisque « tuer » est comme ces autres verbes en ce sens-là, il s'en suit qu'il est comme ces verbes en ce qui concerne les caractéristiques temporelles que nous examinons. Mais j'avoue que je n'ai pas une telle explication. L'explication standard, familière – selon laquelle on les appelle des « verbes causaux » – nous dit qu'ils sont analysables en « cause le fait que (*verbe*) » ainsi « tuer » en « cause le fait qu'il meure », « fondre » en « cause le fait qu'il fonde », « détruire » en « cause le fait qu'il soit détruit ». Mais cela ne marchera certainement pas. Si je contrains Smith à tuer Jones, je cause alors la mort de Jones, mais je ne le tue pas ; Smith le tue. Je fais en sorte qu'on le tue, bien sûr, mais faire en sorte qu'on tue un homme, ce n'est pas le tuer. (Comparez aussi « demander qu'un homme se fasse tuer » – comme quand vous payez pour que ce soit fait – et « laisser un homme se faire tuer »). En fait il se trouve qu'il est étonnamment difficile de dire ce qu'est exactement l'acte de tuer. Et il en va de même pour les autres : je peux contraindre quelqu'un d'autre à accomplir l'acte de faire fondre, de casser, de faire exploser, ou de détruire une chose, ce qui ne revient pas à le faire moi-même.

Je n'essaierai donc même pas de soutenir que « tuer » est similaire à ces autres verbes en ce qui concerne les caractéristiques temporelles que nous examinons. J'ai dit que je n'avais pas de preuves que les déclarations appropriées de (3), (7) et (9) ne sont pas vraies. Mais il est peut-être maintenant assez juste de dire que de toutes manières, quiconque veut encore insister sur le fait qu'elles *sont* vraies ferait mieux d'ajouter quelque chose d'autre pour étayer sa position que de dire seulement qu'une fois que A avait tiré sur B, il n'y avait rien de plus qu'il ait eu besoin de faire afin de tuer B ; et que si vous l'aviez vu tirer sur B, vous pourriez dire plus tard l'avoir vu tuer *B* – car la même chose est vraie dans le cas de ces autres verbes aussi.

III

Je suis encline à penser qu'il nous faudrait accepter comme un donné le fait que les déclarations appropriées de (3), (7) et (9) ne sont pas vraies. Eh bien, alors, quand *A* *a-t-il* tué *B*? Supposez *T* samedi matin dernier, et *T'* dimanche soir dernier. De tous les points de vue sur cette affaire, nous pouvons assurément dire que *A* a tué *B* cette année, ou qu'il l'a tué en mars 1971, ou qu'il l'a tué le deuxième week-end de mars 1971. Il y a un nombre quelconque de réponses vraies à la question de savoir quand *A* a tué *B*.

Ce que je pense que nous devons dire, cependant, c'est qu'il n'y a pas de réponse vraie à la question de savoir quand *A* a tué *B* qui donne un moment étendu plus petit que celui minimal qui inclut à la fois le moment de l'acte de *A* de tirer sur *B* et le moment de la mort de *B*. Imaginez que nous disions que *A* a tué *B* le week-end dernier; si quelqu'un nous dit «Mais *quand* le week-end dernier?». Je pense que nous ne donnons pas une nouvelle réponse à cette série, mais à la place nous nous détournons de la question en répondant quelque chose comme «Eh bien, vois-tu, *A* a tiré sur *B* samedi matin, et *B* est mort dimanche soir». Il me semble, en d'autres termes, que nous devrions schématiser l'acte de *A* de tuer *B* de la manière suivante:

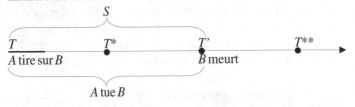

et que nous devrions dire en T^{**}, non pas (7), mais plutôt seulement :

10) A a tué B en S[1]

où S inclut à la fois T et T' – ou quoi que ce soit qui donne un moment étendu plus large encore qui inclut S.

J'aimerais introduire deux nouvelles expressions ici, « le moment inaugural de l'acte de A de tuer B », et « le moment terminal de l'acte de A de tuer B » – pour le dire rapidement, le moment auquel l'acte de A de tuer B commence, et le moment auquel il s'achève ou est fini. Alors nous pourrions dire, plus généralement, que A tue B en t si et seulement si t inclut à la fois le moment inaugural et le moment terminal de l'acte de A de tuer B – (7) étant dans l'erreur en ce que, bien que T inclue le moment inaugural de l'acte de A de tuer B (car T est le moment de l'acte de A de tirer sur B), il n'inclut pas le moment de la mort de B et, ainsi, n'inclut pas le moment terminal de l'acte de A de tuer B.

Mais il y a des difficultés qui surgissent immédiatement quand nous essayons de donner des définitions précises à ces expressions. Prenez le moment terminal d'abord. Nous pourrions essayer de le présenter de cette façon : il s'agit du point du temps avant lequel il n'est pas le cas que l'acte de A de tuer B a eu lieu, mais après lequel il a eu lieu. Mais si nous supposons qu'aussi longtemps que B est en vie, l'acte de tuer n'a pas eu lieu et que lorsque B est mort, l'acte de tuer a eu lieu, cette explication du moment terminal de l'acte de tuer nous force alors à supposer qu'il n'y a pas de dernier instant où B est en vie et qu'il n'y a pas de premier instant où B est mort et qu'il y a un point du temps où il n'est ni l'un ni l'autre. Ou bien nous pourrions essayer de cette façon : le moment terminal de l'acte de A de tuer B est le point du temps avant lequel il n'est pas le cas que

---

1. Puisque S est un moment-étendu, nous devrions plutôt dire « …pendant S » « …le S » ou seulement « … S » mais comme je l'ai dit (p. 101 au dessus), j'ignore ce point, et j'utilise uniformément « en ».

l'acte de A de tuer B a eu lieu, mais *en ce point* et après ce point qu'il a eu lieu. Ce qui nous donne un premier moment où B est mort, et pas de dernier moment où il est en vie. Ou nous pourrions à la place dire qu'il s'agit du point du temps en ce point et avant lequel il n'est pas le cas que l'acte de A de tuer B a eu lieu, et après lequel il a eu lieu. Ce qui nous donne un dernier moment où B est vivant, et pas de premier moment où il est mort. Il n'est pas du tout évident de savoir sur quoi nous pourrions nous fonder pour choisir entre ces trois possibilités.

Certaines personnes diraient même qu'il n'est pas du tout question de points du temps ici, que le moment où B n'est ni vivant ni mort est une étendue de temps aux limites vagues. S'il en est ainsi, le moment terminal de l'acte de A de tuer B est alors une étendue de temps aux limites vagues.

Il est à peine nécessaire de dire que cela n'est pas une difficulté propre aux actes. La question de savoir quand un homme est mort est une question qui concerne un homme, et non un acte. C'est parce qu'il y a une difficulté en ce qui concerne l'homme qu'il y a une difficulté en ce qui concerne le moment terminal de l'acte. S'il est admis qu'il y a un premier instant du temps où une quantité de matière, disons du chocolat, est entièrement liquide, et pas de dernier instant du temps où elle n'est pas encore entièrement liquide, alors le moment terminal de l'acte de quelqu'un de faire fondre un morceau de chocolat devrait probablement être défini comme étant ce point du temps avant lequel son acte de le faire fondre n'a pas eu lieu, mais en ce point et après lequel il a eu lieu.

Ce n'est pas non plus une difficulté qui surgit seulement lorsque l'on dit, comme j'aimerais le faire, que A n'a pas tué B avant que B ne soit mort. Supposez que nous acceptions la proposition que j'ai rejetée dans la section précédente ; nous accepterions alors que A a tué B en T, parce que A a tiré sur B en T. Mais comment T a-t-il été choisi comme le moment de l'acte de tirer ? Supposez que A ait tiré sur B avec un revolver – plutôt que par exemple avec un arc et une flèche. A a appuyé sur la détente du revolver, ce qui a causé le fait qu'une balle en soit éjectée, et cette balle s'est alors logée d'elle-même dans le corps de *B*. Quand *A* a-t-il tiré sur *B*? Celui qui accepte la proposition du paragraphe précédent aura probablement envie de dire la même chose à propos de l'acte de *A* de tirer sur *B* que ce qu'il a dit à propos l'acte de *A* de tuer *B* : l'acte de *A* de tirer sur *B* a eu lieu au moment où l'acte de *A* d'appuyer sur la détente a eu lieu. Il aura donc sûrement entendu *T* comme étant le moment de l'acte de *A* d'appuyer sur la détente de son revolver. S'il nous laissait alors parler du moment terminal de l'acte de *A* de tirer sur *B* et du moment terminal de l'acte de *A* d'appuyer sur la détente de son revolver, il insisterait pour que ces expressions soient définies de telle sorte qu'elles fassent référence à un seul et même moment – qui, selon lui, est aussi le moment terminal de l'acte de *A* de tuer *B*. Mais de quel moment précisément s'agit-il? Y a-t-il un premier instant du temps où la gâchette est enclenchée? Un premier instant où elle est assez enclenchée pour que l'on puisse déclencher le mécanisme qui éjecte la balle? Ou plutôt un dernier instant où elle n'est pas encore assez enclenchée pour le faire? Ou plutôt un point ou une étendue de temps où elle n'est ni assez enclenchée, ni pas assez enclenchée?

Mon propre avis est qu'il serait catégoriquement erroné de prendre pour identique le moment de l'acte de *A* de tirer sur *B* avec le moment de l'acte de *A* d'appuyer sur la détente du revolver. Imaginez que la balle soit au ralenti; supposez maintenant que *A* vienne juste d'appuyer sur la détente – et voilà la balle, lentement sur son chemin vers *B*. Pouvons-nous dire que *A* a *déjà* tiré sur *B*? Si *A* tire sur *B* une fois seulement, alors sûrement que non. Quand j'ai donc indiqué sur le schéma que l'acte de *A* de tirer sur *B* comme ayant lieu en *T*, j'avais donc à l'esprit que *T* inclut *à la fois* le moment de l'acte de *A* d'appuyer sur la détente de son revolver, *et* le moment de l'action de la balle de se loger dans B. Je devrais donc, bien entendu, avoir la même difficulté à définir l'expression « le moment terminal de l'acte de *A* de tirer sur *B* » que celle que j'ai eue en définissant l'expression « le moment terminal de l'acte de *A* de tuer *B* ». Y a-t-il un point du temps qui soit le premier instant de la balle se logeant dans B ? Ou bien alors un qui soit le dernier instant avant qu'elle ne soit logée dans B ? Ou un point ou une étendue du temps durant lequel elle n'est ni dans ni hors de B ?

Mais puisque cette difficulté fait aussi face à celui qui accepte la proposition que je rejette, je l'ignorerai. Pour ce qui m'intéresse, il n'importe pas de savoir précisément comment nous définissons les expressions « moment terminal de l'acte de *A* de tuer *B* » et « moment terminal de l'acte de *A* de tirer sur *B* » – *i.e.*, si nous les prenons pour faire référence à des points ou bien à des étendues de temps, et s'il s'agit de points, s'il s'agit des premiers points ou des derniers points. Tout ce qui m'importe en revanche pour les buts que je me suis fixé c'est que, quelle que soit celle de ces possibilités que nous choisissons, le moment terminal de l'acte de *A* de tuer *B* n'est pas le même que le moment terminal de l'acte de *A* de tirer sur *B* – nous avons déjà vécu ce dernier moment une fois que la balle est logée dans *B*, mais nous n'avons pas encore vécu le premier moment avant que *B* ne soit mort.

Pour établir le contraste, il convient d'attirer l'attention sur le fait que si *C* tue *D* en l'étranglant, alors le moment terminal de l'acte de *C* de tuer *D* est le même que le moment terminal de l'acte de *C* d'étrangler *D* : nous ne l'avons pas encore vécu avant que *D* ne soit mort.

La deuxième expression, « le moment inaugural de l'acte de *A* de tuer *B* » soulève malgré tout un autre type de difficulté. J'ai suggéré que nous disions que *A* ne tue pas *B* en *t* à moins que *t* inclue le moment inaugural de l'acte de *A* de tuer *B* autant que le moment terminal de l'acte de *A* de tuer *B*, voulant ainsi dire que *t* doit inclure l'acte de *A* de tirer sur *B*, et donc que *t* doit inclure *T*. Nous pourrions formuler cela de cette façon : le moment inaugural de l'acte de *A* de tuer *B* est ce point du temps avant lequel l'acte de *A* de tuer *B* n'est pas en train de se produire, mais après lequel (pour un certain temps) il est en train de se produire. Et le même genre de difficulté que celui sur lequel j'ai déjà attiré l'attention en ce qui concerne le moment terminal de l'acte de A de tuer B apparaîtrait ici : y a-t-il un tel point du temps ? Ou devrions-nous plutôt définir le moment inaugural comme le point du temps avant lequel l'acte de A de tuer B n'est pas en train de se produire, mais *en ce point et* après lequel (pour un certain temps) il est en train de se produire ? Et ainsi de suite. Mais j'aimerais maintenant attirer l'attention sur une difficulté supplémentaire qui apparaît ici. Quand l'acte de A de tuer B commence-t-il précisément à avoir lieu ? Je suppose que nous pouvons présumer que l'acte de A de tuer B commence à avoir lieu quand son acte de tirer sur B commence à avoir lieu, et cela commence à avoir lieu quand son acte d'appuyer sur la détente de son revolver commence à avoir lieu – en ce moment ou juste après, mais pas avant, A est en train de tuer B. Il n'était probablement pas en train de tuer B pendant qu'il chargeait son revolver, encore moins lorsqu'il l'achetait et se rendait à la maison de B. Il était alors en train de se préparer à tuer B, mais il n'était pas encore en train de le tuer. Mais qu'est-ce qui fait précisément qu'il en est ainsi ? Il ne servirait à rien de dire que ce qui fait qu'il en est ainsi c'est le fait que A a tué B en lui tirant dessus, alors qu'il n'a pas tué B (par exemple) en chargeant son revolver. Le mot « en » ne supporterait pas un tel poids. Car est-il évident qu'il serait faux de dire « A a tué B en chargeant son revolver et en lui tirant dessus » ? Mais s'il était vrai que l'on puisse dire cela, et que l'on donne au mot « en » le rôle puissant suggéré ici, alors nous devrions dire que l'acte de tuer a commencé quand l'acte conjonctif, charger-le-revolver-et-tirer-sur-B, a commencé, et probablement que *cela* a commencé quand A a commencé à charger son revolver.

J'ai pu me rendre ce matin au travail en marchant le long du Longfellow Bridge ; est-ce que mon acte de me rendre au travail commence quand je commençais à marcher le long du pont ? Il ne fait pas de doute que j'allais bien travailler, mais est-ce que j'étais alors en train de me rendre au travail ?

Si un homme fait fondre quelque chose en le mettant sur un chauffage et en appuyant sur le bouton, est-ce que son acte de le faire fondre a commencé lorsqu'il a commencé à tourner le bouton ou lorsqu'il a commencé à le mettre sur le chauffage?

En fait, cela me semble être une difficulté très sérieuse pour ceux qui auraient espéré mettre en avant des énoncés d'identité d'actes comme (1). Pourquoi est-ce précisément à l'acte de tirer (ou à celui d'appuyer sur le bouton) qu'est identifié l'acte de tuer (ou l'acte de faire fondre)? Si l'on retourne l'histoire que je vous ai racontée à propos de A et B page 101 de cette façon – A décida de tuer B, il acheta un revolver, le chargea, prit le bus vers la maison de B, appuya sur la sonnette, B répondit à la porte, et ensuite A lui tira dessus – alors c'est bien l'acte de tirer qui semble être ce que nous aimerions identifier avec l'acte de tuer, si nous devons l'identifier à quoi que ce soit dans l'histoire. Car il semble bien plausible de dire que jusqu'au moment où A tire, il n'est pas encore en train de tuer B, encore que, bien entendu, c'est ce qu'il va faire. Mais supposez que A décide de déguiser cela en cambriolage : il assomme B, l'attache, et ensuite lui tire dessus. Si le téléphone sonne pendant que A est en train d'attacher B, dirait-il quelque chose de faux s'il se disait : « Je ne peux pas parler maintenant, je suis occupé, je suis en train de tuer B »? Si non, allons-nous identifier l'acte de A de tuer B avec l'acte conjonctif, attacher-B-et-lui-tirer-dessus?

Mais une fois encore j'ignorerai ces difficultés. Supposons que l'on retourne l'histoire de A et B de la façon que je viens d'indiquer – A sonne, B répond à la porte, A tire. Il semble alors bien plausible de dire qu'avant que A ne commence à tirer sur B, il n'est pas en train de tuer B, et qu'au moment où il commence à tirer, il commence à tuer B. Le moment inaugural de l'acte de A de tuer B, alors, qu'il soit un point ou une étendue du temps, et s'il s'agit d'un point, que ce soit un premier point ou un dernier point, semble bien être le même que le moment inaugural de l'acte de A de tirer sur B. De toutes les choses qui peuvent nous empêcher d'affirmer (1), dans tous les cas, le moment inaugural n'en fait pas partie.

Mais nous étant penchés sur ces progressifs, nous pouvons noter qu'il semble que ce soit un accident linguistique plus ou moins inintéressant que nous ne nous trouvions pas maintenant de nouveau confrontés avec un autre problème de temps. Mon idée est la suivante. Au cours de T, alors que A est en train de tirer sur B, il est sûrement vrai de dire que A est en train de tuer B. En T^*, toutefois, l'acte de tirer est terminé, et il semble erroné de dire en T^* qu'A est en train de tuer B. Pas plus ne peut-on dire en T^{**} qu'A était en train de tuer B en T^*. Mais contrastons ceci avec le cas de quelqu'un faisant fondre quelque chose. Supposez qu'il mette la matière sur le chauffage et qu'il appuie sur le bouton ; maintenant, en T^*, il est en train de se tenir là, de regarder la matière, d'attendre qu'elle fonde. Il semble juste de dire de lui que maintenant, en T^*, il *est en train* de faire fondre la matière – et cela quand bien même il est actuellement en train de ne rien faire du tout pour la faire fondre, ayant déjà fait tout ce qu'il avait besoin de faire auparavant. Et il semblera juste, plus tard en T^{**}, de dire qu'il était en T^* en train de faire fondre la matière. Je suis encline à penser que la différence entre ces deux cas n'est pas une différence importante, et que nous aurions à peine besoin de nous excuser si nous décidions d'étendre notre usage de « tuer » dans ce sens-là : dire en T^* que A est en train de tuer B, tout comme nous avons dit en T^* que notre homme est en train de faire fondre la matière sur le chauffage.

En fait je pense qu'il y a des cas par un aspect semblables aux cas de A et B dans lesquels nous nous permettons bien en effet de dire une telle chose. Supposez que C pousse un levier en T qui fasse tomber une pastille dans un seau sous la chaise de D ; maintenant, en T^*, un nuage de gaz toxique s'élève du seau. Ici aussi C a fait tout ce qu'il avait besoin de faire pour tuer D ; mais je pense que dans ce cas là nous permettons bien C de dire véridiquement, « Je suis en train de tuer D – c'est mon travail, vous voyez ».

Mais si nous permettons cette extension d'usage pour recouvrir le cas de A et B, alors nous avons de nouveau un autre problème de temps sur les bras. Car de toutes façons, il ne serait pas vrai de dire :

11) A est en train de tirer sur B

en T^* ; cet acte de tirer sur B qu'A a accompli en T n'est pas en train d'avoir lieu en T^*, il ne serait donc pas vrai, en y faisant référence, de dire :

11') L'acte de A de tirer sur B est en train d'avoir lieu maintenant.

Mais nous accordons une extension d'usage selon laquelle nous pouvons dire véridiquement :

12) A est en train de tuer B

en T^*, si bien qu'il serait aussi vrai de dire en T^* :

12') L'acte de A de tuer B est en train d'avoir lieu.

Mais alors, comment (1) peut-il être vrai ? « être en train d'avoir lieu maintenant » est certainement une propriété que X et Y feraient mieux d'avoir en commun si X doit être identique à Y.

IV

Nous ferions mieux de revenir à (1), alors, et de nous demander comment, face aux problèmes que j'ai soulevés, il est possible qu'il soit admis. Je ne veux pas un seul instant soutenir qu'il nous faudrait admettre (1). Le coût pour l'accepter c'est que – si l'on en juge par les apparences – nous rendions non extensionnelles les expressions temporelles qui m'ont intéressées, et beaucoup de gens considéreraient cela comme un prix à payer bien trop élevé pour l'économie que (1) nous fournirait.

Mais il y a peut-être un intérêt à voir jusqu'à quel point nous pouvons réduire ce prix à payer. Toutes les phrases numérotées que nous avons considérées peuvent être paraphrasées à l'aide de deux nouvelles expressions, « moment inaugural » et « moment terminal » d'un acte. Maintenant les problèmes que nous avons discutés sont tous apparus en raison de difficultés concernant le moment terminal de l'acte de A de tuer B ; aucun problème n'est apparu en rapport avec le moment inaugural de l'acte de *A* de tuer *B*. Si nous disons donc que « le moment terminal de (l'acte de *x* de verbe *y*) » est non extensionnel – cet acte *X* peut être identique à cet acte *Y* même si le moment terminal de *X* n'est pas le même que le moment terminal de *Y* – alors les expressions temporelles que nous avons considérées deviennent elles-mêmes non extensionnelles, et les difficultés liées à (1) sont éliminées.

Prenez le premier problème lié au temps. Nous supposions que nous étions maintenant en T*, et qu'ainsi il serait vrai de dire :

2') l'acte de *A* de tirer sur *B* a eu lieu

mais qu'il ne serait pas vrai de dire :

3') L'acte de *A* de tuer *B* a eu lieu.

Ces phrases peuvent être paraphrasées dans la nouvelle terminologie, comme, respectivement :

2'*) Il y a un moment *u* et un moment *v* tels que *u* est le moment inaugural de l'acte de *A* de tirer sur *B*, et *v* est le moment terminal de l'acte de *A* de tirer sur *B*, et *u* et *v* précèdent MAINTENANT.

3'*) Il y a un moment *u* et un moment *v* tels que *u* est le moment inaugural de l'acte de *A* de tuer *B*, et *v* le moment terminal de l'acte de *A* de tuer *B*, et *u* et *v* précèdent MAINTENANT.

Il serait maintenant, en *T**, vrai de dire (2'*); mais il ne serait pas vrai de dire (3'*), car le moment terminal de l'acte de *A* de tuer *B* ne précède pas MAINTENANT. Malgré tout, si nous disons que « le moment terminal de (l'acte de *x* de verbe *y*) » n'est pas extensionnel, alors (1) ne pose pas de difficulté. (1) ne permet pas la substitution de « L'acte de *A* de tuer *B* » à « L'acte de *A* de tirer sur *B* » en (2'), car il ne permet pas la substitution de « L'acte de *A* de tuer *B* » à « L'acte de *A* de tirer sur *B* » *partout* en (2'*) : de la conjonction de (1) et (2'*) nous pouvons obtenir :

Il y a un moment *u* et un moment *v* tels que *u* est le moment inaugural de l'acte de *A* de tuer *B*, et *v* est le moment terminal de l'acte de *A* de tirer sur *B*, et *u* et *v* précèdent MAINTENANT.

qui est vrai, mais qui n'est pas équivalent à (3'*), et par conséquent n'est pas équivalent à (3').

Le problème de la date est éliminé de la même façon. Nous obtenons des paraphrases de :

> 6') L'acte de *A* de tirer sur *B* a eu lieu en *T*
> 7') L'acte de *A* de tuer *B* a eu lieu en *T*

simplement en ajoutant « ... et *u* et *v* se situent pendant *T* » à (2'*) et (3'*) respectivement [1]. Pour la même raison, il n'y a donc pas de problème pour (1).

Le second des deux problèmes de temps que j'ai mentionnés survient seulement si nous permettons une extension d'usage, autorisant qu'en T* il soit vrai de dire (12) mais pas (11). Mais je suis encline à penser que cela ne poserait pas non plus de difficulté à (1). Certainement que si nous acceptons l'extension nous nous imposons la possibilité de paraphraser (12') et (11') par, respectivement :

> 12'*) Il y a un moment *u* et un moment *v* tels que *u* est le moment inaugural de l'acte de *A* de tuer *B*, et *v* est le moment terminal de l'acte de *A* de tuer *B*, et *u* est ou précède MAINTENANT, et *v* succède à MAINTENANT.
>
> 11'*) Il y a un moment *u* et un moment *v* tels que *u* est le moment inaugural de l'acte de *A* de tirer sur *B*, et *v* est le moment terminal de l'acte de *A* de tirer sur *B*, et *u* est ou précède MAINTENANT, et *v* succède à MAINTENANT.

alors (1) est sauf ; car la conjonction de (12'*) et (1) n'implique pas (11'*).

Et enfin, le problème de l'ordre temporel est aussi éliminable. Nous supposions qu'étant maintenant en *T***, il serait donc vrai de dire :

---

1. Je ne rajoute pas « ... Et *T* précède MAINTENANT », car on peut dire véridiquement que l'acte de *A* de tuer *B* a eu lieu cette année, sans impliquer par là que cette année précède MAINTENANT.

8') la mort de *B* a eu lieu *n* heures après l'acte de *A* de tirer sur *B*.

Mais il ne serait pas vrai de dire :

9') La mort de *B* a eu lieu *n* heures après l'acte de *A* de tuer *B*.

Il semble convaincant de dire que l'on peut former des paraphrases de celles-ci à partir de (2'*) et (3'*) en ajoutant « et il y a un moment *t* qui est le moment de la mort de *B*, et *t* précède MAINTENANT, et *v* précède *t* de *n* heures ». Ainsi, ici aussi, il n'y a pas de difficulté avec (1) : bien que le moment terminal de l'acte de *A* de tirer sur *B* précède *t* de *n* heures, et que le moment terminal de *A* de tuer *B* ne le précède pas, (1) n'autorise pas les substitutions.

En somme, nous ne nous retrouvons pas avec un paquet d'expressions sans rapport les unes avec les autres sur les bras, que nous devons arbitrairement lire comme étant non extensionnelles si nous souhaitons conserver (1) ; ce que nous avons plutôt, c'est un paquet d'expressions reliées en ce qu'elles sont définissables en fonction de l'expression « le moment terminal de (l'acte de *x* de verbe *y*) » qui sont donc non extensionnelles précisément parce que cette expression est non extensionnelle.

Comme je l'ai dit, je ne souhaite pas soutenir la vérité de (1). Mais ce que je veux faire, c'est suggérer que nous ne devrions pas simplement la rejeter d'emblée.

Après tout, il y a beaucoup de fonctions temporelles qui sont, de tout point de vue, non extensionnelles. Supposez que c'est un fait que :

13) Le père des premiers quadruplés est le grand-père paternel des premiers quintuplés.

La conjonction de (13) et :

14) John est devenu le père des premiers quadruplés en 1890

n'implique *pas* :

15) John est devenu le grand-père paternel du premier ensemble de quintuplés en 1890.

L'expression «John est devenu (tel et tel) en 1890» est non extensionnelle : la substitution des identiques préserve ou ne préserve pas la vérité. Nous pourrions introduire ici l'expression « le moment de la réalisation de (telle et telle chose) » pour signifier le moment auquel une chose devient telle et telle, et cela serait par conséquent non extensionnel : il est compatible avec la vérité de (13) que le moment de la réalisation de père des premiers quadruplés n'est pas le même que le moment de la réalisation de grand-père paternel des premiers quintuplés. Le simple fait que pour que (1) soit vrai, il est demandé que « le moment terminal de (l'acte de x de verbe y) » soit non extensionnel ne suffit donc toujours pas à le réfuter – nous devrions d'abord voir si oui ou non il ne fait peut-être pas partie de ces fonctions temporelles qui sont vraiment non extensionnelles.

On pourrait soutenir que ce n'est pas le cas – car le moment terminal de l'acte de x de verbe y n'est-il pas comme le moment de la mort d'untel ? Les deux sont des points terminaux de la vie de quelque chose, dans le premier cas d'un acte, et dans le second d'un être vivant. Et « le moment de la mort de (untel) » est extensionnel : la conjonction de (13) et :

16) Le père des premiers quadruplés est mort en 1900

implique clairement :

17) Le grand-père paternel des premiers quintuplés est mort en 1900.

Mais en est-il vraiment ainsi ? La mort d'un homme est la mort de quelque chose qui a perduré un certain temps, en changeant ou en ne changeant pas à certains égards. Mais le moment terminal d'un acte n'est pas la « mort » de quelque chose qui a duré un certain temps, changeant ou ne changeant pas à certains égards – un acte ne perdure pas un certain temps, il est accompli ou exécuté *en* un temps, et il ne change pas ou reste inchangé, mais il est lui-même la production d'un changement, qui *prend* du temps pour advenir. Ces différences sont-elles pertinentes ? L'affaire complète nécessite qu'on considère tout cela plus attentivement. Mais ils suggèrent bien, *prima facie*, dans tous les cas, la possibilité d'un argument selon lequel le moment terminal de l'acte de x de verbe y ressemble plus à la fonction que je viens juste d'introduire, le moment de la réalisation de telle et telle chose, qu'au moment de la mort d'untel. Mon idée est la suivante. Ce qui fait que le moment de la réalisation du grand-père paternel des quintuplés arrive plus tard que le moment de la réalisation du père des quadruplés, bien qu'il s'agisse d'un seul et même homme, c'est le fait que quelque chose de plus doit arriver après que cet homme devient le père pour qu'il devienne le grand-père – ses enfants doivent avoir des enfants. Et c'est quelque chose que le père met en marche (pour autant qu'on puisse mettre en marche une telle chose) en devenant père – une fois qu'il est devenu père, tout le reste s'ensuivra. Mais ceci est analogue au fait que ce qui fait que le moment terminal de l'acte de A de tuer B arrive plus tard que le moment terminal de l'acte de A de tirer sur B : quelque chose de plus doit arriver après l'acte de tirer afin que l'acte de tuer ait eu lieu – B doit mourir. Et c'est quelque chose que l'acte de tirer met en marche en ayant lieu – une fois que l'acte de tirer a eu lieu, tout le reste s'ensuivra.

Pour ramener cela à proximité de nos préoccupations initiales, remarquons que si A est le seul à avoir jamais tiré sur B, et que nous sommes maintenant en T^{**}, alors :

18) L'homme qui a tiré sur B est l'homme qui a tué B.

Mais le moment de la réalisation de l'homme qui a tiré B n'est pas le même que le moment de la réalisation de l'homme qui a tué B, car A est devenu l'homme qui a tiré sur B seulement au moment où l'acte de tirer a eu lieu, et il est devenu l'homme qui a tué B seulement au moment où l'acte de tuer a eu lieu – et ce ne sont pas les mêmes moments. En effet, ces moments sont, respective-ment, le moment terminal de l'acte de A de tirer sur B et le moment terminal de l'acte de A de tuer B. Ce qui fait donc que le moment de la réalisation de l'homme qui a tué B est postérieur au moment de la réalisation de l'homme qui a tiré sur B est la chose même qui fait que le moment terminal de l'acte de tuer est postérieur au moment terminal de l'acte de tirer : c'est le fait que B meure après qu'on lui tire dessus.

Il serait tout simplement fantaisiste de dire que le moment terminal de l'acte de A de tuer B est le moment où l'acte de A de tirer sur B devient son acte de tuer B. Et ce serait peut-être une fantaisie égarante dans tous les cas, puisque ce n'est pas comme si l'acte de A de tirer sur B n'était pas, et après était l'acte de A de tuer B – car quand A est en train de tirer sur B, il est en train de le tuer. Mais une analogie n'a pas besoin d'être une identité. Et ce que je suggère c'est qu'il pourrait s'avérer payant d'examiner les similarités entre le moment où quelque chose devient telle et telle chose et, non le moment où quelque chose devient l'acte X, mais plutôt le moment terminal de l'acte X.

V

Pour finir il convient peut-être d'observer le fait que l'espace semble fonctionner de la même manière que le temps en ce qui concerne les points discutés dans les sections II et III au-dessus. Supposez que A ait tiré sur B sur Revere Street et que B ait ensuite titubé jusqu'à Louisburg Square avant de mourir. Où A a-t-il tué B ? Sûrement pas sur Revere Street. Et sûrement pas non plus sur Louisburg Square. Peut-être que le mieux que nous puissions faire en guise de réponse c'est de dire que A a tué B à Beacon Hill. Si (1) doit être accepté, alors « l'endroit où (l'acte de x de verbe y) » devra lui aussi être compris comme étant non extensionnel – contrairement à l'endroit de telle et telle chose, mais peut-être semblablement à l'endroit où une chose devient telle et telle.

Traduction Sébastien Motta

DAVID MACKIE

L'INDIVIDUATION DES ACTIONS[*]

INTRODUCTION

Dans l'exemple bien connu d'Anscombe, un homme bouge son bras, actionnant ainsi une pompe qui pompe de l'eau empoisonnée dans la citerne d'une maison, empoisonnant ainsi ses habitants[1]. Nous pouvons dire de cet homme qu'il bouge son bras, actionne la pompe, remplit la citerne d'eau et empoisonne les habitants de la maison. Selon une conception de l'individuation des actions défendue par Anscombe elle-même, et ultérieurement (avec de légères modifications cependant) par Davidson, Hornsby et d'autres, nous avons ici affaire à une unique action que l'on peut décrire de différentes façons, comme :

(A) un mouvement du bras
(B) un pompage
(C) un remplissage de la citerne d'eau
(D) un empoisonnement.

---

[*] D. Mackie, « The Individuation of Actions », *The Philosophical Quarterly*, vol. 47 (1997).

[1] G.E.M. Anscombe, *L'intention*, *op. cit.*, § 23-26, p. 81-95.

J'appellerai la position défendue par Anscombe, Davidson et Hornsby la Thèse de l'Identité des Séquences d'Action, ou TISA; et dans cet article, je critiquerai cette thèse.

Bien entendu, des critiques en ont déjà été proposées par d'autres que moi. Il y a en particulier cette critique bien connue, dirigée principalement contre la version de TISA donnée par Hornsby, qui se base sur la thèse que la logique de « en » s'oppose à sa conception ; il y a également l'argument, tout aussi familier, qui part de considérations temporelles, affirmant que TISA est rendue absurde par son engagement en faveur de la thèse selon laquelle un meurtre peut être achevé avant que la victime ne soit morte. Mais il me semble qu'il y a maintenant de bonnes raisons de réexaminer l'état du débat sur ce sujet.

Premièrement, les défendeurs de TISA ont produit différentes réponses aux principales objections qui se sont élevées jusqu'ici. Et il n'est pas clair à mes yeux que ces réponses aient été traitées par les objecteurs aussi minutieusement qu'elles auraient dû l'être. Par conséquent, même dans le domaine des arguments standards, la critique de TISA n'a pas été aussi étayée qu'elle aurait pu l'être. Les § 2 à 10 de cet article sont donc largement consacrés à une réévaluation de ces arguments, ainsi que des réponses faites par les défenseurs de TISA. Je conclus de ce réexamen que la critique de TISA fondée sur ces arguments est plus puissante qu'on ne le suppose habituellement.

Ceci s'explique notamment par le fait que dans le débat, au moins l'une des questions est devenue sérieusement confuse. Dans les § 2 à 6, je considèrerai l'objection soulevée à l'encontre de TISA (en particulier la version de Hornsby) qui se base sur la logique de « en ». Jusqu'ici, le débat sur cette objection ne semble pas avoir été concluant. Cependant, je crois que c'est surtout parce qu'il a été dévié par une discussion strictement hors sujet, sur la question de savoir si « en » peut exprimer une relation entre des actions. Ainsi, en plus de produire de nouveaux arguments contre les raisons avancées par Hornsby de refuser que « en » exprime une telle relation, je soutiendrai qu'en réalité, c'est une erreur de supposer que tel est le point crucial de ce débat ; je soutiendrai en outre (dans le § 6) que l'inexactitude de l'explication de Hornsby peut être démontrée en faisant ressortir la logique de « en », même si l'on accorde à Hornsby sa thèse selon laquelle « en » n'exprime pas une relation.

En troisième lieu, et c'est peut-être là le plus important, les critiques de TISA ont eu tendance à ignorer les principales considérations qui étayent cette thèse. Par conséquent, la conclusion qu'il nous reste, si nous trouvons les objections vraiment convaincantes, est une aporie non satisfaisante : les critiques pourraient bien avoir réussi à avancer des raisons de douter de la validité de la thèse ; cependant, elles n'ont rien fait pour affaiblir la force des considérations qui paraissent peser fortement en sa faveur. Pour être vraiment efficace, la critique ne devrait pas seulement suggérer que la thèse possède apparemment des contre-exemples, ou des difficultés intuitives ; elle devrait aussi montrer que les motifs principaux d'accepter la thèse sont insuffisants. Ceci est mon but dans les § 11-12.

1. L'ARGUMENT D'ANSCOMBE EN FAVEUR DE TISA

Ayant introduit l'exemple de l'homme qui pompe mentionné ci-dessus, Anscombe écrit (§ 26, p. 93-94) :

> si nous disons qu'il y a quatre actions, nous ne trouverons pourtant d'autre *action* dans ce qui constitue ici le fait de faire B que le fait de faire A, et ainsi de suite. À cela près qu'il faut plus de circonstances pour que A soit B qu'il n'en faut pour que A soit simplement A [...]. Mais ces circonstances n'incluent pas *nécessairement* des actions particulièrement récentes de l'homme qu'on dit faire A, B, C, D [...]. Pour faire court, la seule action distincte de sa part est A. Car bouger son bras de haut en bas, les doigts serrés sur la poignée de la pompe, dans ces circonstances, *c'est* actionner la pompe ; et, dans

ces circonstances, *c'est* remplir la citerne ; et, dans ces circonstances, *c'est* empoisonner la maisonnée.

Anscombe conclut que nous avons ici affaire à une unique action avec des descriptions différentes. Elle est conduite à cette conclusion par l'observation du fait que l'agent n'a rien à faire de plus, pour actionner la pompe, que ce qu'il fait lorsqu'il bouge son bras de haut en bas. Et il n'a pas non plus, comme elle le dit, à accomplir quelque action supplémentaire afin de remplir la citerne, outre ce qu'il fait lorsqu'il actionne la pompe. Les différentes descriptions de l'action dépendent de circonstances plus larges ; mais ces circonstances n'incluent aucune action de l'agent.

Il est clair que c'est cette considération qui fournit la raison principale d'affirmer que dans l'exemple du pompage et dans les cas similaires il n'y a qu'une seule action, diversement décrite. Hornsby elle aussi, comme nous le verrons, y fait explicitement appel dans son argument en faveur de TISA. Dans les § 11 et 12 ci-dessous, je soutiendrai qu'en vérité cette idée influente ne confère pas à TISA l'assise solide qu'on lui a prêtée. Je crois que mon argument renforce grandement la critique de TISA faite avec des arguments plus familiers. Avant de présenter cet argument, toutefois, je considérerai quelque temps les arguments plus familiers, ainsi que les réponses des défenseurs de TISA. Je montrerai que ces arguments peuvent être renforcés de façon significative, et que les réponses qui leur ont été faites par les défenseurs notables de TISA sont insuffisantes.

2. HORNSBY ET LA RELATION EN « EN »

Hornsby souscrit à TISA, affirmant avec Anscombe que dans le cas décrit, il n'y a qu'une seule action diversement descriptible. Mais son explication, qui concerne l'usage du mot « en », rend compte d'une façon particulière des conditions sur lesquelles reposent de telles identités :

En disant que certaines actions de faire des grimaces sont la même chose que certaines actions de faire rire Lucie, je dis que parfois, faire une grimace est la même chose que faire rire Lucie. Plus précisément, je devrais affirmer qu'il existe une telle identité quand, et seulement quand, l'on fait rire Lucie *en* faisant une grimace. C'est ce mot « en » qui est le point capital [1].

Ce critère, lorsqu'il est appliqué à l'exemple d'Anscombe, produit la même conclusion que celle tirée par Anscombe elle-même. Puisque l'homme pompant pompe en bougeant son bras, remplit la citerne en pompant, et ainsi de suite, toutes les actions sont, d'après le critère de Hornsby, identiques.

Elle note (p. 6-7) que ceci a été contesté, pour la raison que « en » exprime une relation asymétrique et non-réflexive. Évidemment, si cela est juste, « en » exprime une relation qui ne peut pas s'établir entre des termes identiques.

L'objection fonctionne comme il suit : il est vrai pour l'état de choses donné, par exemple, que :

1) Il a rempli la citerne en actionnant la pompe

mais il n'est pas vrai que :

2) Il a actionné la pompe en remplissant la citerne.

Plus généralement, on peut réellement dire des actions de la série (A)-(D) qu'elles sont accomplies en accomplissant des actions situées en amont dans la série ; en revanche, l'inverse n'est pas vrai. Par conséquent, la relation exprimée est asymétrique. Il est également faux, ou du moins il serait très étrange, de dire que l'homme qui pompe a actionné la pompe en actionnant la pompe. Par conséquent, poursuit l'objection, la relation n'est pas réflexive.

---

1. J. Hornsby, *Actions*, Londres, Routledge & Kegan Paul, 1980, p. 6.

3. Les réponses de Hornsby à l'objection

La réponse de Hornsby à l'objection selon laquelle « Il a empoisonné en pompant » est vrai tandis que « Il a pompé en empoisonnant » est faux consiste à refuser que « en » exprime la moindre relation entre des événements. En premier lieu, elle montre que personne ne serait prêt à dire, par exemple :

> 3) Son remplissage de la citerne a été en actionnant la pompe
> (*His replenishing of the water supply was by his operating the pump*)

et, comme elle le dit, il n'est même pas clair que ce genre d'énoncé ait un sens.

En second lieu, Hornsby propose une autre explication de la fonction de « en » dans les expressions légitimes. Elle affirme (p. 7-8) que sa fonction est de former des verbes à partir de verbes et d'expressions verbales :

> Nous avons par exemple le verbe « remplir la citerne », à partir duquel nous pouvons former le verbe plus complexe « remplir la citerne en actionnant une pompe » : l'expression « en actionnant une pompe » conserve une forme grammaticale constante, tandis que le verbe « remplir » est infléchi selon la personne et le temps. Si ceci est juste, alors la phrase « Il a rempli la citerne en actionnant la pompe » ne mentionne pas une action de mettre en marche la pompe, sans parler d'affirmer une relation entre une telle action et une autre.

Hornsby avance donc deux arguments censés s'opposer à la thèse que « en » exprime une relation entre des événements. Le premier est que les phrases de la forme « Son φ-age a été en ψ-ant » n'ont pas de sens, ou que personne ne serait prêt à les énoncer. Le second est que « en φ-ant », dans des phrases de la forme « Il a φ-é en ψ-ant », conserve une forme grammaticale constante quel que soit le changement, de personne et/ou de temps, qui affecte le verbe principal (le verbe φ-er). Ces deux points sont censés étayer la conclusion que « en » n'exprime pas une relation entre des événements ou des actions.

J'ai deux réponses principales à faire à ces thèses. Premièrement, je soutiendrai dans les § 4-5 qu'aucune des deux objections soulevées par Hornsby n'étaye réellement la conclusion selon laquelle « en » n'exprime pas, dans les phrases en question, une relation entre des actions. Deuxièmement, et plus important, je soutiendrai dans le § 6 que même si l'on accorde à Hornsby la conclusion que « en » n'exprime pas une relation entre des actions, le critère d'individuation des actions qui est le sien ne touche pas encore aux difficultés.

4. LA CONSTANCE DE LA FORME GRAMMATICALE N'EST PAS UN CRITÈRE PERTINENT

Je considèrerai d'abord le second argument de Hornsby. Elle affirme que puisqu'elle conserve une forme grammaticale constante à travers les inflexions de personne et de temps du verbe qui la précède, l'expression « en actionnant une pompe » ne mentionne pas une action de mettre en marche une pompe. Si c'est exact, alors *a fortiori*, des phrases comme :

1) Il a rempli la citerne en actionnant la pompe

n'expriment pas de relation entre des actions.

Mais *pourquoi* devrait-on supposer que l'absence de mention d'une action se déduit de la constance de la forme grammaticale de l'expression en question ? La thèse semble reposer sur un principe dont l'effet est que partout où une relation entre des actions est exprimée, il y aura une variation dans la forme grammaticale. Mais qu'est-ce qui étaye ce principe ? Il est vrai que là où nous utilisons un verbe pour exprimer une relation, comme lorsque nous disons par exemple que x a causé y, ce verbe variera en fonction de la personne et du temps. C'est ainsi que les verbes fonctionnent en français. Mais puisque « actionnant » dans (1) est un gérondif, nous n'avons aucune raison d'attendre de ce mot qu'il change de forme grammaticale quand la personne et le temps varient, et la raison en est simplement que les gérondifs ne fonctionnent pas de cette façon en français. Par conséquent, la consistance de la forme du gérondif « actionnant » dans (1) ne saurait montrer qu'aucune relation entre des actions n'est exprimée dans cette phrase.

Or une fois ce point pris en compte, tout se passe comme si l'argument de Hornsby par la constance de la forme grammaticale reposait sur l'observation que le mot « en » ne varie pas dans sa forme grammaticale. Mais encore une fois, pourquoi le devrait-il ? C'est une préposition, et en français les prépositions sont invariables. Bref, la constance de la forme grammaticale de la phrase « en actionnant » dans (1) est due à la grammaire française. Ce n'est pas une conséquence du fait (prétendu) qu'aucune relation n'est exprimée entre des actions dans (1), et ne constitue donc pas une preuve en faveur de la thèse de Hornsby que nulle relation n'est exprimée dans (1). Nous devons conclure que l'argument de Hornsby par l'invariabilité de l'expression « en actionnant » n'est nullement une réponse convaincante à l'objection de départ.

5. Le fait que (3) n'a pas de sens n'est pas pertinent

Le premier argument de Hornsby contre la thèse que « en » exprime une relation entre des événements était que nul ne serait prêt à dire – ou bien qu'il est dénué de sens de dire – des choses comme « Son remplissage de la citerne a été en actionnant la pompe ». Toutefois, on voit mal pourquoi cette idée devrait étayer la conclusion qu'elle désire établir. Lorsque nous affirmons qu'une phrase de la forme « Il a φ-é en ψ-ant » exprime une telle relation, nous ne nous attendons guère à ce qu'elle soit encore douée de sens – ou que quiconque puisse vouloir la prononcer – après avoir subi des modifications. Pourquoi la phrase de Hornsby :

3) Son remplissage de la citerne a été en actionnant la pompe

devrait-elle avoir un sens, si la phrase légitime :

> 1) Il a rempli la citerne en actionnant la pompe

est censée exprimer une relation entre des événements ? Hornsby n'explique nullement pourquoi il devrait en aller ainsi.

En tout cas, il me semble que l'on peut aisément créer une nouvelle phrase douée de sens, et qui pose un problème similaire pour Hornsby :

> 4) Son remplissage de la citerne a été accompli en actionnant la pompe.

Les actions y sont clairement mentionnées. Et si une relation d'*être accompli en* est ici exprimée entre elles, le problème surgit à nouveau, car cette relation n'est pas symétrique, mais son existence est garantie par la vérité de (1). Bien que (4) soit vrai dans le cas imaginé par Anscombe, la phrase dans laquelle l'ordre des désignateurs d'action est interverti est fausse, à savoir :

> 5) Sa mise en action de la pompe a été accomplie en empoisonnant les habitants.

Ce qu'Hornsby affirme au sujet de savoir si « en » exprime une relation entre des actions n'est donc pour le moins pas probant. Il ne s'ensuit pas, bien entendu, que nous puissions maintenant conclure immédiatement que « en » exprime une telle relation. Jusqu'ici, je me suis contenté de soutenir que Hornsby a fait valoir un mauvais argument en faveur d'une thèse qui pourrait en recevoir de meilleurs. Un meilleur argument en faveur de la thèse selon laquelle « en » n'exprime pas de relation entre des événements pourrait commencer par signaler, ainsi que l'a fait Judith Thomson, que l'expression « en pompant » n'est qu'une indication de la manière, des moyens ou de la méthode [1]. En cela, elle est semblable à l'expression « avec un couteau » dans la phrase « A a poignardé B

---

1. J.J. Thomson, « The Individuation of Actions », art. cit., p. 115-132.

avec un couteau ». On pourrait ensuite montrer que personne ne suppose que la préposition « avec », dans cette phrase, exprime une relation entre une action de poignarder et un ustensile. En ce cas pourquoi, aurait pu demander Hornsby, devrait-on supposer que l'expression similaire indiquant la méthode dans la phrase « Il a empoisonné en pompant », exprime, elle, une relation ? Toutefois, je ne poursuivrai pas cette piste possible, parce que je crois que même un résultat favorable sur la question de savoir si « en » exprime une relation n'offrirait aucun salut réel à la position de Hornsby. En effet, la raison principale pour laquelle les partisans de l'objection fondée sur la logique de « en » ont échoué à asseoir solidement leur point de vue est qu'ils ont commis l'erreur d'accepter l'hypothèse de Hornsby selon laquelle l'enjeu réside ici dans la question de savoir si « en » exprime une relation.

6. LE VÉRITABLE PROBLÈME DE HORNSBY

Même si nous accordons à Hornsby sa thèse, et acceptons que « en » n'exprime pas une relation entre des actions, sa version de TISA reste défectueuse. En réalité, le problème à propos de « en » ne repose pas sur le fait que ce mot exprime ou non une relation. En effet, que la phrase « Il a empoisonné les habitants en actionnant la pompe » mentionne ou non une action de mettre en marche la pompe, elle *implique* rigoureusement que l'agent a accompli une telle action ; et cela suffit à engendrer des problèmes insurmontables pour la thèse de Hornsby selon laquelle le mot « en » est « le point capital » dans la question de l'individuation des actions.

Hornsby prétend qu'une action de φ-er est identique à une action de ψ-er quand, et seulement quand, l'agent a ψ-é en φ-ant. Mais ceci engendre immédiatement une contradiction lorsque nous prenons en considération le fait que la phrase :

6) Il a empoisonné les habitants en actionnant la pompe

est vraie, tandis que la phrase :

    7) Il a actionné la pompe en empoisonnant les habitants

est fausse.

La contradiction dont est victime l'explication de Hornsby n'a rien à voir avec le fait que ces phrases expriment une relation entre des actions. Elle est simplement une conséquence du critère d'identité de Hornsby. Selon Hornsby,

    a) la mise en action de la pompe est identique à l'empoisonnement

parce que l'agent a empoisonné en actionnant la pompe. Mais ceci étant, que « en » *exprime ou non* une relation, l'*identité* est une relation symétrique. Il s'ensuit donc que :

    b) l'empoisonnement est identique à la mise en action de la pompe.

Mais selon l'explication de Hornsby,

    c) un φ-age est ψ-age* quand et seulement quand l'agent a ψ-é en φ-ant ;

par conséquent (b) est vrai quand, et seulement quand, l'agent a actionné la pompe en empoisonnant les habitants. Mais ceci, comme l'indique la fausseté de (7), est faux.

Je puis concevoir deux façons, pour Hornsby, de sortir de cette contradiction. La première serait de nier que (7) est faux. Cependant, ce recours paraît pour le moins peu prometteur. L'autre manœuvre évidente serait de modifier le critère d'identité de façon à ce qu'il affirme, non pas que l'action de φ-er et celle de ψ-er sont

---

*Contrairement à l'anglais qui dispose ici d'une forme unique, le gérondif substantivé (*replenishing*, *poisoning*, *killing*, etc.), il existe en français plusieurs formes de noms d'action : souvent créés grâce aux suffixes « -age » (comme « remplissage ») ou « -ment » (comme « empoisonnement »), ces derniers sont parfois bien différents (« meurtre », par exemple). Ceci contraint, si l'on veut désigner le fait générique de φ-er, à privilégier l'une de ces tournures nominales ; nous avons donc choisi l'expression de « φ-age ».

identiques quand et seulement quand l'agent a ψ-é en φ-ant, mais plutôt qu'elles sont identiques quand l'agent a *ou bien* ψ-é en φ-ant, *ou bien* φ-é en ψ-ant.

S'orienter vers ce genre de disjonction permettrait à Hornsby d'échapper au problème immédiat que je viens de soulever. Malheureusement, il existe d'autres raisons de penser que ce critère d'identité modifié ne conviendra pas non plus, comme le montre l'exemple suivant.

Je peux tuer deux oiseaux avec une pierre. Supposez que je le fasse littéralement, et qu'il arrive que ma pierre transperce un oiseau, le tue, avant de heurter et de tuer l'autre. Lorsque ceci arrive, les deux énoncés suivants sont tous les deux vrais :

    8) J'ai tué l'oiseau$_1$ (Oscar) en lançant une pierre
    9) J'ai tué l'oiseau$_2$ (Othon) en lançant une pierre.

Selon l'explication de Hornsby, il s'ensuit que les énoncés suivants sont également tous les deux vrais :

    10) Mon action de tuer Oscar était (identique à) mon action de lancer une pierre
    11) Mon action de tuer Othon était (identique à) mon action de lancer une pierre.

Par la transitivité de l'identité, il s'ensuit que :

    12) Mon action de tuer Oscar était (identique à) mon action de tuer Othon.

À présent, même si l'on prend l'explication revue et corrigée de Hornsby, il s'ensuit qu'au moins l'une de ces deux phrases est vraie :

    13) J'ai tué Oscar en tuant Othon
    14) J'ai tué Othon en tuant Oscar.

Mais dans cet exemple, aucune d'elle ne me semble être vraie. Je serais prêt à dire que *tuant* (*in killing*) Oscar, j'ai (aussi) tué Othon, ou *vice versa* ; mais pas *en* le tuant (*by killing him*). Je conviens que si ma pierre était déviée de son trajet de départ par son impact sur Oscar, et que sans cette déviation elle n'aurait pas du tout heurté Othon, nous pourrions être assez enclins à admettre que (14) est vraie ; de même, on peut blouser une boule de billard en la faisant rebondir contre une autre. Mais nous pouvons supposer à la place qu'Oscar, Othon et le lanceur de pierre sont positionnés sur une ligne droite et que la pierre est lancée avec une telle vélocité qu'elle passe à travers le corps d'Oscar et continue ainsi de façon à frapper Othon de sorte que si Oscar n'avait pas été en face d'Othon, la pierre aurait encore tué Othon. Je pense que dans ce cas, nous n'affirmerions pas que (14) est vrai.

7. L'ARGUMENT PAR LA DIMENSION TEMPORELLE

À l'instar des problèmes spéciaux qui chez Hornsby naissent de la thèse selon laquelle le mot « en » est le point capital dans l'individuation des actions, il existe un problème général pour les tenants de TISA ; c'est qu'elle semble soutenir des thèses contre-intuitives au sujet des moments auxquels les actions sont achevées. Cette objection est fondée sur ce qu'on a appelé l'argument par la dimension temporelle. L'exemple standard est celui dans lequel, un mardi à midi, A appuie sur la détente d'un pistolet et tire sur B. Il en résulte que B meurt, mais pas avant (par exemple) 24 heures. Nous disons que A a tué B en lui tirant dessus ; et A n'avait rien à faire de plus, après avoir tiré sur B, pour provoquer sa mort. Puisqu'il en est ainsi, TISA affirme que l'action de tuer B par A est identique à son action de tirer sur B. Chacun convient que l'action de tirer est terminée peu après que A a appuyé sur la détente. Puisque l'action de tirer, selon TISA, *est* l'action de tuer, celle-ci doit elle aussi être terminée peu après que A a appuyé sur la détente. Nous sommes ainsi conduits à la conclusion contre-intuitive que l'action de tuer B est terminée avant que B ne soit mort. Plus exactement, l'argument par la dimension temporelle soutient que, puisque l'action de tuer B ne saurait être terminée avant que B soit mort, nous devons conclure que l'action de tirer n'est pas identique à l'action de tuer, puisque l'action de tirer est terminée avant que B ne soit mort.

8. Réponses à l'argument

Une réponse à cet argument consiste à résister à l'idée qu'un meurtre ne saurait être terminé avant que la victime soit morte en affirmant simplement que tuer une personne, c'est faire quelque chose qui cause la mort de cette personne. Ceci est une thèse explicitement formulée par Davidson. Cependant c'est une thèse qui, comme l'a bien montré Ginet, est contestable[1]. Le simple fait de l'affirmer n'avance pas beaucoup la résolution du problème.

Bennett a répondu à l'argument par la dimension temporelle de façon différente[2]. Il présente deux arguments en défense de TISA. Premièrement, il soutient que le problème est résolu si l'on note que les événements peuvent acquérir des caractéristiques avec le temps. Il soutient que, bien que l'action ne soit pas un meurtre avant que B ne meure, elle *devient* un meurtre lorsque B meurt. Il propose ensuite (p. 317) des analogies afin d'étayer la thèse que les événements peuvent posséder des caractéristiques acquises :

> Il existe des exemples incontestables où des événements acquièrent des caractéristiques à retardement. Le compositeur de *Parsifal* est né en 1813 ; par conséquent, en 1813 quelqu'un a donné naissance au compositeur de *Parsifal* ; mais cet acte ne méritait pas cette description avant 1880, lorsque *Parsifal* fut composé. Nous connaissons l'événement, nous savons qu'il s'est finalement caractérisé comme la naissance du compositeur de *Parsifal*, et nous pouvons donc

1. D. Davidson, *Actions et événements*, *op. cit.*, p. 87 ; C. Ginet, *On Action*, Cambridge, Cambridge University Press, 1982, p. 60.
2. Dans « Shooting, Killing and Dying », *Canadian Journal of Philosophy* 2 (1973), p. 315-323.

correctement y faire référence à travers cette description. Cependant il ne méritait pas cette description lorsqu'il a eu lieu ; et ceci aurait pu être rendu explicite à l'époque, si le besoin s'en était fait sentir.

En second lieu, Bennett soutient que les procédures judiciaires étayent cette position. En effet, dans notre exemple où A tire sur B, si A est arrêté il sera d'abord accusé d'agression ; mais lorsque B mourra, l'accusation sera modifiée en accusation d'homicide. C'est, explique Bennett (p. 322), parce que ce qu'a fait A est devenu un homicide.

9. Première réponse à Bennett

Je ne suis toutefois pas persuadé que les exemples de Bennett portent secours à TISA. Dans l'exemple de Wagner, nous avons affaire à un événement qui a eu lieu en 1813 et qui était la naissance d'une personne devenue plus tard le compositeur de *Parsifal*. On ne peut le décrire réellement de cette façon que parce que des événements postérieurs ont pris un cours particulier – parce que cette personne a composé plus tard *Parsifal*. Mais ceci n'oblige pas à conclure que l'événement en question, la naissance, a acquis la caractéristique d'être la naissance du compositeur de *Parsifal*. Cela a toujours été le cas. Il est vrai qu'entre 1813 et 1880, nul ne pouvait décrire cet événement de cette façon. Mais ceci reflète uniquement le fait que personne, durant cette période, n'aurait pu savoir ce qui allait se passer après.

Lorsque nous disons que la naissance du compositeur de *Parsifal* a eu lieu en 1813, nous nous engageons seulement à dire que :

15) En 1813 a eu lieu la naissance d'une personne qui a composé plus tard *Parsifal*.

Selon TISA toutefois, dans l'exemple du meurtre, nous avons affaire à cette proposition :

16) Mardi à midi a eu lieu le meurtre d'une personne qui n'est morte que plus tard (mercredi).

Je maintiens que (16) pose un problème que ne pose pas (15). Les naissances de personnes que l'on peut décrire ultérieurement en fonction de leurs succès peuvent être terminées avant que n'aient lieu ces succès ultérieurs. Mais les événements du type *meurtre* ne peuvent être terminés avant que la victime soit morte.

On pourrait penser que la raison pour laquelle les analogies avancées par Bennett échouent est que l'exemple de Wagner concerne une entité persistante, une personne. Et l'on peut penser que, dans ce cas, c'est une objection que Bennett a anticipée. Il concède (p. 318) que dans certains de ses exemples, un événement acquiert une caractéristique « parce qu'il implique un objet durable (une personne, un poème) qui acquiert une caractéristique ». Mais il prétend que ce n'est pas toujours le cas, et donne l'exemple de *proférer une insulte célèbre*. Ici, dit-il (*ibid.*), ce qui devient célèbre n'est « pas l'objet (la phrase) mais plutôt une action (l'acte d'insulter, la prononciation de la phrase dans certaines circonstances) ».

Cela dit, nombre des cas que nous qualifierions naturellement de profération d'une insulte célèbre sont en réalité des cas dans lesquels ce qui devient célèbre est l'insulte elle-même – la combinaison de mots utilisée. Nous pouvons certes admettre qu'il existe aussi des cas dans lesquels c'est l'action d'insulter qui devient célèbre. Mais même ainsi, il me semble que l'exemple reste non concluant. Nous pouvons concéder que les actions puissent ultérieurement devenir célèbres; ce à quoi nous résistons, c'est l'idée qu'elles puissent tomber sous de nouveaux types d'actes déterminés en vertu d'événements ultérieurs. Lesquels ? Eh bien, ceux qui requièrent qu'un événement ultérieur soit terminé avant que l'on puisse dire à juste titre de l'occurrence du type d'acte en question qu'elle est terminée*. L'action de tuer est l'exemple classique. La véritable analogie, dans l'optique de Bennett, serait non pas une action d'insulter devenue célèbre après coup, mais une action devenue après coup une insulte bien qu'elle fût terminée avant que quiconque ne devienne insulté. Mais nous résistons à la suggestion qu'il pourrait exister un tel cas, de même que nous résistons à l'idée qu'une action puisse être un meurtre bien qu'elle soit terminée avant que quiconque ne soit mort. L'objection à l'analogie de Bennett n'est pas qu'elle introduit une entité persistante – après tout, la personne B était également une entité persistante dans l'exemple du tir au pistolet – mais que même si des événements peuvent acquérir certaines caractéristiques, ils ne peuvent pas acquérir ultérieurement la caractéristique de tomber sous certains types d'actes. Un tir au pistolet ne peut pas devenir un meurtre après coup.

Il existe une méthode de principe pour trouver les types d'actes en question : ce sont ceux que l'on décrit en utilisant des verbes transitifs. Ce n'est vraiment pas une surprise qu'il en soit ainsi. De toute manière, cela ne surprendra personne qu'il y ait, comme cela semble être le cas, un lien étroit entre la question de savoir si une action de φ-er est terminée et la question de savoir s'il est approprié d'utiliser le passé composé et de dire qu'un agent a φ-é. Ceci étant, il est clair que dans le cas des verbes transitifs, l'usage du passé composé sera inapproprié si l'objet du verbe doit encore être φ-é (passif). Ceci explique pourquoi je peux avoir fait une remarque insultante à quelqu'un, qu'il m'ait ou non entendu ; mais je ne puis l'avoir offensé sans qu'il m'ait entendu et se soit senti offensé. Et ceci explique pourquoi l'action de tirer sur B est terminée mardi (B a été touché), tandis que le meurtre ne l'est pas (B n'a pas été tué).

---

* Mackie utilise ici la distinction établie par C.S. Peirce entre *type* et *token*. Le type correspond au concept d'une chose, dont le *token* est l'occurrence : le mot « ville », par exemple, contient deux occurrences de la même lettre type.

Par conséquent, il n'est pas surprenant que ma thèse trouve un écho dans nos façons de parler. Comme l'a montré Ginet (p. 62) :

> Nous pouvons dire que le trente-cinquième président des États-Unis est né en 1917, même s'il est devenu le trente-cinquième président bien après. Mais nous ne pouvons pas dire que S a tué R hier, ou que R a été tué par S hier, si R n'est toujours pas mort aujourd'hui… Nous pouvons dire que le trente-cinquième président des États-Unis n'est devenu président qu'un certain temps après que Rose Kennedy eut donné naissance au trente-cinquième président des États-Unis. Nous ne pouvons pas dire « R n'a été offensé qu'un certain temps après que S l'eut offensé », ou « R n'est mort qu'un certain temps après que S eut tué R ».

10. Seconde réponse à Bennett

L'autre thèse de Bennett, à savoir que les procédures judiciaires étayent sa doctrine, est tout simplement fausse. Il soutient que le fait que A, dans l'exemple du tir au pistolet et du meurtre, serait d'abord accusé d'agression et d'homicide seulement plus tard, après la mort de B, étaye la position que le tir au pistolet est devenu un meurtre après coup. Mais ce n'est pas le cas. Que A soit d'abord accusé d'agression et d'homicide seulement après est entièrement compatible avec le fait que le meurtre ne soit pas encore terminé au moment où A est arrêté, et qu'il soit terminé seulement plus tard, lorsque B meurt. L'idée que la procédure judiciaire étaye TISA provient de la supposition erronée qu'il n'existe qu'une seule façon d'interpréter la procédure judiciaire, à savoir la façon dont Bennett l'interprète (p. 322) lorsqu'il prétend que l'accusation est modifiée « parce que ce qu'a fait A est devenu un homicide ». Mais nous ne donnons pas moins de sens à la procédure judiciaire si nous l'expliquons en disant que le meurtre n'a pas encore eu lieu, et n'est pas terminé, au moment de l'arrestation de A. L'interprétation de Bennett n'est pas la seule à expliquer la procédure judiciaire. Et puisque d'autres interprétations sont disponibles, il est clair que ce n'est pas la procédure judiciaire qui étayera TISA, mais seulement une thèse hautement contestable de Bennett sur la question de savoir pourquoi la procédure est telle qu'elle est. La procédure judiciaire en elle-même ne nous dit nullement quand le meurtre a eu lieu, et s'il est identique à l'acte de tirer au pistolet. En outre, même s'il s'avérait que l'interprétation de Bennett fût la seule interprétation possible de la pratique judiciaire établie, il ne s'ensuivrait pas que l'on doive conclure à l'exactitude de TISA. En effet, nous aurions également le droit de conclure que la procédure judiciaire actuelle ne représente en vérité qu'une doctrine erronée de l'individuation de l'action.

11. Saper le fondement de TISA

Nous devrions conclure de la discussion menée jusqu'ici que les réponses faites aux arguments standards contre TISA sont en réalité insuffisantes, et que les arguments peuvent être renforcés pour faire valoir une critique apparemment fondée contre TISA. Comme je l'ai suggéré au début, l'issue ne sera toutefois pas concluante si les opposants de TISA ne sapent pas non plus le fondement le plus important de TISA ; et jusqu'ici, ils ont échoué à le faire. Dans les deux dernières sections de cet article, j'essaierai par conséquent de montrer que les considérations ajoutées en faveur de TISA ne procurent pas de fondement réel à cette thèse.

La raison la plus importante d'accepter TISA est de loin la considération qui, comme nous l'avons vu dans le § 1, a été avancée en premier lieu par Anscombe. C'est l'idée que A n'a rien à faire d'autre, après avoir tiré sur B, pour le tuer. Les défenseurs de TISA croient qu'il s'ensuit que l'action de tuer doit être identique à celle de tirer.

Hornsby, elle aussi (p. 29), fait explicitement appel à cette considération :

> Ce qui m'a fait affirmer qu'il existe une identité entre l'action de pomper et celle d'empoisonner les habitants était l'idée qu'une fois la pompe actionnée, l'homme qui pompe n'a pas besoin de faire autre chose. Et c'était l'idée qu'il doit bien être en train de faire quelque chose pendant que l'une de ses actions a lieu, qui m'a fait nier que son action d'empoisonner les habitants pourrait se poursuivre plus longtemps que celle d'actionner la pompe.

Ainsi, les défenseurs de TISA croient qu'il existe un lien important entre la question de savoir si l'action d'un agent est terminée et la question de savoir si l'agent est en train de faire quelque chose. Ils sont impressionnés par l'idée qu'une action ne saurait se poursuivre sans que l'agent soit en train de faire quelque chose. Puisque l'agent n'a pas besoin de faire quoi que ce soit après avoir tiré sur B, prétendent-ils, aucune action de sa part ne saurait se poursuivre. C'est la force de cette considération que les opposants de TISA ont jusqu'ici échoué à ébranler.

Hornsby dit (*ibid.*) que si nous affirmons que l'action de tuer B se poursuit plus longtemps que l'action de lui tirer dessus, nous nous retrouvons face au dilemme suivant : *ou bien* nous devons abandonner l'idée qu'un agent doit faire quelque chose tout le temps que dure son action, *ou bien* nous devons accorder que l'agent peut être en train de faire quelque chose après qu'il a cessé d'être actif. Elle pense que chacune de ces deux positions est indéfendable ; ce qui, je crois, n'est pas le cas. Dans le reste de cette section, je montrerai qu'une fois clarifiés les différents sens dans lesquels un agent peut être dit en train de faire quelque chose, la seconde de ces options est parfaitement défendable. Nous pouvons dire qu'un agent est en train de faire quelque chose même s'il a cessé d'être actif. Et dans le § 12 je montrerai qu'une fois clarifiées les conditions sous lesquelles il est approprié de dire qu'un agent est en train de faire quelque chose, la première des options présentées par Hornsby est aussi défendable. L'action de φ-er d'un agent peut être inachevée même s'il serait erroné de dire que l'agent est en train de φ-er.

Nous pouvons commencer par attaquer l'opinion selon laquelle la considération ici discutée étaye TISA en réfléchissant tout d'abord sur le type de cas suivant.

D'ici peu j'imprimerai une épreuve de cet article. Cela prendra environ dix minutes. Je propose d'occuper ce temps en posant mes pieds sur le bureau et en buvant un verre. « Imprimer », ici, comme « tuer », est un verbe transitif. Par conséquent, je soutiens que mon action d'imprimer l'article ne sera pas terminée tant que l'article n'aura pas été imprimé. Cette action ne sera donc pas terminée avant dix minutes. Il y aura une période d'environ dix minutes pendant laquelle mon action d'imprimer mon article ne sera pas encore terminée, et pendant laquelle j'aurai mes pieds sur le bureau, ayant déjà fait tout ce qui est nécessaire pour que l'impression ait lieu. Mais pendant ces dix minutes, j'imprimerai une épreuve de cet article, même si je ne suis pas en train de faire quoi que ce soit qui importe ou qui soit essentiel au processus d'impression ; indiscutablement l'on peut dire que je suis en train d'imprimer l'épreuve, même si après avoir mis l'imprimante au travail, je pose mes pieds sur le bureau et me sers à boire. En vertu du fait que je suis en train d'imprimer mon article, on peut dire à juste titre que je suis en train de faire quelque chose : ce que je fais, c'est imprimer mon article. Mais faire quelque chose en ce sens n'implique pas nécessairement ce que les défenseurs de TISA semblent penser que cela implique. Ceci n'implique pas nécessairement que je m'engage tous azimuts dans une activité d'impression. Et, chose des plus importantes, ceci est compatible avec le fait que, pour que mon article soit imprimé, je n'ai, après avoir mis la machine en route, rien à faire de plus. Ainsi l'exemple montre comment l'on peut accepter la seconde branche du dilemme posé par Hornsby : on peut dire que les agents sont en train de faire quelque chose même après qu'ils ont cessé d'être actifs.

Cela dit il y a, j'en conviens, des exceptions. Supposez que je meure immédiatement après avoir tapé la combinaison de touches qui démarrera le processus d'impression. Il semble que dans un tel cas, nous ne dirons pas que je suis en train de faire quoi que ce soit, même pas imprimer mon article. Nous ne dirons pas d'une personne morte, semble-t-il, qu'elle est en train de faire la moindre chose. (Comme dans les cas de décès, nous ne le dirons pas non plus dans les cas de totale inconscience.) Mais il doit être bien clair que ce genre d'exception n'est d'aucun secours pour les défenseurs de TISA. Une fois que l'on a compris que l'on *peut* dire à juste titre que je suis en train d'imprimer mon article pendant la période qui suit ma mise en marche de la machine alors que je n'ai rien à faire de plus pour que mon article soit imprimé, l'idée selon laquelle après avoir tiré sur lui, A n'a rien à faire d'autre pour tuer B, n'étaye pas TISA. Après tout, ce n'est pas comme si les défenseurs de TISA voulaient affirmer qu'aussi longtemps que A survit à B, on peut dire que son action se poursuit au-delà de l'action de tirer, mais que dans le cas où A s'éteint en premier, elle était identique à l'action de tirer. Pouvoir être décrit comme étant en train de faire *quelque chose* du simple fait qu'on est vivant, même si ce que l'on fait n'a rien à voir avec le meurtre, n'est pas le point crucial. Dès lors qu'on abandonne l'idée que nous devons être en train de faire quelque chose de *pertinent* pour l'action aussi longtemps qu'elle n'est pas terminée, on se rend compte que le sens dans lequel il est vrai qu'un agent *n'a pas besoin de faire autre chose* ne nous oblige pas à accepter qu'il n'est pas en train de faire quelque chose.

12. Un dernier problème

Pour être juste, il faut dire que l'exemple de l'impression ne résout pas tout le problème. En définitive, on peut dire que je suis en train d'imprimer mon article même lorsque je ne fais rien de pertinent pour cette action ; mais à mon avis on ne peut pas dire que A, qu'il soit ou non en vie, est en train de tuer B tout au long des vingt-quatre heures précédant la mort de B. Dans mon exemple, il est approprié de dire que je suis en train d'imprimer mon article tout au long de la période de dix minutes ; mais bien que B soit en train de mourir lentement tout au long des vingt-quatre heures, nul ne suppose que A est en train de le tuer lentement.

La solution à ce problème manifeste semble requérir une identification correcte des conditions sous lesquelles il est approprié de dire qu'un agent est en train de φ-er. Dans l'exemple du tir au pistolet, nous refusons de dire que A est en train de tuer B tout au long de la période de vingt-quatre heures que prend B pour mourir ; mais dans d'autres cas il est clair que nous sommes disposés à admettre qu'une personne est lentement en train de tuer une autre. Je puis, par exemple, être en train de tuer lentement ma colocataire en lui administrant secrètement de petites doses de poison quotidiennes ou hebdomadaires. Quelle est la différence entre ces deux sortes de cas ?

Selon les défenseurs de TISA, la différence est simplement que dans l'exemple du tir au pistolet l'action de tuer est terminée, et non dans le cas d'un lent empoisonnement ; et ils prétendent que ceci explique et est expliqué par les différentes réponses que nous donnons à la question de savoir si l'agent est en train d'accomplir un meurtre.

Mais ces affirmations dépendent de l'hypothèse selon laquelle, tout le temps que son action demeure inachevée, on peut dire que A est en train d'*accomplir* cette action. Cette hypothèse entre en conflit avec ce que nous disons naturellement dans le cas du tir au pistolet : en effet, nous regimbons à dire que A est en train de tuer B. Et c'est cette hypothèse qui conduit Hornsby à penser que personne ne peut véritablement adopter la première branche du dilemme qu'elle pose – c'est-à-dire, que nul ne peut véritablement nier qu'un agent doit être en train de faire quelque chose pendant la durée de son action.

Cette hypothèse peut toutefois être défiée si l'on donne une autre explication des conditions sous lesquelles on peut dire qu'un agent est en train de faire quelque chose. Je suggère que les conditions gouvernant la justesse d'une affirmation qu'un agent est en train de φ-er ne concernent pas seulement la question de savoir si l'action est terminée. Bien entendu, si l'action *est* terminée, on ne peut pas dire que l'agent est en train de φ-er. La vérité, c'est qu'il *a* φ-é. Mais lorsqu'une action de φ-er n'est pas encore terminée, il est parfois justifié de dire qu'un agent est en train de φ-er, parfois non. Que cela soit justifié ou non ne dépend pas seulement de la question de savoir si l'action de φ-er est terminée, mais aussi de savoir si d'autres conditions sont remplies.

Je l'avoue, je ne pense pas qu'il soit facile d'établir précisément quelles sont les conditions pertinentes. Mais nous pouvons donner les suivantes. Dans le cas où je suis en train de tuer lentement ma colocataire, ce qui justifie de dire que je suis en train de la tuer lentement est clairement, semble-t-il, que j'ai la possibilité d'interrompre ou de cesser une activité répétée ou continue, et qu'une interruption ou une cessation de cette activité empêcherait le résultat nécessaire à l'achèvement de mon action. Ainsi, si j'arrêtais d'administrer du poison à ma colocataire, elle ne mourrait pas, et je ne la tuerais pas : cela autorise à dire que je suis en train de la tuer aussi longtemps que je continue de lui administrer les doses de poison. Dans le cas où A tire sur B, l'aboutissement de l'action, la mort de B, ne requiert pas une telle activité continue ou répétée. Peut-être, donc, est-ce cette différence qui sous-tend le fait qu'on ne dira pas que A est en train de tuer B tout au long des vingt-quatre heures précédant la mort de B, tandis que l'on dira que je suis en train de tuer lentement ma colocataire dans l'autre cas.

Cela dit, ce compte-rendu des conditions pertinentes ne saurait être tout à fait exact. Qu'il y ait une activité continue ou répétée ne saurait être nécessaire. On le voit bien avec mon exemple antérieur de l'impression, dans lequel, même si je n'accomplis aucune activité répétée ou continue, on peut dire à juste titre que *je suis en train d'imprimer* mon article. Mais ce peut être quelque chose de similaire qui justifie une telle déclaration. Ce qui justifie de dire que je suis en train d'imprimer l'article tout au long de la période de dix minutes peut très bien être le fait que je suis en position de contrôler le processus d'impression, de sorte qu'il dépend de moi que ce processus soit interrompu ou non.

Évidemment, je ne puis être certain que cette explication est immunisée contre les contre-exemples. Toutefois je présume qu'une telle explication, en termes de contrôle de l'agent sur la poursuite du processus dont l'achèvement est nécessaire à l'achèvement de son action, sera en mesure d'expliquer pourquoi il est légitime de dire qu'un agent est en train de φ-er dans certains cas et non dans d'autres. Le point important est qu'une telle explication sera une alternative de principe à celle que les défenseurs de TISA supposent être correcte sans argument, à savoir, qu'on doit dire qu'un agent est en train de φ-er quand, et seulement quand, l'action de φ-er n'est pas encore terminée.

Dès lors qu'on reconnaît l'existence de cette autre explication, il est clair que le problème supplémentaire soulevé par les défenseurs de TISA manque de force réelle. Le problème était censé être le suivant : si l'on nie que l'action de tuer par A est terminée mardi, nous devrons admettre, ce qui est peu plausible, que A est en train de tuer lentement B tout au long de la période de vingt-quatre heures que prend l'agonie de B. Mais ceci peut être contesté. En effet, il existe une autre explication plausible des conditions sous lesquelles il est légitime de dire qu'un agent est en train de φ-er ; et, selon cette explication, bien que le fait qu'un agent soit en train de φ-er implique que l'action n'est pas encore terminée, le fait que l'action de φ-er d'un agent ne soit pas terminée n'implique pas que l'agent est en train de φ-er.

CONCLUSION

Une fois ces points reconnus, je crois que la principale considération étayant TISA s'effondre. De plus, puisque les partisans des arguments standards contre TISA peuvent, comme je l'ai soutenu, à la fois renforcer leurs arguments et montrer que les réponses proposées par les défenseurs de la thèse sont insuffisants, nous devons conclure que les raisons de rejeter la thèse sont somme toute incontestables [1].

Traduction Ghislain LE GOUSSE

1. Je suis reconnaissant envers R. Malpas, D. Parfit, P. Snowdon, J. Mackie et les répondants anonymes de ce journal pour leurs commentaires des versions antérieures de cet article. Une version très antérieure a été lue à un séminaire à Oxford en 1994; je suis reconnaissant envers ceux qui y ont assisté pour leurs commentaires.

LA RATIONALITÉ PRATIQUE

LE RAISONNEMENT PRATIQUE

INTRODUCTION

Nos actions sont souvent justifiées, comme le sont nos croyances. Nous savons maintenant que nous avons des raisons d'agir, non moins que des raisons de croire, et de même que cette présentation des raisons de croire peut être donnée sous la forme d'un enchaînement de propositions que nous pouvons appeler un raisonnement, qui sera dit *théorique*, nos raisons d'agir peuvent se présenter sous la forme d'un enchaînement de propositions supposées orienter l'action que nous appellerons un *raisonnement pratique*. Il n'est pas nécessaire que ce raisonnement ait été effectué *avant* l'accomplissement de l'action, dans ce qu'on appelle une *délibération*. Bien souvent, nous agissons sans que notre action ait fait l'objet d'une réflexion préalable. La plupart du temps, la justification de nos actes, lorsqu'elle nous est demandée, est donnée après coup. Non pas que nous découvrions après l'action quelles étaient nos raisons d'agir : nous les connaissions déjà en agissant. Simplement nous ne les avions pas formulées explicitement. Mais il demeure que nous aurions pu les formuler avant d'agir. Une action intentionnelle est donc une action qui aurait pu être précédée d'une délibération. Il est donc vital de comprendre la nature exacte du raisonnement pratique si on veut comprendre la nature des actions humaines.

Or sur ce point, on crédite Aristote non seulement de la première enquête approfondie sur la nature du raisonnement pratique, mais de l'endossement d'une thèse majeure concernant son objet : on ne délibère pas sur les fins, toujours sur ce qui conduit à la fin (*ta pros to télos*), c'est-à-dire les moyens (*Éthique à Nicomaque*, 1111b26 ; 1112b11-12 ; 1112b34-35 ; 1113a14-15 ; 1113b3-4). Le médecin ne délibère pas sur la question de savoir s'il doit soigner ce malade, mais sa fin étant de soigner ce malade, il délibère (raisonne) pour déterminer les moyens de guérir le malade dont il a pour tâche de s'occuper. C'est d'ailleurs dans ce contexte qu'est introduite la notion de « syllogisme pratique » : le syllogisme pratique est ce raisonnement qui a pour prémisse « majeure » une proposition énonçant la fin que se propose d'atteindre l'agent : « les syllogismes pratiques (*syllogismoi ton prakton*) ont pour point de départ "puisque la fin ou ce qu'il y a de mieux, est ceci" »[1] (*Éthique à Nicomaque*, 1144a29), par exemple « puisque le mieux est de soigner ce malade ».

Dans tout raisonnement pratique, il y a donc ce qu'Aristote appelle parfois une « prémisse du bien » (qui donne la fin). Quelles sont les autres prémisses constituant le raisonnement pratique ?

---

1. Il existe une divergence notable entre traductions du passage en question (οι γαρ συλλογισμοι τῶν πρακτῶν ἀρχὴν ἔχοντές εισιν, επειδη τοιονδε το τέλος καὶ τὸ ἄριστον). Tricot et Bodéüs considèrent, comme toute la tradition, que l'expression : *syllogismoi ton prakton* forme un tout, d'où la traduction par le premier de « syllogismes de l'action » et par le second de « syllogismes qui aboutissent à des actes à exécuter ». Mais A. Kenny, dans son excellent ouvrage sur Aristote, conteste cette analyse grammaticale et considère que *ton prakton* doit être associé à *archè*. L'expression devenue fameuse de « syllogisme pratique » serait donc le produit d'une mauvaise lecture syntaxique du passage. La traduction exacte serait : « Ces syllogismes qui contiennent le point de départ des actes à faire prennent la forme : "puisque le fin, ou ce qu'il y a de mieux à faire, est ceci" ». Voir A. Kenny, *Aristotle's Theory of the Will*, Londres, Duckworth, 1979, p. 111).

Aristote parle de « prémisse du possible » [1] : le raisonnement pratique n'atteint sa fin en effet que lorsqu'il détermine une action qui est au *pouvoir* de l'agent de faire ici et maintenant. Dans tout raisonnement pratique, après chaque jugement disant qu'un certain état de chose est bon, (« que ce patient recouvre la santé est une bonne chose), l'agent doit se demander : est-ce que je peux ici et maintenant faire advenir cet état de chose ? Si la réponse est non, il doit continuer à délibérer pour trouver un moyen qui lui permettrait de produire cet état de chose. Si la réponse est oui, nous disposons de la prémisse du possible et l'agent se met à agir. Tout raisonnement pratique commence par une prémisse du bien et se termine par une prémisse du possible. Par exemple :

> Prémisse du bien : la guérison de ce patient est une bonne chose ;
> Prémisse du possible : je peux lui donner un antibiotique.

Mais il faut des prémisses transitoires pour passer d'une prémisse du bien à une prémisse du possible : qu'il soit guéri est une bonne chose (prémisse du bien initiale) ; si je lui donne un antibiotique, il guérira (prémisse transitoire) ; lui donner un antibiotique est une bonne chose (prémisse du bien) ; je peux lui donner un antibiotique (prémisse du possible) : conclusion : je lui donne un antibiotique. On trouvera dans le texte de G. H. von Wright, philosophe finlandais, une analyse fine des diverses formes que peuvent prendre ces raisonnements pratiques.

Il a pu paraître que l'analyse aristotélicienne réduisait indûment la portée de la raison pratique en lui attribuant la seule tâche de choisir les moyens en vue d'une fin. On est dès lors tenté d'opposer à cette raison purement *instrumentale* un autre usage de la raison

---

1. Aristote, *Du mouvement des animaux*, trad. fr. P. Louis, Paris, Les Belles Lettres, 1973, 701a25.

qui ne le serait pas. Ainsi, Kant[1] oppose les impératifs hypothétiques qui résument la forme que prennent les raisonnements pratiques instrumentaux ou « techniques », qui sont conditionnels (« Si tu veux soigner, alors donne (ou : tu dois donner) de la pénicilline ») et les impératifs catégoriques dont la conclusion doit proposer l'accomplissement d'une action qui n'est pas conditionnée par l'existence d'une fin préalable et est donc en ce sens inconditionnée (« Tu ne dois pas mentir »). La même conclusion pourrait être celle d'un raisonnement technique, si l'action exigée comme devant être faite est arc-boutée à la poursuite d'une fin préalablement donnée (qu'elle soit effectivement poursuivie par tous les hommes, comme le bonheur pour Kant, les impératifs hypothétiques étant dits alors des impératifs de la prudence, ou que la fin soit particulière à l'agent) : je ne dois pas mentir, *pour m'éviter une mauvaise réputation*; ou si elle est la conclusion d'un raisonnement qui ne mentionne pas dans ses prémisses une fin à satisfaire. Mais quelles doivent être ses prémisses ? Il est naturel, et il l'a paru tel à Kant, d'y voir la formulation d'une *loi* : je ne dois pas mentir, *parce que la loi me l'ordonne*, ou parce que la *loi dit qu'il ne faut pas mentir*. On arrive ainsi facilement à l'idée qu'il y aurait deux types de raisonnement pratique : le raisonnement instrumental qui est de nature fondamentalement téléologique (visant une fin) et le raisonnement que l'on pourrait appeler *légaliste* ou *normatif* qui déduit ce que l'on doit faire à partir d'une norme générale. Un raisonnement pratique doit nécessiter sa conclusion et il doit montrer en quoi, de façon intrinsèque, une action *doit* être accomplie. Ainsi, une première prémisse énoncera la loi (« Tous les hommes riches doivent subvenir aux besoins des pauvres »); une seconde prémisse décrira la situation particulière dans laquelle se trouve l'agent (« Je suis riche et cet homme est pauvre »). La conclusion énonce que

---

1. Kant, *Fondements de la métaphysique des mœurs*, AK IV, p. 13-41; trad. fr. V. Delbos, Paris, Vrin, 2004, p. 116-120.

l'homme doit appliquer la loi au cas particulier («Donc, je dois subvenir aux besoins de cet homme»). Cette conception du raisonnement pratique vise à montrer que la conclusion pratique décrit ce que doit faire l'agent et *se déduit* logiquement des prémisses. Ces points peuvent paraître contestables.

1) Un raisonnement pratique n'est pas un raisonnement qui porte sur quelque chose de pratique, donc un raisonnement dont la conclusion porte sur une action. C'est un raisonnement qui sert à orienter l'action, donc un raisonnement dont la vocation est de *déboucher* sur l'action. Après Aristote, Anscombe, Davidson et Descombes ont tous trois entériné ce point : la conclusion du raisonnement pratique, c'est l'action et non une proposition portant sur ce que l'on doit faire. Si sa conclusion était seulement que l'agent doit agir ainsi, alors il resterait encore à se demander comment faire ce que l'on doit faire («je dois rembourser ma dette, certes; mais comment?»; c'est là que commence le problème proprement pratique).

2) La logique de l'inférence pratique n'est pas la même que celle de l'inférence théorique. Deux conclusions pratiques incompatibles peuvent être obtenues à partir des mêmes prémisses. Cela suppose que les critères que l'on applique dans le raisonnement pratique ne sont pas *déterminants* : ils laissent précisément une place aux choix. Par exemple : je dois être à Bordeaux demain. Si je prends le train de 10 heures, je serai à Bordeaux demain. Donc je dois prendre le train de 10 heures. Du point de vue théorique, cette inférence est illégitime. Pourquoi le train de 10 heures et non celui de 9 heures qui va aussi à Bordeaux. Théoriquement, on peut seulement déduire : si je veux être à Bordeaux demain, et si c'est un *fait* que le train de 10 heures va à Bordeaux, alors c'est un *fait* que si je prends ce train, je serai à Bordeaux demain. Mais il ne s'ensuit pas du tout que je *doive* prendre le train de 10 heures (point de vue pratique), c'est-à-dire qu'il est *bon* que je prenne le train de 10 heures. Il ne serait pas moins juste d'affirmer qu'il serait bon que je prenne le train de 9 heures. Or s'il était vrai que je doive prendre

le train de 10 heures, il serait faux qu'il est bon de prendre le train de 9 heures. Dans l'ordre pratique si je fais bien en agissant d'une certaine façon, il ne s'ensuit pas que je ferais mal si j'agissais d'une autre façon. Il n'est pas garanti qu'il y ait une seule et bonne solution. La plupart du temps ce n'est pas le cas. Dire que *par principe* il doit y avoir une meilleure solution et une solution qui soit unique, c'est vouloir réduire la raison pratique à la raison théorique.

On peut présenter les choses autrement : dans le cas théorique, il peut arriver, après avoir raisonné, qu'on parvienne à deux propositions incompatibles. Nous pouvons avoir de bonnes raisons de croire que Paul est à Lisbonne et de bonnes raisons de croire que Paul est à Rome. Conséquence : nous ne savons pas où est Paul. Ces raisons ne nous permettent pas de trancher d'un point de vue théorique. Nous sommes laissés dans l'indétermination. Et nous ne pourrons pas en sortir, sauf si on trouve d'autres raisons qui fassent pencher la balance en faveur de l'une ou l'autre hypothèse.

Dans l'ordre pratique en revanche, je peux avoir de bonnes raisons d'aller à Lisbonne et de bonnes raisons d'aller à Rome. Je ne peux aller en même temps à Lisbonne et à Rome. Mais cela ne veut pas dire que je sois pour autant dans une situation d'indécision pratique. Si je décide finalement d'aller à Lisbonne, mon action ne sera pas pour autant irrationnelle, alors que j'avais la possibilité d'aller à Rome. En d'autres termes, le raisonnement suivant est parfaitement valide : « Pour agir au mieux maintenant, je peux aller à Lisbonne et je peux aller à Rome. Donc je vais à Lisbonne ». Il serait pour le moins étrange de s'entendre dire : « Incroyable : tu es allé à Lisbonne, alors que tu avais la possibilité soit d'aller à Lisbonne, soit d'aller à Rome. Quel grand fou (irrationnel) tu fais ! ». Ou encore : « Puisque tu avais autant de raisons d'aller à Lisbonne que d'aller à Rome tu aurais dû décider de n'aller ni à Rome ni à Lisbonne ». Quelle que soit celle des deux possibilités retenues, j'agirai bien si j'agis en choisissant l'une d'entre elles. Comparez avec l'exécution de l'ordre ou de l'intention de cueillir *une* fleur : devant la multiplicité des fleurs qui se présentent à vous, il serait absurde d'arguer ainsi : « L'ordre (ou l'intention) ne peut être exécuté(e) parce qu'il n'y a aucune raison de choisir cette fleur-ci plutôt que celle-là. Votre ordre n'est pas assez précis ; vous auriez dû me dire si c'était *cette* fleur-*ci* ou *cette* fleur-*là* que vous désiriez. Tant que vous n'avez pas précisé, j'agirais de façon irrationnelle si je choisissais celle-ci plutôt que celle-là ». Ce n'est pas celui qui ramènerait une fleur (n'importe laquelle), mais bien celui qui n'en rapporterait aucune sous prétexte de la présence d'une part d'indé-termination dans l'ordre ou dans l'intention qui serait irrationnel. C'est au fond ce point qu'Anthony Kenny met en avant dans le texte offert ici en présentant sa logique de la « satisfaisance ». Il montre de façon ingénieuse comment les principes formels du raisonne-ment pratique doivent être les converses des principes des raison-nements théoriques : ainsi dans le domaine théorique, on a, à côté d'autres, le principe selon lequel s'il est vrai que p, alors il est vrai que p ou q. Dans le raisonnement pratique, on aura : s'il faut que p ou q, alors il faut que p (s'il faut aller à Rome ou à Lisbonne, il faut aller à Rome), tout comme s'il faut que p ou q, alors il faut que q (s'il faut aller à Rome ou à Lisbonne, il faut aller à Lisbonne).

3) Peter Geach, s'appuyant sur les travaux d'Anthony Kenny, a mis en relief une propriété qui le distingue très clairement du raisonnement théorique, par exemple d'une démonstration. Si on s'avise de contester une telle démonstration, on a deux façons de le faire. 1) On peut mettre en cause la vérité d'une de ses prémisses. 2) On peut montrer que la conséquence ne se tire pas des prémisses, même si celles-ci sont vraies, c'est-à-dire que le raisonnement n'est pas valide. Prenons l'exemple d'un raisonnement valide : « Si Lisbonne est en fête, Jean s'y trouve ; or Lisbonne est en fête ; donc Jean s'y trouve ». S'il s'avère que Jean ne se trouve pas à Lisbonne, c'est qu'une des prémisses est fausse, soit que Lisbonne n'est pas en fête, soit qu'il est faux que si Lisbonne est en fête, Jean s'y trouve. En revanche, dans le raisonnement pratique, à ces deux façons de contester l'argument, s'y ajoute une troisième : il suffit de rajouter une nouvelle prémisse pour invalider le raisonnement. Si

ma fin est d'aller à Lisbonne et si prendre ce train permet d'aller à Lisbonne, on tirera la conclusion qu'il faut prendre ce train. Mais si j'ai *une autre fin*, qui est par exemple de m'occuper de mon frère malade, il se peut que prendre ce train ne soit pas la bonne chose à faire, bien qu'il demeure vrai que je veuille aussi aller à Lisbonne et que ce train y conduise. Pour qualifier cette sensibilité du raisonnement pratique à l'invalidation par ajout de prémisse, Peter Geach, empruntant au vocabulaire juridique, parle de « défaisabilité » [1] : on peut toujours défaire un raisonnement valide, s'il était pratique, en mentionnant un objectif qui aurait dû être pris en compte par l'acteur. Un raisonnement théorique ne peut être ainsi invalidé : si les prémisses sont vraies, et si la conclusion suit des prémisses (et est donc vraie), l'ajout d'une proposition fausse à l'ensemble des prémisses n'interdit pas que du nouvel ensemble de prémisses la conclusion suive. Du fait qu'il fait beau à Lisbonne, que Lisbonne est en fête et que si Lisbonne est en fête, Jean s'y trouve, il suit toujours que Jean s'y trouve, même si en fait il pleut à Lisbonne. On notera que cela nous permet en outre de comprendre qu'un acteur puisse être en proie à un conflit tragique, là où il a à poursuivre la réalisation de deux fins incompatibles entre lesquelles aucune hiérarchie ne peut être établie. Ici, les fins sont certes contradictoires, mais l'acteur n'est pas pour autant irrationnel s'il ne parvient pas à les satisfaire toutes. En revanche, dans la conception normativiste/légaliste du raisonnement pratique, deux raisonnements qui mènent à des propositions contradictoires impliquent nécessairement que l'un d'entre eux est fallacieux et que celui qui s'y engage fait preuve d'irrationalité. C'est pourquoi, de Kant à Kelsen, on considère comme admis qu'il ne peut pas y avoir de conflit entre les fins (pas de conflits de devoirs, dit Kant).

---

1. Un logicien parlerait aujourd'hui du caractère *non monotone* du raisonnement pratique.

4) Cette défaisabilité du raisonnement pratique est le signe que la conception purement instrumentale du raisonnement pratique pourrait se révéler non moins insuffisante que la conception normativiste, du moins pour ceux qui ne sont convaincus par aucune de ces deux conceptions. Elle implique qu'il y aurait une forme d'irrationalité pratique à se donner un objectif et à être dans l'incapacité de l'abandonner quand la nécessité s'en fait ressentir. On agit toujours *toutes choses bien considérées*. Ce point est de nature fondamentalement aristotélicienne, ce qui interdit de considérer Aristote comme un précurseur de la conception instrumentaliste de la rationalité[1]. La décision qui sert de conclusion à la délibération pratique est une sorte de *prescription* : c'est un jugement toutes choses bien considérées sur ce qu'il faut faire ici et maintenant. Ce jugement est immédiatement pratique : une fois formé, il doit logiquement déboucher sur l'action. Or le point important est que, en cela, il s'oppose *essentiellement* aux *prescriptions dues à l'art* (à l'expertise de l'expert), qui sont fondées sur des considérations appartenant à un domaine particulier et qui, comme telles, ne peuvent déboucher immédiatement sur une action. Par exemple, il y a des prescriptions qui sont obtenues à partir d'un point de vue uniquement médical : il faut lui donner tel médicament (une « prescription » médicale). Mais cette prescription n'a une valeur pratique (devant déboucher sur l'action) que conditionnelle. Il peut être vrai que le patient a besoin d'être soigné, que sa santé est quelque chose de désirable et qu'il faudrait lui donner tel médicament. Mais la science médicale ne peut juger si la prescription médicale est en fait la meilleure chose à faire dans les circonstances données, c'est-à-dire doit déboucher *ici et maintenant* sur l'action, la meilleure au regard de chacune des considérations que l'agent doit prendre en compte dans la situation : bonne du point de vue de

1. Voir Aristote, *Éthique à Nicomaque*, trad. fr. J. Tricot, Paris, Vrin, 1987, Livre 6, chap. 2, 1139 b.

la famille, du caractère limité des ressources médicales, des engagements que le médecin aurait déjà pris, etc., c'est-à-dire bonne toutes choses dûment considérées. Par conséquent, même si en fait la prescription médicale est effectivement suivie d'action, la décision de la mettre en œuvre ne relève pas de la science médicale, n'est justement pas un verdict médical. C'est un verdict non pas technique (relevant d'un art), mais proprement pratique (relevant de la meilleure chose à faire *pour un homme*). C'est cette capacité intellectuelle à délivrer de tels verdicts qu'Aristote appelle dans le texte présenté ici « prudence ».

ÉTHIQUE À NICOMAQUE *

Nous délibérons non pas sur les fins elles-mêmes, mais sur les moyens d'atteindre les fins. Un médecin ne se demande pas s'il doit guérir son malade, ni un orateur s'il entraînera la persuasion, ni un politique s'il établira de bonnes lois, et dans les autres domaines on ne délibère jamais non plus sur la fin à atteindre. Mais, une fois qu'on a posé la fin, on examine comment et par quels moyens elle se réalisera et s'il apparaît qu'elle peut être produite par plusieurs moyens, on cherche lequel entraînera la réalisation la plus facile et la meilleure. Si au contraire la fin ne s'accomplit que par un seul moyen, on considère comment par ce moyen elle sera réalisée, et ce moyen à son tour par quel moyen il peut l'être lui-même, jusqu'à ce qu'on arrive à la cause immédiate, laquelle, dans l'ordre de la découverte, est dernière. En effet quand on délibère on semble procéder, dans la recherche et l'analyse dont nous venons de décrire la marche comme dans la construction d'une figure (s'il est manifeste que toute recherche n'est pas une délibération, par exemple l'investigation en mathématiques, par contre toute délibération est une recherche), et ce qui vient dernier dans l'analyse est premier dans l'ordre de la génération. Si on se heurte à une impossibilité, on

---

* *Éthique à Nicomaque*, III, chap. 5, VI, chap. 2 et VI, chap. 5, trad. fr. J. Tricot, Paris, Vrin, 1987.

abandonne la recherche, par exemple s'il nous faut de l'argent et qu'on ne puisse pas s'en procurer ; si au contraire une chose apparaît possible, on essaie d'agir.

Sont possibles les choses qui peuvent être réalisées par nous, <et cela au sens large>, car celles qui se réalisent par nos amis sont en un sens réalisées par nous, puisque le principe de leur action est en nous.

L'objet de nos recherches, c'est tantôt l'instrument lui-même, tantôt son utilisation. Il en est de même dans les autres domaines : c'est tantôt l'instrument, tantôt la façon de s'en servir, autrement dit par quel moyens.

Il apparaît ainsi, comme nous l'avons dit, que l'homme est principe de ses actions et que la délibération porte sur les choses qui sont réalisables par l'agent lui-même ; et nos actions tendent à d'autres fins qu'elles-mêmes. En effet, la fin ne saurait être un objet de délibération, mais seulement les moyens en vue de la fin. Mais il faut exclure aussi les choses particulières, par exemple si ceci est du pain, ou si ce pain a été cuit comme il faut, car ce sont là matières sensation. Et si on devait toujours délibérer, on irait à l'infini. […]

Or il y a dans l'âme trois facteurs prédominants qui déterminent l'action et la vérité : sensation, intellect et désir. De ces facteurs, la sensation n'est principe d'aucune action, comme on peut le voir par l'exemple des bêtes, qui possèdent bien la sensation mais n'ont pas l'action en partage. Et ce que l'affirmation et la négation sont dans la pensée, la recherche et l'aversion le sont dans l'ordre du désir ; par conséquent, puisque la vertu morale est une disposition capable de choix, et que le choix est un désir délibératif, il faut par là même qu'à la fois la règle soit vraie et le désir droit, si le choix est bon, et qu'il y ait identité entre ce que la règle affirme et ce que le désir poursuit. Cette pensée et cette vérité dont nous parlons ici sont de l'ordre pratique ; quant à la pensée contemplative, qui n'est ni pratique, ni poétique, son bon et son mauvais état consiste dans le vrai et le faux auxquels son activité aboutit, puisque c'est là l'œuvre de toute partie intellective, tandis que pour la partie de l'intellect pratique, son bon état consiste dans la vérité correspondant au désir, au désir correct.

Le principe de l'action morale est ainsi le libre choix *(principe étant ici le point d'origine du mouvement et non la fin où il tend)*, et celui du choix est le désir et la règle dirigée vers quelque fin. C'est pourquoi le choix ne peut exister ni sans intellect et pensée, ni sans une disposition morale, la bonne conduite et son contraire dans le domaine de l'action n'existant pas sans pensée et sans caractère. La pensée par elle-même cependant n'imprime aucun mouvement, mais seulement la pensée dirigée vers une fin et d'ordre pratique. Cette dernière sorte de pensée commande également l'intellect poétique, puisque dans la production l'artiste agit toujours en vue d'une fin ; la production n'est pas une fin au sens absolu, mais est quelque chose de relatif et production d'une chose déterminée. Au contraire, dans l'action, ce qu'on fait <est une fin au sens absolu>, car la vie vertueuse est une fin, et le désir a cette fin pour objet.

Aussi peut-on dire indifféremment que le choix préférentiel est un intellect désirant ou un désir raisonnant, et le principe qui est de cette sorte est un homme. […]

Une façon dont nous pourrions appréhender la nature de la prudence, c'est de considérer quelles sont les personnes que nous appelons prudentes. De l'avis général, le propre d'un homme prudent, c'est d'être capable de délibérer correctement sur ce qui est bon et avantageux pour lui-même, non pas sur un point partiel (comme par exemple quelles sortes de choses sont favorables à la santé ou à la vigueur du corps), mais d'une façon générale, quelles sortes de choses par exemple conduisent à la vie heureuse. Une preuve, c'est que nous appelons aussi prudents ceux qui le sont en un domaine déterminé, quand ils calculent avec justesse en vue d'atteindre une fin particulière digne de prix, dans des espèces où il n'est pas question d'art ; il en résulte que, en un sens général aussi, sera un homme prudent celui qui est capable de délibération.

Mais on ne délibère jamais sur les choses qui ne peuvent pas être autrement qu'elles ne sont, ni sur celles qu'il nous est impossible d'accomplir ; par conséquent s'il est vrai qu'une science s'accompagne de démonstration, mais que les choses dont les principes peuvent être autres qu'ils ne sont n'admettent pas de démonstration (car toutes sont également susceptibles d'être autrement qu'elles ne sont), et s'il n'est pas possible de délibérer sur les choses qui existent nécessairement, la prudence ne saurait être ni une science, ni un art : une science, parce que l'objet de l'action peut être autrement qu'il n'est ; un art, parce que le genre de l'action est autre que celui de la production. Reste donc que la prudence est une disposition, accompagnée de règle vraie, capable d'agir dans la sphère de ce qui est bon ou mauvais pour un être humain. Tandis que la production, en effet, a une fin autre qu'elle-même, il n'en saurait être ainsi pour l'action, la bonne pratique étant elle-même sa propre fin. C'est pourquoi nous estimons que Périclès et les gens comme lui sont des hommes prudents en ce qu'ils possèdent la faculté d'apercevoir ce qui est bon pour eux-mêmes et ce qui est bon pour l'homme en général, et tels sont aussi, pensons-nous, les personnes qui s'entendent à l'administration d'une maison ou d'une cité. [...] En outre, dans l'art on peut parler d'excellence, mais non dans la prudence. Et, dans le domaine de l'art, l'homme qui se trompe volontairement est préférable à celui qui se trompe involontairement, tandis que dans le domaine de la prudence c'est l'inverse qui a lieu, tout comme dans le domaine des vertus également. On voit donc que la prudence est une excellence et non un art.

Georg Henrik von Wright

L'INFÉRENCE PRATIQUE[*]

I

Dans cet article, je vais traiter d'un type d'argument logique que je propose d'appeler « inférence pratique ».

Aristote a distingué les syllogismes en théoriques et pratiques. Son traitement des seconds est très limité et très peu systématique. Les exemples, dont il donne des ébauches sans les élaborer en détail, forment un ensemble touffu plutôt hétérogène. Néanmoins, certaines de ses remarques sur les syllogismes pratiques sont d'un grand intérêt. Elles montrent qu'Aristote était conscient du caractère particulier d'un type de raisonnement que les logiciens après lui ont tendu à ignorer ou à représenter faussement.

Aristote est au plus près d'un exemple complet de syllogisme pratique au troisième chapitre du septième livre de l'*Éthique à Nicomaque*. Les deux prémisses sont « Toutes les choses sucrées doivent être goûtées » et « cette chose est sucrée ». Alors, au lieu de poser la conclusion dans des mots – « cette chose doit être goûtée » – Aristote continue en disant que vous êtes tenu, si vous en êtes capable et n'êtes pas empêché, de goûter la chose immédiatement. Le syllogisme pratique conduit ainsi à, ou se termine dans, l'action.

[*] G.H. von Wright, « Practical Inference », *The Philosophical Review* 72 (1963).

« Quand les deux prémisses sont combinées, tout comme l'esprit est contraint dans le raisonnement théorique à affirmer la conclusion qui en résulte, vous êtes forcé, dans le cas de prémisses pratiques, de la *faire* aussitôt », dit-il. Et à un autre endroit, Aristote appelle la conclusion du syllogisme pratique une *action*.

Aristote semble penser, dans tous ces cas, à l'inférence pratique en termes de subsomption d'un acte individuel sous une règle générale d'action, par l'intermédiaire d'une prémisse établissant un fait. Je ne traiterai pas directement, dans cet article, de ce type d'inférence.

Le type d'argument que je vais étudier en premier lieu concerne les moyens (nécessaires) en vue d'une fin. Bien que les notions de moyens et de fin soient capitaux dans l'éthique d'Aristote, il ne semble pas avoir eu ce type d'argument à l'esprit quand il a parlé du syllogisme pratique. Pourtant la particularité principale, selon moi, des syllogismes pratiques d'Aristote – à savoir leur relation à l'*action* – est également une caractéristique de l'inférence pratique du type étudié ici. C'est ce trait commun qui nous justifie à qualifier les deux types d'arguments de « pratiques », et à les opposer à divers types de raisonnement « théorique ».

II

Considérez l'inférence suivante :

(1)   Quelqu'un veut rendre la cabane habitable
        À moins que la cabane soit chauffée, elle ne sera pas habitable
        Donc, la cabane doit être chauffée.

La première prémisse est l'énoncé d'un désir (*want*). La chose désirée est que la cabane soit habitable. C'est ce que j'appellerai une *fin*. La fin, qui plus est, est la fin d'une *action*. Cela signifie que nous voulons atteindre la fin comme résultat ou conséquence de quelque chose que nous faisons. Que la fin ait ce caractère est indiqué dans notre exemple par l'usage de l'expression « quelqu'un veut rendre ».

La seconde prémisse repose sur une relation causale, pourrait-on dire. C'est une relation entre la température et le caractère habitable (d'une cabane). Qu'il doive y avoir une telle relation est un fait causal relatif aux conditions de vie des hommes. Il est essentiel à l'inférence citée que la température ne s'élève pas *d'elle-même*, c'est-à-dire indépendamment d'une interférence humaine avec *le cours de la nature*. Quelque chose doit être fait pour faire s'élever la température. «Chauffer» est un terme qui signifie qu'on élève (activement) la température. Une élévation de la température peut servir (favoriser, avancer) les fins d'une personne, comme un vent favorable peut avancer les fins d'un navigateur. Mais nous ne disons pas, d'ordinaire, que c'est un *moyen* en vue d'une fin. Élever la température, cependant – c'est-à-dire, produire une élévation par une action – peut être proprement appelé un moyen en vue d'une fin. L'action mentionnée dans la seconde prémisse est donc un moyen en vue de la fin mentionnée dans la première prémisse.

Je dirai de la conclusion qu'elle exprime une *nécessité pratique*, à savoir la nécessité pratique d'utiliser les moyens mentionnés dans la seconde prémisse pour atteindre la fin mentionnée dans la première prémisse. J'utilise de manière délibérée le mot « doit » (*must*) dans la conclusion et non « il faut » (*ought*) (Au lieu de *must* on pourrait aussi dire *has to*). L'usage ordinaire ne fait pas une distinction tranchée entre les sens de *doit* et de *il faut*. Mais on pourrait dire qu'il vise des distinctions que le logicien a raison d'observer. *Doit* est en un sens plus fort que *il faut*. Dire « Il faut que je fasse ceci, mais je ne le ferai pas » peut avoir un sens. Dire « Je dois le faire, mais je ne le ferai pas », résonne comme une contradiction.

L'inférence (1) peut être considérée comme un cas de la structure d'inférence générale :

(2)   On désire atteindre x
       À moins que y ne soit fait, x ne sera pas atteint
       Donc, y doit être fait.

J'appellerai inférence pratique primaire une inférence de cette forme. Il y a un grand nombre de structures semblables, que j'appellerai également primaires ; voyez les inférences (8), (11) et (24), plus bas. Je ne tenterai pas ici de faire une description et une étude systématique de toutes ces structures.

Une inférence de la forme précédente est-elle *logiquement concluante* ?

Je pense que de nombreux logiciens et philosophes répondraient négativement à cette question. Certains d'entre eux donneraient peut-être l'argument suivant en faveur de cette position : les deux prémisses de l'inférence sont *descriptives*. Elles établissent ce qui est le cas. La conclusion, en revanche, est *normative*, ou *prescriptive*. Et, dit-on, on ne peut tirer une conclusion normative de prémisses (seulement) factuelles.

L'aspect normatif de la conclusion est encore plus frappant si l'on utilise *il faut* au lieu de *doit*. C'est une idée largement acceptée que l'on ne peut pas déduire un *il faut* d'un *est*. Je ne nie pas qu'il y ait une importante vérité cachée dans cette idée. Mais je voudrais récuser l'idée qu'elle constitue un contre-argument au caractère logiquement concluant de la structure d'inférence que nous sommes en train d'étudier.

III

Nous avons formulé, de manière impersonnelle, la structure d'inférence que nous discutons, en utilisant des expressions comme « on désire atteindre », et « doit être fait ». Une fin, cependant, est nécessairement la fin de quelqu'un. Et un acte est nécessairement fait par un agent ou des agents.

La formulation impersonnelle de l'inférence peut couvrir un certain nombre de formulations personnelles. J'en distinguerai deux, auxquelles je ferai référence comme les structures d'inférence à la *troisième personne* et à la *première personne*.

Un exemple d'inférence à la troisième personne serait :

(3) *A* veut rendre la cabane habitable
    À moins que *A* ne chauffe la cabane, elle ne deviendra pas habitable
    Donc *A* doit chauffer la cabane.

Ici, *A* est mis pour le nom d'un agent (une personne). L'inférence correspondante à la première personne serait :

(4) Je veux rendre la cabane habitable
    À moins que je ne chauffe la cabane, elle ne deviendra pas habitable
    Donc, je dois chauffer la cabane.

La question peut être posée de savoir si la personne qui figure dans les prémisses et la conclusion doit être la même tout au long de l'argument. Considérez la structure suivante :

> *A* veut rendre la cabane (faire en sorte que la cabane soit) habitable
> À moins que *B* ne chauffe la cabane, elle ne deviendra pas habitable
> Donc *B* doit chauffer la cabane.

Cet argument, évidemment, n'est pas logiquement concluant. Mais que dirons-nous de celui-ci ?

> *A* veut rendre la cabane habitable
> À moins que *B* ne chauffe la cabane, elle ne deviendra pas habitable
> Donc *A* doit faire que *B* chauffe la cabane.

Ce dernier est analogue à l'inférence suivante :

> *A* veut rendre la cabane habitable
> À moins que la température ne s'élève, la cabane ne deviendra pas habitable
> Donc, *A* doit faire que la température s'élève.

Supposons que la température s'élève *d'elle-même*, c'est-à-dire indépendamment de tout ce que fait *A*. Alors il n'était pas nécessaire pour *A* de *faire* que la température s'élève. De la même manière, il peut arriver que *B* chauffe la cabane *de sa propre initiative*, c'est-à-dire indépendamment de tout ce qu'entreprend *A*. Alors, il n'était pas nécessaire pour *A* de *faire* que *B* chauffe la cabane (ou de vérifier que *B* chauffe la cabane). Nous ne nous arrêterons pas ici pour discuter la question de savoir si on peut dire à juste titre qu'une personne a atteint la fin de son action si la chose voulue se réalise indépendamment de tout ce qu'elle fait. Mais nous pouvons noter que l'inférence qui conclut que *A* doit faire que *B* chauffe la cabane n'est pas valide dans la forme que nous lui avons donnée. Elle devient valide si nous l'amendons comme suit :

(5)   *A* veut rendre la cabane habitable
       À moins que *A* ne fasse que *B* chauffe la cabane, elle ne deviendra pas habitable
       Donc *A* doit faire que *B* chauffe la cabane.

La réponse à notre question sur l'identité des personnes est que l'agent qui poursuit une fin et l'agent à qui incombe la nécessité pratique doivent être le même agent. Mais, du point de vue du cas que nous sommes en train de discuter, il est tout à fait possible qu'une autre personne que celle dont la fin et la nécessité pratique d'agir sont concernées soit *impliquée* (*involved*) dans l'inférence. Nous allons revenir à la discussion de cas de ce genre. Mais d'abord nous devons trancher la question posée à la fin de la section II, celle du caractère logiquement concluant des inférences pratiques primaires.

IV

Il y a, concernant la seconde prémisse, une importante différence à noter entre l'inférence à la troisième personne et l'inférence à la première personne. Cette différence est pertinente pour le problème du caractère logiquement concluant de l'inférence.

A peut ignorer la relation causale entre sa fin et plusieurs moyens nécessaires à sa réalisation. *A* veut rendre la cabane habitable. C'est un fait que la cabane ne sera habitable que si *A* la chauffe. Pourtant, *A* n'en est pas conscient. Peut-être pense-t-il qu'il peut rendre la cabane habitable par d'autres moyens, par exemple en réparant une vitre cassée.

Il semble évident que l'inférence est néanmoins valide *à son sujet* (au sujet de son cas). Sa validité est indépendante de la connaissance ou de la croyance de *A* sur quoi que ce soit qui se rapporte à la relation causale. Sa validité est donc indépendante de la reconnaissance, par *A* lui-même, de la nécessité pratique pour lui d'agir d'une certaine manière.

Mais est-ce vrai? Est-il vrai que, *si A* veut rendre la cabane habitable, et que, *si* la cabane ne sera habitable que s'il la chauffe, *alors A doit chauffer la cabane* – même s'il n'est pas conscient de sa nécessité?

La réponse dépend de notre interprétation de «doit». Si nous comprenons l'expression «*A* doit chauffer la cabane» comme signifiant la même chose que «à moins que *A* ne chauffe la cabane, il ne parviendra pas à atteindre la fin de son action», ou comme signifiant la même chose que «il y a quelque chose que *A* veut mais qu'il n'obtiendra pas, à moins qu'il ne chauffe la cabane», alors la réponse est affirmative. Car l'argument suivant est indéniablement logiquement concluant:

(6) *A* veut rendre la cabane habitable
   À moins que *A* ne chauffe la cabane, elle ne sera pas habitable
   Donc il y a quelque chose que *A* veut mais n'obtiendra pas, à moins qu'il ne chauffe la cabane.

Ou, pour le formuler en termes plus généraux, cet argument est logiquement concluant:

(7) *A* veut atteindre *x*
   À moins que *A* ne fasse *y*, il n'atteindra pas *x*
   Donc, il y a quelque chose que *A* veut mais n'atteindra pas, à moins qu'il ne fasse *y*.

L'interprétation que nous avons donnée du «doit» dans la conclusion d'une inférence pratique à la troisième personne est-elle plausible? Il me semble qu'elle l'est. Supposons que l'on nous demande ce que nous voulons dire en disant d'une personne qu'elle *doit* faire une certaine chose. Nous répondrions parfois, je crois, que nous voulons dire que, à moins qu'il ne fasse cette chose, il ne réussira pas à atteindre l'une de ses fins. Nous discutons parfois sur le point de savoir si une personne doit, ou n'a pas besoin de, faire une certaine chose, dans ce sens-là de « doit ». (Mais il y a d'autres sens de « doit » que celui-là).

Selon l'interprétation que je viens de suggérer, il est logiquement ou nécessairement vrai que, si *A* veut atteindre *x* et ne l'atteindra pas s'il ne fait pas *y*, alors il *doit* faire *y*. Mais il ne s'ensuit pas qu'il *fera y*.

La particularité logique, notée par Aristote, que l'inférence pratique conduit à l'action n'est donc pas une caractéristique d'une telle inférence à la troisième personne. Cette particularité, nous allons le voir plus loin, appartient au cas de l'inférence à la première personne. On pourrait marquer la différence fondamentale entre les deux cas en disant que seule l'inférence pratique à la première personne est vraiment *pratique*, tandis que l'argument à la troisième personne est en fait *théorique*. On pourrait aussi utiliser les termes « subjectif » et « objectif » pour souligner la différence. C'est ce que je ferai pour dire que la conclusion d'une inférence pratique à la troisième personne établit une nécessité pratique *objective*.

V

Une inférence à la première personne est nécessairement conduite ou réalisée par le même sujet que celui à propos duquel (pour le cas duquel) il est valide. En conséquence, le sujet connaîtra ou croira nécessairement la vérité de la seconde prémisse.

Est-il (logiquement) possible qu'un homme *veuille* atteindre une certaine fin, *comprenne* (connaisse ou croie) qu'une certaine action de sa part est nécessaire pour qu'il atteigne sa fin, et que pourtant il n'agisse pas en conséquence ?

Il est bien entendu possible qu'une personne qui veut atteindre x puisse *réviser* sa fin, quand elle en vient à comprendre qu'à moins qu'elle ne fasse y elle n'atteindra pas x. Elle ne veut plus atteindre x. Les deux prémisses ne s'accordent plus pour former une inférence pratique. L'inférence, pourrait-on dire, échoue (comparez avec la section IX plus loin). Le sujet n'agit plus alors « en accord avec ce que lui dicte la nécessité pratique », car aucune nécessité de ce genre ne s'impose à lui.

Il est aussi possible qu'une personne veuille atteindre x et comprenne que si elle ne fait pas y elle n'atteindra par x – et *essaie* alors de faire y, mais échoue ou soit empêchée. A-t-elle alors « agi en conséquence » ? La réponse dépend de notre interprétation de l'expression. Si agir en conséquence signifie accomplir l'action nécessaire, elle n'a pas agi en conséquence. Mais si agir en conséquence est se mettre à faire (essayer de faire, continuer à faire) l'action nécessaire, alors elle a bien agi en conséquence.

Je comprendrai « agir en conséquence » dans le second de ces deux sens. Et je soutiendrai que, si un homme peut vraiment être dit vouloir atteindre une certaine fin et combine à cette volonté la connaissance ou la croyance que, s'il n'accomplit pas une certaine action, il n'atteindra pas sa fin, alors il agira en conséquence.

Au lieu de dire « il agira », j'aurais pu aussi dire « il agira néces-sairement ». C'est, en plus, une nécessité *logique*. Car, si l'action ne s'ensuit pas, nous devrions décrire le cas du sujet en disant que, ou bien il ne *voulait* pas en fait ce qu'il déclarait être l'objet de son désir, ou qu'il n'a finalement *pas pensé qu'il était nécessaire* de réaliser l'acte en question pour obtenir la chose voulue.

Une inférence pratique à la première personne conduit ainsi nécessairement à une action ou s'achève en elle. Vouloir la fin et comprendre les requisits causaux pour l'atteindre, voilà ce qui met le sujet en mouvement. On pourrait aussi dire que vouloir est ce qui *meut* et que la compréhension (des connexions causales) est ce qui *dirige* le mouvement. Les deux ensemble *déterminent* le cours de l'action du sujet.

J'appellerai la détermination de l'action au travers d'une inférence pratique à la première personne une nécessité pratique *subjective*. Il me semble qu'Aristote doit avoir pensé à ce type particulier de nécessitation quand il soulignait que la conclusion du syllogisme pratique est une action.

La nécessité pratique subjective montre qu'il y a un sens où l'action humaine peut être, en même temps, volontaire et strictement déterminée.

VI

Parfois l'action doit suivre immédiatement, sinon le sujet n'atteindra pas sa fin. Parfois, cependant, l'action n'a pas forcément lieu immédiatement, mais peut-être seulement demain ou dans une semaine à partir de maintenant, ou « tôt ou tard ».

Quand l'action n'a pas besoin de suivre immédiatement, le sujet peut réviser sa fin dans l'intermède, non seulement sur la base de l'impression que lui procure sa perception des réquisits nécessaires, mais également pour d'autres raisons. Il peut en venir à d'autres aspirations. Il peut aussi arriver qu'il en vienne à penser qu'il était dans l'erreur en croyant qu'il n'obtiendrait pas x s'il ne faisait pas y. Mais à moins qu'il ne change d'attitude à l'égard de sa première ou de sa seconde prémisse dans l'argument, il est tenu d'agir en accord avec ces prémisses. En ce sens son action future est (pré)déterminée par sa volonté et sa perception présentes.

En considérant que l'action (nécessaire) peut être retardée, on pourrait suggérer qu'il serait plus approprié de dire qu'une inférence pratique à la première personne s'achève dans la *décision* ou la *résolution* d'agir plutôt que de dire qu'elle s'achève dans l'action. Il ne me semble pas que ce serait plus approprié.

Une décision est normalement l'issue d'une délibération. Il y a au moins deux sens entièrement différents où l'on peut dire que la délibération concerne les moyens pour une fin donnée. Un homme peut délibérer sur ce que sont les moyens pour la fin. Ou il peut délibérer sur les moyens qu'il doit *choisir* – en supposant qu'il y a plusieurs moyens de réaliser la fin qui ne sont pas (individuellement) nécessaires à sa réalisation. Dans le premier cas, l'issue de la délibération n'est pas une décision d'agir. Dans le second cas, l'issue de la décision peut être une décision d'agir (d'une certaine façon). Mais le cours de l'action qui a été décidé n'est pas une nécessité pratique, puisque c'est l'une de plusieurs possibilités. Quand l'action est une nécessité pratique, il n'y a pas de place pour le choix.

VII

Quelques mots doivent être dits sur le cas où le sujet ne peut pas réaliser l'acte nécessaire, la raison étant qu'il n'a pas appris ou ne sait pas comment faire la chose en question. Alors, nécessairement, il ne fera pas la chose.

Si le sujet ne sait pas qu'il ne peut pas faire *y*, il peut essayer de la faire et se rendre compte qu'il ne peut pas. Alors son inférence pratique se termine bien dans une action. Ce cas ne diffère pas en principe de celui que nous avons discuté.

Mais si le sujet *sait* qu'il ne peut pas faire *y*, alors, dirais-je, il ne peut pas s'appliquer correctement l'expression « à moins que (maintenant) je fasse *y* ». Il devra modifier son argument comme suit :

(8)   Je veux atteindre *x*
      À moins d'apprendre (comment) faire *y*, je n'atteindrai pas *x*
      Donc je dois apprendre à faire *y*.

Ceci est en fait la manière dont nous inférons souvent quand nous recherchons des choses qui sont au-delà de nos capacités d'action présentes. Ayant réalisé cette inférence, nous faisons les pas qui permettent d'acquérir la capacité requise, à moins que nous n'abandonnions la fin.

VIII

Il est important de voir *comment* l'inférence à la première personne diffère de l'inférence à la troisième personne. La différence est masquée, non seulement par l'usage du schéma impersonnel d'inférence (1) pour couvrir les formes d'inférences personnelles (3) et (4), mais aussi par notre présentation linguistique des deux dernières formes elles-mêmes. Posons la question : quelles *sont* (quelle est la nature de) les prémisses, et la conclusion des deux types d'inférence ? Ce ne sont pas les phrases imprimées sur le papier. Dans le cas de l'inférence à la troisième personne, la réponse correcte, selon moi, est celle-ci : les prémisses sont les *propositions* qu'une certaine personne poursuit une certaine fin dans son action et qu'une certaine chose est un moyen nécessaire pour cette fin. La conclusion est une troisième proposition, à savoir que la personne ne parviendra pas à atteindre une fin de son action si elle ne fait pas cette chose. Dans le cas de l'inférence à la première personne, la réponse correcte semble être celle-ci : les prémisses sont le *désir* (*want*) d'une personne et son *état de connaissance ou de croyance* qu'une certaine condition est nécessaire pour satisfaire ce désir. La conclusion est une *action*, quelque chose que la personne fait. Les désirs, les états de connaissance ou de croyance, et les actions sont non seulement mutuellement différents les uns des autres. Ce sont tous des entités d'une sorte radicalement différente des propositions. Il est de l'essence des propositions qu'elles soient exprimées par des phrases. (Certains philosophes diraient qu'une proposition est la signification ou le sens d'un type de phrases). Les désirs, les états de connaissance ou de croyance, et les actions n'ont pas de connexion essentielle analogue avec le *langage*. Par conséquent la relation au langage d'une inférence pratique à la première personne est en principe différente de la relation au langage d'une inférence pratique à la troisième personne.

IX

La fin d'une action est quelque chose, que l'on peut être dit *vouloir atteindre*. Kant, dans un passage célèbre, a exprimé l'opinion que quiconque veut atteindre une fin doit aussi vouloir utiliser les moyens nécessaires à sa réalisation. Kant a pensé, en plus, que c'était un excellent principe analytique de la volonté. Interprété correctement le principe est, je crois, analytique. Mais il est alors important de voir ce qu'est son « interprétation correcte ».

Penser que, si l'on veut atteindre une fin et si l'on se rend compte de la nécessité de faire une certaine chose pour atteindre cette fin, alors on veut aussi faire cette chose *dans le but d'atteindre cette fin* a une certaine plausibilité. Mais normalement on ne veut pas faire cette chose *pour elle-même*. Il peut, de plus, arriver que cette chose soit quelque chose que l'on répugne à faire ou que l'on fasse avec réticence ou que l'on préférerait ne pas faire, si elle n'était pas nécessaire pour un autre but. Quand tel est le cas, notre volonté d'atteindre la fin peut être dite lutter contre notre réticence à vouloir (*unwillingness*) utiliser les moyens nécessaires.

Il y a plusieurs issues possibles d'un tel combat. L'une est le *compromis*. On se met à faire la chose, mais en ne s'y engageant qu'à moitié. En conséquence, on échoue peut-être à accomplir l'acte. On pourrait alors dire que la volonté qui, en accord avec le principe de Kant, a été transférée de la fin aux moyens nécessaires, est affaiblie par notre inclination (*naturelle*) contre l'usage de ces moyens. C'est un aspect, parmi beaucoup d'autres, du phénomène connu en philosophie morale sous le nom d'*akrasia* ou faiblesse de la volonté.

Une autre issue possible du combat est que la réticence à vouloir utiliser les moyens l'emporte sur la volonté d'atteindre la fin. Alors, je crois, nous ne pouvons plus être dits *vouloir* l'atteindre. L'inférence pratique s'écroule. Nous pouvons toujours souhaiter que la chose que nous voulions atteindre comme résultat ou conséquence de notre action arrive d'elle-même, ou par l'action d'un autre agent. Nous accueillerions volontiers une telle éventualité. Peut-être pouvons-nous dire que nous voulons toujours qu'elle arrive. Mais on ne peut plus dire que nous voulons *faire* qu'elle arrive.

Une troisième possibilité est que la volonté d'atteindre la fin l'emporte sur l'aversion pour l'usage des moyens sans faire de compromis avec elle. Dans ces cas, nous pouvons dire parfois que le sujet *se force* ou *se contraint* à agir. Nous pouvons aussi dire que le sujet se *fait lui-même faire* l'action.

Le cas où un sujet se fait lui-même faire une certaine chose en inhibant une inclination contraire montre une analogie intéressante avec le cas où une personne commande ou ordonne à une autre personne de faire quelque chose. Commander à d'autres constitue un commandement *hétéronome*. Se faire soi-même faire quelque chose peut, par analogie, être appelé un commandement *autonome*. Le commandement autonome ne reflète pas la nécessité pratique, comme telle, de l'action. Elle reflète la nécessité pratique de se faire agir soi-même.

Je crois que nous sommes ici dans les faubourgs de la notion kantienne de commandement (norme, règle) autonome. Peut-être pourrait-on dire que nous sommes arrivés au concept kantien, dépouillé de ses connotations morales. Mais il faudrait alors rappeler que, dans la perspective de Kant, une séparation conceptuelle des notions d'autonomie et de devoir moral n'est pas possible.

X

Considérons à nouveau l'inférence mentionnée à la fin de la section III :

(5)   *A* veut rendre la cabane habitable
        À moins que *A* ne fasse que *B* chauffe la cabane, elle ne deviendra
        pas habitable
        Donc *A* doit faire que *B* chauffe la cabane.

Supposons que *A* conduise lui-même l'argument à la première personne. La conclusion sera alors qu'il se met lui-même à faire que *B* chauffe la cabane. Comment *A* fait-il cela ? Il y a plusieurs façons de faire ou d'essayer de faire que des gens fassent des choses : le leur demander, le leur dire, le requérir, le commander, les persuader ; les menacer d'un mal, s'ils n'accomplissent pas notre souhait ; promettre une récompense ou un service en retour s'ils l'accomplissent.

L'inférence précédente repose sur l'hypothèse que *B* ne chauffe pas la cabane de sa propre initiative, mais qu'il a été *poussé* à le faire. *A* doit *faire* qu'il chauffe la cabane, *veiller à* ce qu'il le fasse.

Supposons ensuite que *A* peut chauffer la cabane lui-même et qu'il n'y a en fait personne qui puisse le faire à sa place. Alors, il est nécessaire pour *A* de le chauffer lui-même. Supposons, néanmoins, qu'il ne le fasse pas de bon gré, mais doive surmonter sa paresse ou une réticence. Il peut alors, semble-t-il, s'identifier lui-même avec *B* dans l'exemple précédent, et conduire l'argument suivant à son propre sujet :

(9)   Je veux rendre la cabane habitable
        À moins que je ne chauffe moi-même la cabane, elle ne deviendra
        pas habitable
        Donc, je dois me faire moi-même chauffer la cabane.

Comment se fait-on soi-même faire une chose ? Et comment se faire faire une chose diffère-t-il de la faire simplement ? (On n'utilise pas fréquemment l'expression « se faire faire une chose ») Littéralement, je dirais que se faire faire une chose c'est se mettre à la faire en dépit d'un mouvement (*impulse*) en sens inverse, par exemple, sous la pression d'une nécessité pratique. On ne peut pas littéralement (au sens premier) se commander, persuader, promettre ou menacer de faire un des actes par lequel on fait ou essaie de faire que les autres fassent des choses. Mais en un sens analogique ou secondaire, se faire faire une chose (en l'emportant sur un mouvement en sens contraire) peut parfois être correctement décrit comme se commander à soi-même (et peut-être parfois davantage encore se persuader ou se menacer soi-même). On parle de manière appropriée de commandement quand on pense au mouvement vers l'action et à la victoire sur le mouvement contraire comme à une victoire de la raison sur la passion aveugle ou de notre moi (soi) rationnel sur notre nature animale.

XI

Comparez les deux structures d'inférence :

(10) A veut atteindre x
        À moins de faire y, A n'atteindra pas x
        Donc, A doit faire y.

Et :

(11) A veut atteindre x
        À moins de faire que B fasse y, A n'atteindra pas x
        Donc A doit faire que B fasse y.

Les conclusions de ces deux inférences sont *logiquement indépendantes* l'une de l'autre. Il peut être vrai à la fois que A doive faire y (lui-même) et qu'il doive faire que B le fasse (aussi). Ou l'une peut être vraie et l'autre fausse. Ou encore les deux peuvent être fausses. (Le cas où elles sont toutes deux vraies pose des problèmes particuliers, qui ne seront pas discutés ici).

(10) est la structure d'une inférence pratique primaire. (Voyez les sections II et III ci-dessus) J'appellerai également la structure (11) une structure d'inférence pratique primaire (bien qu'elle ait une forme plus complexe). (11) peut aussi être obtenue à partir de (10) si nous substituons « faire que B fasse y » à « faire y » dans

la seconde prémisse et « faire que B fasse y » à « faire y » dans la conclusion.

Comparez maintenant (10) avec le schéma :

(12) A veut atteindre x
       À moins de se faire lui-même faire y, A n'atteindra pas x
       Donc A doit se faire lui-même faire y.

Les conclusions de (10) et (12) ne sont pas logiquement indépendantes. La conclusion du second argument entraîne celle du premier. Car s'il est vrai que l'agent n'atteindra pas une certaine fin à moins de se faire faire lui-même un certain acte (qu'il est réticent à accomplir), alors il est également vrai qu'il n'atteindra pas cette fin à moins de faire cet acte.

Une inférence avec la conclusion « A doit se faire faire y » *présuppose* donc une inférence avec la conclusion « A doit faire y ». Un agent peut être soumis à une nécessité pratique de se faire lui-même faire quelque chose (se contraindre ou se forcer soi-même à faire quelque chose contre sa propre inclination) seulement quand il est (déjà) soumis à une nécessité pratique de faire cette même chose. C'est pourquoi je dirai que la stucture d'inférence (12) est secondaire par rapport à la structure (10).

XII

Il suit de ce qui a été dit dans la section XI que, si les prémisses d'une inférence pratique qui se termine dans la conclusion « A doit se faire faire y » sont affirmées, alors les prémisses d'une inférence de la forme suivante sont aussi affirmées :

(13) A doit faire y
       À moins de se faire faire y, A ne fera pas y
       Donc A doit se faire faire y.

Cette structure peut être considérée comme un cas dérivé d'une structure plus générale :

(14) A doit faire x
À moins de faire y, A ne peut pas faire x
Donc A doit faire y

(13) est obtenu à partir de (14) par substitution et affaiblissement de la seconde prémisse de (14) en « à moins que A ne fasse y, il ne fera pas x ». S'il est vrai qu'à moins que A fasse y il *ne peut pas* faire x, alors il est également vrai qu'à moins que A fasse y il *ne fera pas x*.

J'appellerai (14) une structure d'inférence pratique secondaire (à la troisième personne). L'inférence pratique secondaire a son « point de départ » (première prémisse) dans une nécessité pratique, et elle s'achève dans une autre nécessité pratique. Le caractère logiquement concluant d'une inférence pratique secondaire peut être observée à partir de l'extension suivante de sa structure :

(15)   Il y a quelque chose que A veut mais n'obtiendra que s'il fait x
À moins de faire y, A ne peut pas faire x
Donc, il y a quelque chose que A veut mais n'aura pas à moins de faire y.

XIII

Je vais maintenant discuter quelques structures d'inférence pratique avec « il faut » (*ought*). Considérez l'exemple suivant :

(16)   Il faut que la cabane soit rendue habitable
À moins que la cabane ne soit chauffée, elle ne peut être rendue habitable
Donc il faut chauffer la cabane.

Cette formulation impersonnelle de l'inférence peut être dite couvrir une variante à la troisième personne et une à la première personne :

(17)   Il faut que A rende la cabane habitable
À moins de chauffer la cabane, A ne peut pas la rendre habitable
Donc il faut que A chauffe la cabane.

Et :

(18) Il faut que je rende la cabane habitable
À moins de chauffer la cabane, je ne peux pas la rendre habitable
Donc, il faut que je chauffe la cabane.

Ces arguments sont-ils logiquement concluants ? Quelqu'un peut penser que la question de leur caractère concluant est moins problématique que la question du caractère concluant des inférences pratiques primaires. Car les schémas d'inférence précédents contiennent une phrase en « il faut » parmi les prémisses. L'idée que l'on ne peut pas tirer de conclusions normatives des prémisses factuelles ne peut pas être avancée contre le caractère logiquement concluant des inférences. Je ne sais pas quel poids devrait être attaché à cet argument. Il me semble que la question du caractère logiquement concluant est plus (plutôt que moins) problématique dans le cas des structures d'inférence (16) à (18) que dans le cas des inférences allant des fins et des connexions causales aux nécessités pratiques de l'action.

La question du caractère concluant dépend essentiellement de la manière dont nous comprenons le mot crucial « il faut » dans le contexte. « Il faut » est communément utilisé quand nous parlons des devoirs et obligations (légales ou morales, selon les cas). Les devoirs et les obligations ne sont pas, par eux-mêmes, des nécessités pratiques d'action. Parfois, cependant, accomplir son devoir ou remplir une obligation peut devenir une nécessité pratique.

Traduisons « il faut » par « c'est un devoir de », et considérons l'inférence suivante à la troisième personne :

(19) C'est un devoir pour *A* de rendre la cabane habitable
À moins de chauffer la cabane, *A* ne peut pas la rendre habitable
Donc, c'est un devoir pour *A* de chauffer la cabane.

Le devoir mentionné dans la conclusion est ce que j'appellerai un *devoir dérivé* ou une *obligation dérivée*. Et je propose de définir (interpréter, comprendre) une obligation dérivée de la manière suivante : une obligation dérivée est quelque chose qui *doit* être fait pour que nous soyons capables de remplir une autre obligation (dérivée ou primaire). Une obligation dérivée, pourrait-on dire aussi, est quelque chose qui *doit* être fait pour que quelqu'un accomplisse son devoir. Le « doit » (*must*) est ici le « doit » de la nécessité pratique. L'obligation dérivée de faire une certaine chose est une nécessité pratique de l'action, *relativement* à une autre obligation.

Dans l'interprétation du devoir mentionnée dans la conclusion de (19), le schéma précédent peut être aussi formulé de la manière suivante :

(20)   C'est un devoir pour *A* de rendre la cabane habitable
        À moins de chauffer la cabane, *A* ne peut pas la rendre habitable
        Donc *A* doit chauffer la cabane.

Est-ce un argument logiquement concluant ? La réponse est qu'il est concluant, si nous comprenons « A doit chauffer la cabane » comme signifiant la même chose que « à moins que *A* ne chauffe la cabane, il ne peut pas faire (ce qui est) son devoir ». Car le suivant est sans aucun doute concluant :

(21)   C'est un devoir pour *A* de rendre la cabane habitable.
        À moins de chauffer la cabane, *A* ne peut pas la rendre habitable
        Donc, à moins de chauffer la cabane, *A* ne peut pas faire son devoir.

(Le premier et le second « ne peut pas », ou le second seulement, peuvent être affaiblis en « ne va pas »).

Les obligations dérivées, dans le sens défini, jouent un rôle prééminent dans les vies de la plupart des gens. La loi prescrit ce que sont nos obligations légales. Mais elle laisse au citoyen individuel la tâche de considérer les différentes mesures qu'il doit prendre et les étapes qu'il doit franchir pour remplir ses obligations légales. C'est commode, puisque la nature des étapes nécessaires peut varier avec les circonstances particulières des individus concernés. Par exemple : je suis soumis à l'obligation légale de payer un impôt aux autorités dont je relève. Pour remplir cette obligation je dois faire plusieurs autres choses, dont la loi ne dit pourtant rien. Je dois garder quelques traces de mes gains, je dois me procurer par moi-même les formulaires à remplir, m'assurer du destinataire et de la date avant laquelle ils doivent être envoyés et les envoyer. Ce sont des « obligations dérivées », des nécessités pratiques de l'action relatives aux « obligations primaires ».

XIV

Considérez une inférence à la première personne qui se termine par une obligation dérivée :

(22)   C'est mon devoir de faire x
         À moins de faire y, je ne peux pas faire x
         Donc je dois faire y.

Ce type d'argument peut n'être, et n'est très souvent, je crois, qu'un raisonnement sur son propre cas personnel. Un homme peut être conscient du fait qu'une chose ou une autre est son devoir, réaliser qu'à moins de faire une certaine chose, il ne peut pas accomplir son devoir – et pourtant ne pas l'accomplir. L'inférence est alors sur le même plan que le raisonnement « théorique » ; c'est-à-dire que sa conclusion établit une nécessité pratique objective d'action (voyez la section V plus haut).

On pourrait faire une distinction entre *être conscient du fait que* telle chose ou telle autre est un devoir (par exemple, relève de la loi) et *reconnaître* quelque chose comme un devoir. On peut alors poser la question : est-il (logiquement) possible de reconnaître quelque chose comme étant le devoir de quelqu'un, réaliser qu'à moins de faire une certaine autre chose, on ne peut pas faire ce qui est son devoir propre, et pourtant ne pas se mettre à faire cette autre chose ? Nous sommes ici dans le voisinage d'un problème familier venant de la pensée éthique de Platon et d'Aristote.

La réponse à la question dépend essentiellement de ce que c'est que de reconnaître quelque chose comme un devoir, c'est-à-dire de la manière dont on comprend le sens de l'expression « reconnaître quelque chose comme un devoir ».

Il est facile de voir que, *si* reconnaître comme étant son devoir de faire x impliquait que l'on veut faire x pour lui-même, alors le caractère logiquement concluant du schéma :

(23)   Je reconnais que c'est mon devoir de faire x
       À moins de faire y, je ne peux pas faire x
       Donc je dois faire y

serait une conséquence du caractère logiquement concluant de :

(24)   Je veux faire x
       À moins de faire y, je ne peux pas faire x
       Donc je dois faire y

(car, si p implique q, et si q et r ensemble impliquent s, alors p et r ensemble impliquent s, aussi).

J'appellerai également cette dernière structure une inférence pratique primaire, bien qu'elle soit légèrement différente de (2) et de ses variantes, que nous avons discutées plus tôt. Il n'y a pas à douter que la conclusion de (24) puisse être une nécessité pratique subjective, c'est-à-dire, puisse consister dans le fait que le sujet se mette de lui-même à faire y sous l'impact de sa volonté de faire x et de sa connaissance qu'il est nécessaire de faire y pour devenir capable de faire x.

Il y a cependant une grave objection à cette façon de regarder la nécessité pratique subjective remplir une de ses obligations dérivées comme la conclusion d'une inférence pratique primaire. L'objection est qu'il n'est pas plausible de penser aux obligations primaires, que quelqu'un reconnaît comme siennes, comme à des choses dont on peut nécessairement dire qu'il les *veut* pour elles-mêmes.

Une autre possibilité de faire d'une action commandée par le devoir une nécessité pratique subjective serait de laisser le caractère logiquement concluant de (23) dépendre du caractère logiquement concluant de la structure :

(25)   Je dois faire x
       À moins de faire y, je ne peux pas faire x
       Donc je dois faire y.

Laisser le caractère logiquement concluant de (23) dépendre du caractère logiquement concluant de (25) c'est adopter la conception selon laquelle les obligations dérivées sont des nécessités pratiques subjectives d'action, si et seulement si la reconnaissance des obligations primaires elles-mêmes constitue de telles nécessités. Nous reconnaissons la structure (25) comme une inférence pratique secondaire (voyez la section XII plus haut). Si une obligation dérivée émerge comme conclusion d'une inférence pratique secondaire, il s'ensuit que la nécessité pratique, qui est la première prémisse de l'inférence, sera aussi la conclusion d'une autre inférence pratique. Cette autre inférence peut être secondaire ou primaire. Si elle est secondaire, en remontant la chaîne des obligations, nous atteindrons après un nombre fini d'étapes une obligation primaire qui est la conclusion d'une inférence pratique primaire à partir des fins et des connexions causales.

Selon cette suggestion, les choses que nous reconnaissons comme étant de notre devoir de faire sont des choses que nous *devons* faire – sans quoi une fin que nous poursuivons ne sera pas atteinte. Ce n'est bien entendu pas suggérer que nous devions appeler « devoir » tout ce qu'une nécessité pratique nous impose de faire pour atteindre une fin. Nous ne l'appellerons devoir que si cette fin est d'une nature particulière – par exemple, si elle a une connexion particulière avec les idées de bien et de mal ou de justice. La question de la nature de ces fins tombe en dehors du champ de cet article et n'a pas de conséquence immédiate sur le problème de l'inférence pratique.

Faire son devoir ou agir par devoir peut être une nécessité pratique (subjective ou objective) d'action, si on comprend cela comme signifiant que l'on doit accomplir son devoir dérivé dans le but d'accomplir son devoir primaire. Mais faire son devoir primaire ne peut être une *nécessité pratique* que si l'on doit le faire pour une fin « au-delà du devoir ». Sur ce point, je crois que Kant a commis une sérieuse erreur.

Traduction Cyrille MICHON

ANTHONY KENNY

L'INFÉRENCE PRATIQUE *1

Il est hors de doute qu'il y a un raisonnement pratique en plus du raisonnement théorique. À l'aide de la logique, nous déterminons non seulement ce qui est le cas, mais aussi ce que nous devons faire. Dans le raisonnement pratique comme dans le raisonnement théorique, nous passons des prémisses à la conclusion. Les prémisses expriment peut-être nos désirs et nos devoirs ; elles expriment aussi les faits réels et les possibilités qui se présentent à nous ; quant aux conclusions, ce sont des actions ou des plans d'action. Mais quelles sont les règles au moyen desquelles nous passons des prémisses à la conclusion ? Quels sont les critères de validité de l'inférence pratique ? Je ne connais aucun livre de logique proposant une formalisation du raisonnement pratique, ni aucun philosophe ayant construit autre chose que des exemples fragmentaires de son fonctionnement. Ce que disait Kant à propos de la logique théorique est vrai aujourd'hui de l'inférence pratique : l'œuvre d'Aristote n'a pas encore été surpassée.

* A. Kenny, « Practical Inference », *Analysis*, vol. 26 (1966).

1. Cet article a été lu au Colloque de Logique Déontique, à Manchester, en mars 1965. Les brouillons ont été lus dans plusieurs séminaires, dont les membres, et en particulier M. Mark, ont formulé des critiques pour lesquelles je leur suis redevable.

Nous pouvons commencer par un problème qui a dû frapper beaucoup de lecteurs d'Aristote. Dans le passage de l'*Éthique à Nicomaque* (livre III) sur la délibération, nous pouvons lire ceci :

> Nous ne délibérons pas sur les fins mais sur les moyens. Car un médecin ne se demande pas s'il doit guérir ses patients, ni un orateur s'il doit persuader, ni un homme d'Etat s'il doit produire l'ordre et les lois, et aucun autre ne délibère sur sa fin. Ils embrassent la fin et considèrent comment et par quels moyens il faut l'atteindre ; et si elle semble accessible par plusieurs moyens, ils se demandent alors lequel permet de la produire le mieux et le plus facilement, alors que si on ne l'accomplit que par un seul moyen, ils se demandent comment l'accomplir avec, et par quel moyen celui-ci sera atteint, et ainsi jusqu'à ce qu'ils arrivent à la cause première, qui est dernière dans l'ordre de la découverte (…). Et si on aboutit à une impossibilité, on abandonne la recherche, par exemple, si on a besoin d'argent et qu'on ne peut en avoir ; mais si une chose semble au contraire possible, on essaie de la faire [1].

En utilisant un exemple d'Aristote dans un passage de la *Métaphysique* en lien avec ce sujet, nous pouvons donner un exemple de ce genre de délibération :

> Cet homme doit être guéri
> Il sera guéri si et seulement si ses humeurs s'équilibrent
> S'il est guéri, ses humeurs s'équilibreront
> Si on le frotte, il sera guéri
> Donc je vais le frotter [2].

Ici, la régulation des humeurs est le moyen nécessaire à la santé ; frotter et chauffer sont des moyens pour cela ; et frotter n'est pas impossible, mais appartient au pouvoir du docteur ; donc il

---

1. Aristote, *Éthique à Nicomaque*, Livre III, 1112b12-25, d'après la traduction de D. Ross [*Nichomachean Ethics*, dans Aristotle, *The Works*, vol. 9, Oxford, Oxford University Press, 1915].
2. *Cf.* Aristote, *Métaphysique* Z, 7, 1032b19 [Kenny résume ce passage].

commence le traitement par ceci, qui venait en dernier dans son raisonnement pratique.

Nous pouvons appeler ce genre de raisonnement pratique le raisonnement propositionnel pratique : on l'exprime par « si… alors », et si on le formalisait, il ressemblerait à une déduction fondée sur le calcul propositionnel (« S ; si et seulement si R, alors S ; si Q alors R ; si P alors Q ; donc P »). La plupart des exemples de raisonnement pratique donnés par Aristote ne sont pas de cette forme, mais sont plutôt comme des syllogismes. (Bien entendu, parce qu'ils viennent d'Aristote, on a l'habitude d'appeler « syllogismes » les raisonnements pratiques, bien que « syllogismos », en grec, ne soit pas un terme aussi technique que « syllogisme » en français). Le syllogisme pratique le plus complet, chez Aristote, est peut-être le suivant, tiré du *De Motu Animalium* (701a18).

> J'ai besoin de me couvrir
> Un manteau sert à me couvrir
> J'ai besoin d'un manteau
> Je dois fabriquer ce dont j'ai besoin
> J'ai besoin d'un manteau
> Je dois fabriquer un manteau.

Et Aristote observe que la conclusion, « Je dois fabriquer un manteau », est une action. Les prémisses pratiques, dit-il, sont de deux genres : le bon et le possible. Autrement dit, les prémisses du raisonnement pratique expriment nos désirs ou nos doutes, et les possibilités que les faits réels laissent ouvertes.

Je ne sais comment Aristote aurait formalisé le syllogisme que je viens de citer. Il semble être de la forme : « A est B, C est A, donc C est B. B est D, C est B, donc C est D » ; mais ici, toutes les prémisses sont indéfinies. Selon la doctrine des *Premiers Analytiques* (26a29, 29a7), il faut traiter les prémisses indéfinies comme des particuliers, ce qui donnerait, pour la première moitié du syllogisme : « Quelque A est B, quelque C est A, quelque C est B ». Mais aucun syllogisme de la forme III n'est valide. De deux prémisses particulières, on ne peut tirer aucune conclusion : si nous voulons obtenir une conclusion, nous devons considérer au moins une des prémisses comme universelle. Or la prémisse « J'ai besoin de toutes les choses qui servent à se couvrir » est absurde. « Tous les manteaux servent à se couvrir » est vrai ; mais le syllogisme « Quelque A est B, tout C est A, quelque C est B » n'est pas valide (IAI de la première figure). Le syllogisme « Quelque A est B, tout A est C, quelque C est B » est valide (IAI de la troisième figure) ; mais pour cela, nous aurions besoin de lire la seconde prémisse comme la proposition fausse « tout ce qui sert à couvrir est un manteau ». Je ne vois pas comment faire pour que l'exemple d'Aristote soit valide selon les règles de sa propre syllogistique ; il ne faut pourtant pas y voir un défaut de sa syllogistique, car considéré comme un syllogisme théorique, l'argument n'est certainement pas valide, tout comme cet argument exactement parallèle :

> J'ai rencontré un animal
> Un éléphant est un animal
> J'ai rencontré un éléphant.

L'argument que j'ai construit à partir du passage de la *Métaphysique* n'est sans doute pas valide formellement si on le prend comme un raisonnement théorique. « S, si et seulement si R alors S, si Q alors R, si P alors Q, donc P » : ce raisonnement commet deux fois le paralogisme qui consiste à affirmer le conséquent.

Or si on admet la médecine et les coutumes archaïques, les raisonnements pratiques donnés par Aristote ne sont pas invraisemblables. Ce sont de bonnes verbalisations des raisons qui nous font agir lorsque nous décidons de faire quelque chose. Peut-être la conclusion « j'ai besoin d'un manteau » paraît-elle trop forte pour qu'on l'obtienne à partir des prémisses « J'ai besoin de me couvrir, et un manteau sert à se couvrir » ; certes, je n'ai pas vraiment *besoin* d'un manteau, un pantalon ferait aussi bien l'affaire. Pour notre propos, nous pouvons corriger l'exemple d'Aristote en substituant « vouloir » à « avoir besoin de ». « Je veux de quelque chose qui sert à se couvrir, un manteau sert à se couvrir, donc je vais faire un manteau » : ceci pourrait bien être un raisonnement pratique tout à fait normal. De même, un serveur peut raisonnablement dire, à un client insatisfait : « vous vouliez un steak ; ceci est un steak ; ceci est donc ce que vous vouliez ». Mettez ceci en contraste avec cet argument de forme similaire, mais qui n'est manifestement pas valide : « Vous êtes assis sur une chaise ; ceci est une chaise ; ceci est ce sur quoi vous êtes assis ». Vient alors la question suivante : y a-t-il une méthode pour rendre formellement valides les inférences pratiques de type aristotélicien ?

Avant de répondre à cela, examinons une difficulté selon différents points de vue. Les logiciens n'ont pas été capables de s'accorder sur les règles qui gouvernent les inférences allant d'une phrase impérative à une autre. Une des raisons du doute est la suivante. S'il y a des règles d'inférences pour les impératifs, il est naturel de s'attendre à ce qu'elles soient parallèles aux règles d'inférences du mode assertorique. Cette présomption naturelle peut être soutenue par un exemple : « Tue les conspirateurs ; Brutus est un conspirateur ; donc tue Brutus ». Cela semble aussi valide que « Les conspirateurs sont mortels, Brutus est un conspirateur, donc Brutus est mortel ». Mais il semble impossible de généraliser cela, et de dire que partout où « Il est le cas que q » peut être inféré de « Il est le cas que p », « Fais qu'il arrive q » peut aussi être inféré de « Fais qu'il arrive p ». Un exemple bien connu concerne la disjonction : « Vous posterez la lettre ou vous brûlerez la lettre » découle de « vous posterez la lettre » ; mais l'inférence allant de « Poste la lettre » à « Poste la lettre ou brûle la lettre » va contre nos intuitions. Une difficulté analogue se présente avec le quantificateur existentiel. L'inférence allant de « Vous voterez pour le candidat du parti travailliste » à « Vous voterez pour quelqu'un » est parfaitement valide. Par contre, il semble y avoir quelque chose de faux dans l'inférence allant de « Vote pour le candidat du parti travailliste » à « Vote pour quelqu'un » : on ne peut guère obéir à la première exhortation en votant pour le candidat du parti conservateur.

Le raisonnement pratique et l'inférence impérative me paraissent liées : je crois qu'on peut résoudre les deux ensembles de problèmes à l'aide d'un même principe. En suivant Hare, et ultimement, Frege, je distingue entre le contenu descriptif d'une phrase (par exemple ce qui est commun aux deux phrases « Vous fermerez la porte » et « Fermez la porte ») et l'indicateur de mode d'une phrase (par exemple ce qui distingue ces deux phrases entre elles). Le premier, Hare l'appelle le *phrastique* d'une phrase ; quant au second, il choisit maintenant de l'appeler le *tropique*. Une phrase à l'impératif et la phrase assertorique correspondante ont le même phrastique mais un tropique différent (cf. *The Language of Morals*, p. 18 *sq.*, où le terme « neustique » est utilisé à la place de « tropique »).

Nous devons noter que si la division entre les phrases assertoriques et impératives est exhaustive, les phrases assertoriques devront en inclure beaucoup qu'on ne conçoit pas normalement comme des assertions, et les phrases impératives en incluront beaucoup qu'on ne nomme pas d'habitude des « commandements ». Les suppositions ou conjectures devront être rangées avec les assertions, et les requêtes ou désirs devront aller avec les commandements.

Cette réunion peut être justifiée. On peut considérer toutes sortes de phrases signifiantes comme contenant des descriptions d'états de choses possibles. L'état de choses qu'une certaine phrase décrit est fixé par les conventions gouvernant le sens des expressions qu'elle contient, et par le contexte déterminant leur référence. Maintenant, supposons que l'état de choses possible décrit par la phrase ne se réalise pas en fait. Qui est en tort : la phrase ou le fait ? Disons-nous, par exemple, que la phrase est fausse, ou bien que l'état de choses laisse à désirer ? Dans le premier cas, nous dirons que la phrase est assertorique ; dans le second, appelons-la impérative. On peut clarifier cette distinction en considérant deux relations différentes : celle du plan d'architecte à la construction, et celle du plan de guide touristique à cette même construction. De même, une liste de livres fonctionne différemment quand c'est une commande et quand c'est une facture : si les livres reçus ne correspondent pas à la liste, alors, si la liste était une commande, il y a eu une erreur d'expédition ; et si la liste était une facture, alors l'erreur se trouve dans la liste. Les phrases assertoriques sont comparables aux factures ou aux plans de guides touristiques ; et les phrases impératives sont comparables aux commandes ou aux plans d'architectes.

Parmi les impératifs, nous pouvons faire une distinction supplémentaire, proposée par Hofstader et McKinsey dans leur article « The Logic of Imperatives » (*Philosophy of Science*, 1939, p. 446 *sq.*). Nous pouvons distinguer entre les *fiats* et les *directifs*. Une phrase au mode optatif, quel que soit son temps, sera un fiat, par exemple : « Le Ciel fasse qu'il arrive ! », « Si seulement tu étais là ! », ou « Je voudrais n'être jamais né ». Un directif est un fiat prononcé pour un agent : son but est de lui faire comprendre qu'il doit réaliser le fiat. La notion de directif est plus compliquée que celle de fiat. Pour qu'un fiat soit satisfait, il suffit que l'état de choses qu'il décrit se réalise. Mais un directif ne peut être satisfait que si l'état de choses est réalisé grâce à l'action (*agency*) du destinataire du directif. De plus, elle doit être réalisée par lui d'une certaine façon parce que le directif a été énoncé.

Alors que les directifs sont communément des phrases à la deuxième personne et ne peuvent être qu'à un temps simple (le futur), les fiats peuvent être formés avec tous les temps et toutes les personnes. Certains verbes, comme « pouvoir » et « vouloir », n'ont pas d'impératif permettant qu'on en use dans des directifs. Mais tout verbe qui peut figurer dans une phrase assertorique peut figurer aussi dans un fiat. Les fiats, contrairement aux directifs, présentent une parfaite analogie avec les phrases assertoriques. Pour chaque phrase assertorique, il y a un fiat qui peut être analysé comme ayant le même phrastique que les phrases assertoriques, et comme s'en distinguant seulement par le tropique. En effet, nous pouvons lire les tropiques à la manière des mots « Est » et « Fiat » :

j'écrirai « Ep » et « Fp » pour « Est-p » et « Fiat-p ». (Hare, dans *The Language of Morals*, emploie « please » pour le tropique impératif, mais ceci correspond aux directifs, et non aux fiats).

Les fiats et les phrases assertoriques, qu'ils soient écrits avec les ressources des langages naturels, ou séparés artificiellement en phrastiques et tropiques, sont des expressions linguistiques. Ils ont en commun ces propriétés qui appartiennent à leurs phrastiques. La signification de « Ep » et « Fp », en tant qu'elle équivaut à la somme du sens et de la référence, et qu'elle est fixée par le contexte et les conventions, n'est pas différente dans les deux expressions. Il y a des phrases de modes différents mais de même contenu descriptif.

Les plans et les projets sont des exemples de fiats. C'est pourquoi le raisonnement pratique, par lequel nous élaborons des plans, et l'inférence impérative, où nous passons d'un directif à un autre, peuvent tous deux être vus comme appartenant à un même type d'inférence menant d'un fiat à un autre. Cette considération, je crois, nous permet de résoudre les difficultés dont nous sommes partis.

Le germe de la solution est contenu dans l'article « Imperatives and Logic » de A. Ross (*Philosophy of Science* 11, p. 35 *sq.*). Ross discute ce qu'il appelle « le dilemme de Jørgensen », à savoir : que faisons-nous quand nous inférons un nouveau commandement à partir d'un ou plusieurs commandements déjà donnés ? Comment peut-il y avoir une inférence dans laquelle ni les prémisses, ni la conclusion, ne sont vraies ni fausses ? Ross se demande quelles valeurs il faut donner, à la place des valeurs de vérité du calcul assertorique ordinaire, aux éléments du calcul logique des impératifs. Il expose trois solutions.

Premièrement, il suggère que les valeurs correspondant à la vérité et à la fausseté doivent être la validité et l'invalidité. Il est évident, dit-il, qu'une telle interprétation n'est possible que si ces valeurs sont objectives au même titre que les valeurs de vérité : dans ce cas, la déduction logique de B a une validité objective dans le cas où A a une validité objective. Mais, déclare-t-il, une telle validité objective est mythique.

La deuxième solution consiste à dire que l'élément logique réfère à la satisfaction de l'impératif, c'est-à-dire que les valeurs qui remplacent « vrai » et « faux » sont « satisfait » et « non satisfait ». Il est évident que dans cette solution, il y a un parallélisme complet entre les logiques impérative et assertorique : inférer, dit-il, un impératif d'un autre, c'est dire quelque chose au sujet d'une connexion nécessaire entre les satisfactions des impératifs en question. Mais parce que cette « logique de la satisfaction » autorise des inférences comme celle qui va de « poste la lettre » à « poste la lettre ou brûle la lettre », Ross conclut : « Assurément, il n'y a sans doute pas de logique pour ce contenu qui nous vient à l'esprit dans le cas des inférences pratiques qui nous semblent immédiatement évidentes. Le sentiment immédiat d'évidence ne réfère pas à la satisfaction des impératives, mais plutôt à quelque chose comme la « validité » ou l'« existence » des impératifs, quelle que soit la manière dont il faut entendre ces expressions ».

Du coup, il expose une troisième solution : « l'élément logique réfère à la « validité subjective » de l'impératif ». Ce qu'il explique de la manière suivante : un impératif A est dit *valide* quand un certain état psychologique (que nous définirons plus loin) est présent en une certaine personne, et *non valide* quand il n'y a aucun état de ce genre. (Ce peut être un état de demande chez quelqu'un qui ordonne, ou un état d'acceptation chez un subordonné). Mais cette « logique de la validité » ne peut être elle-même ce qui se cache derrière les inférences intuitivement valides. Car la logique de la validité est réellement la logique des phrases assertoriques correspondantes affirmant la présence des états psychologiques en question. Dans la logique de la validité, la contradictoire de Fp est NFp, et non FNp.

Ross conclut que ni la logique de la validité objective, ni celle de la validité subjective, ni celle de la satisfaction, ne s'accordent avec nos idées intuitives sur l'inférence pratique et impérative. D'où viennent alors ces idées ? Il écrit :

> J'avance maintenant l'hypothèse selon laquelle l'aspect caractéristique des inférences pratiques existantes est qu'elles se présentent comme réalisant une combinaison des résultats auxquels peuvent conduire, respectivement, la logique de la satisfaction et la logique de la validité, de telle sorte que les règles de transformation de la logique de la satisfaction s'y conforment, mais qu'on attribue à la transformation la rectitude du point de vue de la validité de l'impérative.

Il poursuit en essayant de montrer que toute inférence pratique intuitivement valide est seulement pseudo-logique, résultant d'un mélange entre la logique de la satisfaction et la logique de la validité. Sa conclusion finale est la suivante : « Les impératifs peuvent être des parties constitutives d'inférences logiques authentiques, mais dans ce cas, il suffit de traduire des inférences logiques concernant des phrases indicatives sur les faits psychologiques, pour définir la validité d'un impératif ». (Il applique cette conclusion au droit : les juges n'appliquent pas vraiment les lois aux cas particuliers, mais prennent des décisions *ad hoc* pour des motifs pratiques).

La conclusion de Ross me semble incorrecte ; mais je pense qu'en trois points, il a en main les rudiments de la solution aux problèmes touchant l'inférence pratique. 1) La logique de la satisfaction est parallèle en tous points à la logique des phrases assertoriques correspondantes : elle dépend entièrement des relations entre les phrastiques, et ces relations affectent les relations entre la satisfaction d'un impératif et la satisfaction d'un autre impératif exactement de la même manière qu'elles affectent les relations entre la vérité d'une assertion et la vérité d'une autre. 2) La logique de la satisfaction n'est pas la logique des impératifs. 3) Les énigmes concernant l'inférence pratique et l'inférence impérative apparaissent à cause de confusions entre deux types de logique impérative. Là où Ross s'est trompé, à mon avis, c'est dans sa discussion de la logique de la validité. La logique de la validité, telle qu'il la décrit, n'est pas du tout une logique des impératifs, mais une logique des comptes-rendus psychologiques (c'est-à-dire une application particulière de la logique assertorique ordinaire). Maintenant, les phrases impératives peuvent être des ordres, et les fiats peuvent être l'expression de désirs; mais un ordre n'est pas le compte-rendu d'un ordre, et l'expression d'un désir n'est pas le compte-rendu d'un désir. « Valide et « invalide », compris comme signifiant « commandé » et « non commandé », ne seraient pas des analogues de « vrai » et « faux », comme le suggère Ross : ils seraient des analogues de « prescrit » et « non prescrit » ; et en tant que signifiant « désiré » et « non désiré », ils seraient des analogues de « cru » et « non cru ». La logique de la validité de Ross n'est pas une logique des impératifs correspondant à la logique aléthique du mode assertorique : son équivalent assertorique n'est pas la logique aléthique mais la logique épistémique ou doxastique, la logique des comptes-rendus des croyances et des connaissances des gens.

Je suggère que ce qu'il faut, à la place de la logique de la validité de Ross, est ce que nous pourrions appeler la logique de la *satisfaisance* (*satisfactoriness*). Le raisonnement pratique, ai-je dit, peut tout à fait être vu comme un processus passant d'un fiat à un autre selon des règles, tout comme le raisonnement théorique consiste à passer d'une phrase assertorique à une autre selon des règles. L'objet du raisonnement théorique est d'assurer qu'on ne passe jamais d'assertions vraies à des assertions fausses. Quelle est, alors, la fonction des règles du raisonnement pratique ? Quelles propriétés sont-elles censées transmettre des prémisses à la conclusion ?

Les fiats contiennent des descriptions d'états de choses possibles dont l'actualisation satisfait les désirs qu'ils expriment. Parmi les fiats, nous avons noté qu'il y a les plans et les projets. Nous pouvons distinguer, parmi les plans et les projets, entre ceux qui sont exécutés et ceux qui ne sont pas exécutés. Mais quand nous discutons les mérites de plans, ce que nous recherchons, c'est un plan qui sera satisfaisant. Néanmoins, bien sûr, un plan peut être insatisfaisant précisément parce qu'il sera difficile à réaliser; mais être exécuté et être satisfaisant sont, en fait, deux choses bien distinctes. Habituellement, en discutant les plans, nous présupposons notre capacité de les mettre en œuvre et de trouver lequel est le plus satisfaisant parmi les divers plans que nous pourrions mettre en œuvre c'est-à-dire lequel servira le mieux nos objectifs, et assouvira le mieux nos désirs. Aussi, il semble que la propriété que nous recherchons est la *satisfaisance*.

Nous pourrions être enclins à dire: ce qui est satisfaisant, ce n'est pas le plan, mais l'état de choses projeté par le plan. Il est certainement vrai qu'un état de choses peut être satisfaisant ou non satisfaisant; mais il serait absurde de dire qu'un plan n'était pas satisfaisant simplement parce que c'était un plan, et pas encore exécuté. Car une grande part du raisonnement pratique consiste à rechercher un plan satisfaisant à exécuter: si seuls les plans satisfaisants étaient exécutés, il serait impossible de faire des plans. Car nous devrions faire tout ce qui est en notre pouvoir avant de décider quelles sont les meilleures choses à faire parmi celles qui sont en notre pouvoir; et du coup, ce serait trop tard.

Evidemment, la satisfaisance est une notion relative. L'exécution et la non-exécution sont, comme la vérité et la fausseté, des notions absolues: une assertion est soit vraie soit fausse, un commandement est soit exécuté, soit non exécuté. Mais un plan n'est pas simplement satisfaisant ou non satisfaisant: il peut être satisfaisant pour certaines personnes et non pour d'autres, pour une certaine fin et non pour une autre.

Supposons que nous désirions un certain état de choses pour lui-même, et non comme un moyen en vue d'une fin. Le fiat exprimant ce désir sera alors, évidemment, un fiat dont la satisfaction satisfera le désir. Appelons un tel fiat un *fiat-but* (*goal-fiat*), et disons qu'il exprime un *objectif*. Nous sommes libres de fixer nos objectifs, mais il ne dépend pas de nous que tel ou tel plan soit compatible avec, ou efficace pour la réalisation de nos objectifs. Indépendamment de nous, certains états de choses et certains plans ne sont pas satisfaisants pour certains objectifs, à savoir ceux qui sont incompatibles avec les états de choses désirés. Indépendamment de nous, aussi, un plan dont la réalisation implique l'actualisation d'un état de choses désiré sera satisfaisant *pour cet objectif*. Nous ne pouvons garantir qu'il sera satisfaisant pour nous (car il peut entrer en conflit avec nos autres objectifs), et encore moins, qu'il sera satisfaisant pour toute autre personne.

La logique de la satisfaisance consiste en règles assurant que, dans le raisonnement pratique, nous ne passons jamais d'un fiat qui est satisfaisant pour un certain objectif à un fiat qui est non-satisfaisant pour ce même objectif. Ces règles préservent la satisfaisance tout comme les règles de l'inférence assertorique préservent la vérité. D'une façon tout à fait triviale, chaque fiat est satisfaisant par rapport à l'objectif qu'il exprime.

Entre la logique de la satisfaisance et celle de la satisfaction, les relations sont les suivantes [1]. Soient A et B deux fiats. B peut être inféré de A dans la logique de la satisfaction si et seulement si B est satisfait à chaque fois que A est satisfait. B peut être inféré de A dans la logique de la satisfaisance si et seulement si quand A est satisfaisant pour un certain ensemble de souhaits, B est satisfaisant pour cet ensemble de souhaits. Les règles d'inférence dans la logique de la satisfaction préservent la satisfaction (*are satisfaction-preserving*), c'est-à-dire qu'elles sont destinées à empêcher tout passage d'un fiat satisfait à un fiat non-satisfait. (En fait, elles sont précisément analogues aux règles vérifonctionnelles (*truth-preserving*) de l'inférence assertorique, qui sont destinées à empêcher le passage d'une prémisse vraie à une conclusion fausse). Dans la

---

1. Dans ce qui suit, les « variables propositionnelles » p, q, r, doivent être comprises comme incluant les phrastiques non assertés ; P, Q, R, sont des variables métalogiques qui représentent des expressions construites à partir de p, q, r, etc. et des constantes logiques ; A et B, sont des variables métalogiques qui représentent des expressions construites à partir du type d'expression représenté par P, Q, R, et d'un tropique qui est soit assertorique, soit impératif.

logique de la satisfaisance, les règles d'inférence préservent la satisfaisance, c'est-à-dire qu'elles ont pour but d'empêcher tout passage d'un fiat (ou plan) satisfaisant à un plan non-satisfaisant. Maintenant, un plan est satisfaisant relativement à un certain ensemble de souhaits, si et seulement si, à chaque fois que le plan est satisfait, chaque membre de cet ensemble de souhaits est satisfait. Si c'est le cas que si A est satisfait, B est satisfait, alors il s'ensuit que si B est satisfaisant, A est satisfaisant. De même, si c'est le cas que si A est satisfaisant, B est satisfaisant, alors il s'ensuit que si B est satisfait, A est satisfait. « Satisfaisant », dans les deux dernières phrases, signifie bien sûr « relativement à un ensemble donné de souhaits ou de buts ». Il suit de tout cela que la logique de la satisfaisance reflète comme en un miroir celle de la satisfaction. Autrement dit, dans tous les cas où la logique de la satisfaction permet l'inférence de A à B, la logique de la satis-faisance permet l'inférence de B à A.

La logique de la satisfaisance est, en un sens, dépendante de la logique de la satisfaction. Ceci vient du fait que la satisfaisance a été définie en termes de satisfaction : A est satisfaisant relativement à l'ensemble G si et seulement si A est satisfait, chaque membre de G est satisfait. Mais, à mon avis, c'est la logique de la satisfaisance, et non celle de la satisfaction, qui est la logique principale des impé-ratifs. Cela vient du fait que l'objectif du raisonnement pratique est d'accomplir ce que nous voulons, tout comme le but du raisonne-ment théorique est de trouver la vérité. Aussi, la préservation de la satisfaisance est au raisonnement pratique ce que la préservation de la vérité est au raisonnement théorique. Ces règles mériteront parfaitement d'être appelées « règles de l'inférence pratique » si elles assurent qu'en raisonnant sur ce qu'il faut faire, nous ne passions jamais d'un plan qui satisfait nos désirs à un plan qui ne les satisfait pas. Et ces règles sont celles de la logique de la satisfaisance.

Il est impossible de fonder la logique de la satisfaisance sur des tables de satisfaisance, car la satisfaisance, contrairement à la vérité, est une notion relative. Mais à cause des relations symétriques entre les logiques de la satisfaction et de la satisfaisance, il est possible de tester la validité d'inférences de la logique de la satisfaisance au moyen des tables de vérité, et des vérités de la logique quantifiée. Supposons que nous souhaitions savoir si FP peut être dérivé de FQ dans le calcul propositionnel de la satisfaisance, c'est-à-dire si la satisfaisance de FQ implique celle de FP. La réponse est que l'inférence est valide si et seulement si CPQ est une tautologie*. Par exemple, vous désirez savoir si FKpq peut être inféré de FApq. Pour voir si c'est possible, vous écrivez CKpqApq et vous cherchez une tautologie selon la méthode habituelle. La raison de cela est évidente. Si CPQ est tautologique, alors si EP est vrai, EQ est vrai; c'est pourquoi si FP est satisfait, FQ est satisfait, donc si FQ est satisfaisant, FP est satisfaisant. (Car si FQ est satisfaisant, alors si Q est satisfait, tous les membres de G sont satisfaits; si FP est satisfait, FQ est satisfait; c'est pourquoi si FP est satisfait, tous les membres de G sont satisfaits, donc FP est satisfaisant). Il en est de même avec le calcul des prédicats de la satisfaisance: si CPQ est une vérité de la logique quantifiée, alors FP peut être inférée de FQ. D'une manière générale, si CPQ est une loi logique, alors FP ⊢ FQ dans la logique de la satisfaisance.

À partir du moment où nous admettons qu'il y a une logique de la satisfaisance, nous nous trouvons à même de résoudre certaines des difficultés qui nous troublaient. L'inférence allant de « Poste la lettre » à « Poste la lettre ou brûle la lettre » n'est pas valide dans cette logique, et cela s'accorde avec nos jugements intuitifs. De même, l'inférence allant de « Vote pour le candidat du parti travailliste » à « Vote pour quelqu'un » n'est pas valide. Par ailleurs, l'inférence allant de « Poste la lettre ou brûle la lettre » à « Brûle la

---

* Kenny, comme Geach dans l'article suivant, utilise la notation polonaise de la logique propositionnelle, qui n'a plus court maintenant. Tous les opérateurs propositionnels sont placés devant les propositions sur lesquelles ils opèrent. Rappelons que : Np = non p ; Cpq = si p, alors q ; Kpq = p et q ; $\Sigma x \varphi x$ = il existe un x tel que x est φ.

lettre », inférence qui n'est pas valide dans la logique de la satisfaction, devient valide dans cette logique, et sa validité est reconnue
par toute personne qui réalise qu'elle peut obéir à l'ordre « poste la
lettre ou brûle la lettre » en brûlant la lettre. De même, la logique de
la satisfaisance contient une loi explicite justifiant l'inférence allant
de « vote pour quelqu'un » à « vote pour le candidat du part
travailliste », inférence qu'admettrait tacitement celui qui obéirait
au premier ordre en votant pour le parti travailliste.

La logique de la satisfaisance a des aspects qui, à première vue,
semblent paradoxaux. Par exemple, dans cette logique, l'inférence
« tue les conspirateurs ; Brutus est un conspirateur ; donc tue
Brutus » n'est pas valide. Mais ce résultat, bien compris, est parfaitement correct : l'ordre « tue les conspirateurs » n'est pas pleinement appliqué par quelqu'un qui applique l'ordre « tue Brutus »,
sauf si Brutus est le seul conspirateur, ce que les prémisses ne nous
autorisent pas à conclure. Encore une fois, dans la logique de la
satisfaisance, il y a une inférence de Fp à FKpq, puisque dans la
logique assertorique, EKpq implique Ep. Mais on ne peut sûrement
pas inférer « ouvre la porte et brise la fenêtre » à partir de « ouvre la
porte » ! En réponse, nous pouvons admettre, premièrement, que le
commandement « ouvre la porte et brise la fenêtre » ne peut être
inféré du *commandement* « ouvre la porte » : la logique de la satisfaisance concerne les fiats, et non les directives. On peut toutefois,
à partir du commandement « ouvre la porte », inférer le fiat
« F (ouvrir la porte et briser la fenêtre) » ; une personne qui
exécuterait un tel plan obéirait en effet au commandement de départ
et elle satisferait le désir véhiculé par ce commandement. Sans
aucun doute, en exécutant de la sorte le commandement, l'agent
agacerait celui qui commande ; mais c'est parce qu'il agirait contre
le désir tacite de celui qui commande que la fenêtre ne serait pas
brisée. Si ce désir tacite était rendu explicite, le fiat exprimant l'état
d'esprit de celui qui commande serait de la forme FKpNq ; ce dont
on ne peut inférer FKpq dans la logique de la satisfaisance. Donc le
paradoxe, ici, est seulement apparent.

Dans la logique de la satisfaisance, nous pouvons passer de Fq à FKpCpq. En d'autres mots, l'analogue de l'affirmation du conséquent n'est pas un paralogisme dans la logique de la satisfaisance. Ceci nous donne une indication pour traiter l'exemple d'Aristote, qui n'est pas valide dans sa propre logique : « Il faut le réchauffer ; si je le frotte, il se réchauffera ; donc je vais le frotter ». De la même façon, l'inférence de $\Sigma x \varphi x$ à φa est valide dans la logique de la satisfaisance ; et ceci nous donne un indice pour traiter le syllogisme suspect.

Le syllogisme suspect d'Aristote contient en fait des prémisses mêlées : un impératif fixant un but, et une proposition assertorique indiquant les faits réels. La règle, pour de telles inférences mêlées, est la suivante. La prémisse assertorique doit être remplacée par les phrases impératives correspondantes : l'inférence est valide dans la logique impérative si le fiat-but peut être déduit, dans la logique assertorique, de la conjonction des autres prémisses et de la conclusion (par exemple : « Fp ; ECqp ; donc Fp » est valide dans le raisonnement pratique car « EKCqpq » implique « Ep »). La raison en est double : 1) Pour commencer le raisonnement pratique, on doit accepter les faits comme ils sont (par exemple, on ne peut raisonner pratiquement sur la Chine communiste sans en reconnaître l'existence) et cela correspond au remplacement de l'assertion par le fiat correspondant. 2) Les moyens choisis doivent être suffisants pour l'objectif à atteindre ; et c'est ce qui arrivera si la conclusion, jointe aux autres prémisses, implique la prémisse-but d'un point de vue assertorique.

Les complications introduites par les prémisses mêlées font qu'il est difficile de formaliser, tels quels, les exemples d'Aristote. Mais la reconnaissance d'une logique de la satisfaisance complétant la logique de la satisfaction fournit un principe de solution pour certains problèmes qui sont insolubles dans le domaine du raisonnement pratique et impératif.

Traduction François de MONNERON

PETER GEACH

L'INFÉRENCE PRATIQUE CHEZ ANTHONY KENNY[*]

Une première réaction – qui fut la mienne – à la théorie du professeur Kenny, consiste à dire qu'elle ne peut être correcte, que les raisonnements théorique et pratique ne sont certainement pas aussi différents qu'il le dit. Je pense qu'on peut écarter cette première impression en considérant attentivement les exemples et les arguments de Kenny. Je voudrais ajouter l'exemple suivant, qui est difficile à expliquer, sauf dans la conception de Kenny. Un législateur promulguant une loi d'après laquelle tous les automobilistes conduiront du même côté de la route est logiquement contraint de promulguer un code de la route spécial, sinon sa loi serait nulle, car dangereuse. Mais une assertion selon laquelle, dans un certain pays, les automobilistes appliquent un code de la route, ne contraint pas logiquement son auteur à préciser quel code de la route ils appliquent; son assertion, telle quelle, peut servir un objectif parfaitement bon (par exemple, s'il nous dit quels pays ont un code de la route, et quels pays n'en ont pas).

Un trait essentiel de l'inférence, commun aux raisonnements théorique et pratique, est une certaine asymétrie entre les prémisses et les conclusions. Un ensemble de prémisses peut tout à fait produire une même conclusion qu'on ne pourrait atteindre par une

* P.T. Geach, « Dr Kenny on Practical Inference », *Analysis*, vol. 26 (1966).

seule prémisse isolée; un système de logique doit contenir des règles gouvernant les inférences de ce genre. D'un autre côté, un ensemble de conclusions ne découle d'une même prémisse que si chaque conclusion particulière de l'ensemble en découle. (Carnap et Kneale ont imaginé des procédés techniques pour éliminer cette asymétrie, mais je pense qu'il est pervers de vouloir l'éliminer). Il faut insister sur le fait que cette asymétrie existe dans la théorie de Kenny sur l'inférence pratique. Ceci exclut une suggestion qui, si elle était correcte, rendrait triviale la théorie de Kenny: au lieu de trouver les conclusions qui découlent des prémisses, Kenny serait seulement en train d'utiliser les règles habituelles d'inférence pour trouver les prémisses pratiques dont découle une certaine conclusion pratique; il aurait seulement échangé, de façon paradoxale, les termes «conclusion» et «prémisse». Car si nous faisions cet échange, il y aurait des cas où un ensemble de «conclusions» serait dérivable d'une «prémisse» alors qu'aucun membre de cet ensemble ne serait dérivable avec d'autres de la «prémisse»; et aucun cas de ce genre ne se présente dans la théorie de Kenny.

Dans ce qui suit, je vais tenter de donner des règles formelles pour les inférences pratiques conçues à la manière de Kenny; quels que soient ses défauts, cette formulation est assez nette pour servir de base à une autre meilleure.

Je pense que la règle essentielle est la suivante. À partir d'un ensemble de fiats Fq, Fr, Fs, ..., on peut inférer une conclusion Ft pourvu que le phrastique de la conclusion implique le phrastique d'une prémisse, et soit compatible avec ceux de toutes les autres prémisses: c'est le cas, par exemple, si t implique q et si la conjonction KtKrKs... est consistante*. (L'objet de la délibération est de trouver une manière de satisfaire une volonté sans contrarier

---

* Geach, suivant Kenny, utilise la notation polonaise de la logique propositionnelle, qui n'a plus cours maintenant. Tous les opérateurs propositionnels sont placés devant les propositions sur lesquelles ils opèrent. Rappelons que: Np = non p; Cpq = si p, alors q; Kpq = p et q.

d'autres volontés). Il s'ensuit, premièrement, qu'aucune conclusion pratique ne peut être tirée d'un ensemble inconsistant de fiats ; si KqKrKs… est une conjonction inconsistante et si t implique q, alors KtKrKs… est inconsistante et Ft ne peut être inféré correctement de l'ensemble Fq, Fr, Fs, … On pouvait s'attendre à ce résultat : on ne peut pas délibérer sur la manière de satisfaire des exigences inconsistantes.

Une autre conséquence est qu'il y a une manière de *réfuter* l'inférence pratique, et qui n'atteint pas l'inférence théorique. Dans l'inférence indicative, l'ajout d'une prémisse ne peut invalider une inférence valide jusque là ; si on peut inférer Et de Ep, Eq, alors on peut inférer Et de Ep, Eq, Er. Mais si on peut dériver Ft de Fp, Fq, cela signifie que Ft donne un sens à la satisfaction d'un de ces fiats en accord avec celle de l'autre ; et alors on ne peut plus dériver Ft de Fp, Fq, Fr. Car nous pouvons avoir : t implique p et Ktq est consistant, mais KrKtq n'est pas consistant ; et alors l'inférence allant de Fp et Fq à Ft sera valide, mais l'inférence allant de Fp, Fq, Fr à Ft ne sera pas valide.

Il y a quelques années, l'ai lu, dans un hebdomadaire politique, une lettre qui disait à peu près ceci : « Je ne conteste pas les prémisses du colonel Bogey, ni la logique de son inférence. Mais même si une conclusion est correctement déduite de prémisses acceptables, nous ne sommes pas obligés de l'accepter si ces prémisses sont incomplètes ; et malheureusement, il y a une prémisse vitale qui manque à l'argument du colonel : l'existence d'une Chine communiste ». Je ne sais pas quel était l'argument originel du colonel Bogey ; pour savoir la valeur de cette critique, il faut savoir si elle relevait du raisonnement indicatif ou du raisonnement pratique. Bien entendu, un raisonnement indicatif à partir d'un ensemble de prémisses, s'il est valide, ne peut être invalidé sous prétexte qu'il manque une « prémisse » dans cet ensemble. Mais un raisonnement pratique à partir d'un ensemble de prémisses peut être invalidé comme suit : votre adversaire produit un fiat que vous devez accepter, et cet ajout aux fiats que vous avez déjà acceptés produit une combinaison incompatible avec votre conclusion.

Le correspondant prétendait que la « prémisse manquante » du colonel Bogey était l'existence d'une Chine communiste. Pour l'essentiel, Kenny me semble avoir raison en ce qui concerne la façon de manier ces prémisses factuelles dans l'inférence pratique. Chaque délibération se fait sur fond de certains faits pertinents appartenant à la situation, des faits qu'on tient pour accordés et qu'on ne propose pas de changer ; un tel fait sera représenté par une prémisse-fiat dont la phrastique exprime le fait. Cela correspond à la maxime de prudence : « Ne te heurte pas à un mur » *; il est clair que nos conclusions seront futiles si elles ne s'accordent pas avec de tels faits. Le colonel Bogey devrait admettre que sa critique soit ajoutée à l'ensemble des prémisses du fiat « F(il y a une Chine communiste) », à moins que les délibérations du colonel ne prennent pas ce fait comme une partie de l'arrière-fond donné, par exemple parce que, pour lui, la question se pose, politiquement, de savoir si la Chine doit continuer à exister ou s'il faut l'anéantir.

Au vu de la défaisabilité du raisonnement pratique par l'ajout de prémisses, il semble y avoir une menace pour ce que la logique péripatéticienne nommait « le théorème synthétique » – le principe selon lequel si une conclusion t découle d'un ensemble de prémisses P, et si P et t entraîne à son tour la conclusion v, alors la prémisse P entraîne v. C'est seulement si le théorème synthétique est vrai que nous obtenons une *chaîne* d'inférences reliant les prémisses de départ à la conclusion finale, ce qui est clairement requis dans les inférences pratiques aussi bien que théoriques. En fait, nous pouvons montrer que la doctrine de Kenny protège le théorème synthétique.

---

* En anglais : « Don't run your head up against a brick wall », c'est-à-dire, plus littéralement : « ne t'envoie pas la tête contre un mur de briques ».

Nous avons dit plus haut que dans la théorie de Kenny, une conclusion Ft est correctement déduite d'un ensemble de fiats pourvu que son phrastique t implique le phrastique v d'un de ces fiats, et puisse être ajouté sans incohérence aux phrastiques de tous les *autres* fiats de l'ensemble. On aurait pu omettre le mot « autre » en fixant cette condition; car si t implique v, KtKpKqKr… est une conjonction consistante si et seulement si KtKvKpKqKr… est consistante. Dans la preuve qui suit, nous adoptons le critère de validité sous cette forme plus maniable, et équivalente.

Nous devons donc montrer qu'à partir de :

> Ft peut être inféré de Fp, Fq, Fr…

et :

> Fv peut être inféré de Ft, Fp, Fq, Fr…

Il suit logiquement que :

> Fv peut être inféré de Fp, Fq, Fr…

(1) est vrai si et seulement si t implique une des phrastiques p, q, r, … et si la conjonction KtKpKqKr… est consistante. Sans rien perdre en généralité, nous pouvons admettre que t implique p. Maintenant, (2) est vrai si et seulement si v implique une des phrastiques t, p, q, r, … et si la conjonction KvKtKpKqKr… est consistante. Mais si v implique t, alors comme t implique p, en vertu de (1), v implique p; et ainsi, que v implique t ou l'une des propositions p, q, r, …, dans tous les cas, v impliquera l'une des propositions p, q, r, …. Là encore, si KvKtKpKqKr… est une conjonction consistante, KvKpKqKr… en est aussi; donc v implique une des propositions p, q, r, … et KvKpKqKr… est une conjonction consistante, donc (3) est vraie. CQFD.

De plus, même si le *modus ponens* est défaisable par l'ajout de prémisses, une conclusion par *modus ponens* restera valide sauf si elle est renversée par une prémisse ajoutée. Car comme nous le voyons, nous n'obtenons aucune conclusion à partir d'une paire de prémisses inconsistante. Mais si p et Cpq sont consistantes, p et q aussi ; donc Kpq sera consistante ; et q impliquera Cpq ; mais alors Fq est une conclusion correcte de Fp et FCpq.

Un résultat plus surprenant de la théorie de Kenny est que dans le raisonnement pratique, le fiat FKpq n'est pas déductivement équivalent à la paire de fiats Fp, Fq (puisque dans le raisonnement indicatif, FKpq est équivalent à la paire Fp, Fq). Ce n'est pas vraiment un paradoxe : l'équivalence supposée conduirait à un résultat absurde. Car suivant le même raisonnement, l'ensemble Fp, Fq, Fr, … serait déductivement équivalent à FKpKqKr…. Mais on ne pourrait accomplir ce dernier fiat que par une conduite permettant à coup sûr de satisfaire en même temps toutes nos volontés (exprimées dans un fiat Ft tel que t implique KpKqKr…). Ce que signifie l'échec de cette équivalence, c'est que nous devrons être particulièrement minutieux en fixant d'autres règles d'inférences pour le raisonnement pratique.

Traduction François de MONNERON

DÉSIR ET RATIONALITÉ

INTRODUCTION

Qu'est-ce qu'une action rationnelle ? On pourra répondre qu'il s'agit d'une action pour laquelle il y a des raisons d'agir et non pas d'abord que c'est une action qui est conforme à des principes de la Raison. En ce sens minimal (mais y en a-t-il un autre ?), parmi les actions volontaires, les actions intentionnelles doivent être réputées rationnelles[1]. La question de la rationalité pratique devient celle de savoir quelle est la nature des considérations que l'agent peut invoquer pour qu'elles puissent être considérées comme des raisons d'agir.

Supposons donc que vous vous demandiez comment agir de façon rationnelle, c'est-à-dire comment agir *au mieux* dans la situation où vous vous trouvez. Supposons encore que vous *soyez* rationnel et que vous ayez promis de donner une certaine somme

---

1. Ou presque, car on peut faire remarquer que certaines actions intentionnelles n'ont pas de raison. « Pourquoi gribouilles-tu sur ta feuille ainsi en écoutant le professeur ? ». Réponse : « Pour aucune raison particulière ; c'était juste comme ça ». Et il y a par ailleurs des actions volontaires qui ne sont pas intentionnelles : 1) les actions machinales (passer sa main dans sa barbe), 2) les actions dues à la négligence, dont on nous impute le résultat (donc elles sont volontaires), bien qu'elles n'aient pas été projetées (elles ne sont pas intentionnelles), telle celle du cuisinier sur le navire qui laisse se gâter la nourriture.

d'argent. Cette simple considération constitue pour certains une *raison* de donner cet argent, que vous *désiriez ou non* accomplir cette action, c'est-à-dire tenir votre promesse. En d'autres termes, vous pouvez avoir des raisons d'accomplir une certaine action, même si cette considération est telle qu'elle vous laisse indifférent, qu'elle ne contribue pas à vous pousser à agir, à ce que l'on appelle parfois votre *motivation*. Les considérations morales sont assez naturellement tenues pour avoir ce statut : quelqu'un peut tout à fait avoir une raison de donner cet argent et ne pas désirer le donner. On appelle *externaliste* celui qui, pour certaines raisons d'agir, ne voit aucun lien entre le fait, pour un agent rationnel, d'avoir ces raisons d'agir et celui d'être poussé à agir, d'être mû par ces raisons. On appelle *internaliste* celui qui soutient la position contraire : toute raison d'agir (toute considération parlant en faveur de l'accomplissement d'une action) doit être liée d'une manière ou d'une autre aux motivations de l'agent. Un internaliste considère que si une considération tendant à montrer qu'une action est bonne laisse indifférent un acteur, elle ne peut constituer une raison d'agir. Dans notre exemple, si un individu n'a par exemple aucun désir de tenir sa promesse, alors le fait qu'il ait promis ne peut lui donner aucune raison de donner la somme promise. Inversement, si vous pouvez montrer que cette considération contribue à satisfaire un désir de l'agent, quel qu'il soit (désirer être une personne fiable, désirer apparaître comme une personne fiable, désirer faire plaisir au récipiendaire de la promesse, ou se conformer au désir général de tenir ses promesses), alors cette considération est une raison d'agir. Il se peut que l'agent *de fait* ne soit pas mû par cette considération, en supposant qu'il en ait pris connaissance. Cela ne veut pas dire pour autant que ce fait ne constitue pas pour lui une raison d'agir. Cela peut prouver simplement qu'il est *irrationnel* (c'est là un point sur lequel insiste Korsgaard dans l'article ici présenté). Williams, qui a beaucoup fait pour reprendre à nouveaux frais ce problème, appelle *raison externe* une considération qui continuerait à être une raison d'accomplir une action, même si on pouvait prouver qu'un agent rationnel ne pourrait être poussé à l'accomplir s'il en prenait connaissance, et *raison interne*, les considérations qui tiennent leur statut de raison du fait de ce lien avec la motivation. Williams soutient que les raisons externes n'existent pas.

On pourra donc résumer ainsi la thèse internaliste affirmant que toute raison doit motiver les personnes rationnelles :

> I) Une considération C est pour un agent une raison d'accomplir l'action A si et seulement si un agent serait motivé à accomplir l'action A s'il était rationnel et s'il était conscient de C.

Si on formule ainsi l'internalisme, on comprend qu'il est parfaitement compatible avec la constatation qu'un acteur peut ne pas accomplir une action, alors qu'il a une excellente raison de l'accomplir. Cela indique simplement soit qu'il n'est pas rationnel (il ne s'agit pas de l'irrationalité, si c'en est vraiment une, de celui qui souffre de faiblesse de la volonté, car ce dernier est bel et bien motivé à accomplir l'action, mais n'a pas la force de l'accomplir effectivement, mais plutôt de celle du dépressif qui voit très bien ce qu'il y a de mieux à faire, mais reste froid malgré tout devant la considération en question); soit que l'acteur n'a pas connaissance de cette considération. Pour qu'une considération ne soit pas une raison d'agir, il faudrait montrer que l'agent, s'il délibérait bien et s'il était bien informé, demeurerait pourtant indifférent à la considération en question. Un considération C compte comme une raison d'accomplir une action A si et seulement si l'agent par une délibération rationnelle et informée acquerrait la motivation à accomplir A.

À de rares (bien que notables) exceptions près (David Brink, Derek Parfit, Philippa Foot dernière manière), la plupart des philosophes contemporains sont internalistes et considèrent que la charge de la preuve revient à l'externaliste. En somme, la position internaliste exploite le fait que nous trouverions incontestablement étrange un individu qui dirait d'un côté : « J'ai les meilleures raisons d'accomplir cette action », mais de l'autre ajouterait : « Cependant, je ne vois rien qui me pousse à agir ». Et en effet, il semble bien qu'une considération n'est une raison d'agir que par le lien qu'elle entretient avec l'action : une raison d'agir est une considération qui potentiellement au moins explique pourquoi un agent agit comme il le fait. Il est de la nature d'une raison d'agir d'*influencer* l'acteur dans sa sphère pratique. Mais l'externalisme semble justement admettre l'existence de raisons qui seraient en elles-mêmes incapables d'une telle influence.

Le débat s'est en fait concentré autour de deux formes d'internalisme, celui de Bernard Williams (qui est très proche des positions de Hume) et celui de Kristine Korsgaard (qui se réclame de Kant). En effet, comme le fait remarquer John Robertson [1], la définition (I) peut être lue dans deux sens différents selon que l'on fait porter le poids explicatif sur le côté droit ou sur le côté gauche du bi-conditionnel. Quand y a-t-il un sens à dire qu'un agent est poussé à (a le désir d') accomplir l'action A ? Lorsqu'une considération a un contenu qui présente A comme désirable, c'est-à-dire comme la chose rationnelle à faire, comme une raison d'agir. Vous pouvez donc faire dire, comme Korsgaard, à (I) que ce qui rend intelligible qu'un agent rationnel soit motivé à accomplir A, c'est qu'une considération C parle en faveur de A. En d'autres termes, on peut en principe (c'est la tâche du philosophe) établir qu'une considération C est une raison d'accomplir A sans pour autant faire appel à des informations sur les désirs de l'agent, mais uniquement en déterminant le contenu des lois de la raison pratique. La saisie par l'agent rationnel du contenu de ses lois devrait lui permettre de comprendre en quoi l'action est désirable et le motiver à l'accomplir. Ce qui compte comme une raison d'agir vaut donc pour *tout* agent pratique et est donc en ce sens indépendant de ses désirs.

La seconde forme d'internalisme demande à l'inverse : quand y a-t-il un sens à dire qu'une considération est une raison d'agir ? Et

---

1. J. Robertson, « Internalism, Practical Reason, and Motivation », dans *Varieties of Practical Reasoning*, E. Millgram (ed.), Cambridge, MIT, 2001, p. 130.

on répond : lorsque cette raison d'agir s'appuie sur une motivation (un désir), sinon réelle, du moins potentielle de l'agent. On peut donc faire dire à (I) que ce qui rend intelligible qu'un agent a une raison d'accomplir une action A, c'est l'existence de certains faits concernant ses motivations : à supposer que l'agent désire prendre son train, alors le fait (la considération) que le train est sur le point de partir est une bonne raison de se mettre à courir pour l'attraper. En revanche, si ce désir de prendre le train n'est pas le vôtre (s'il ne fait pas parti de votre «ensemble motivationnel» comme dit Williams), alors le fait que le train soit sur le point de partir ne constitue pas pour vous une raison d'agir. Les raisons d'agir sont donc relatives aux agents. Il se peut que certaines soient des raisons d'accomplir une action A pour tous les agents, mais cela ne saurait reposer que sur le fait contingent que tous désirent A ou quelque chose à l'obtention de quoi A est indispensable.

Il faut admettre que l'idée d'origine kantienne d'un contenu qui serait intrinsèquement motivationnel est quelque peu difficile à saisir, tout comme l'idée qu'il pourrait y avoir un processus délibératif qui pourrait indiquer à l'agent quoi faire indépendamment de la considération de ses désirs. Bien que Williams élargisse considérablement le schéma classique de la délibération rationnelle en comptant parmi les sources motivationnelles non seulement des désirs, mais aussi des principes généraux d'actions et des valeurs, et fasse une grande part à l'imagination pratique, il n'en reste pas moins que fondamentalement, une considération n'est une raison d'agir que si on peut montrer en quoi elle permet à l'agent de réaliser ce qu'il désire ou juge bon. La délibération est fondamentalement de nature calculative. Elle consiste à calculer le moyen de satisfaire une fin donnée, que j'ai et que vous pourriez ne pas avoir. On ne voit pas bien en quoi une délibération pratique pourrait ne pas avoir cet aspect calculatoire, même si la version instrumentale que l'on associe chez les anglo-saxons à Hume et chez nous à Max Weber (la «rationalité en finalité»), n'en est peut-être pas le meilleur modèle.

Mais même cette dernière caractérisation de l'internalisme masque une divergence dans la façon dont on peut concevoir le rapport de la raison à la motivation. Il ne revient en effet pas tout à fait au même de dire qu'une considération est rationnelle précisément lorsqu'elle vise à satisfaire un désir et de dire qu'elle est rationnelle lorsqu'elle vise à obtenir ce qui est bon ou ce que l'on a jugé bon (le bien apparent, comme eût dit Aristote). En fait, l'expression « internalisme » recouvre au moins trois thèses distinctes :

1) l'internalisme des raisons à propos des valeurs : il existe un lien nécessaire entre les valeurs et les raisons d'agir. En d'autres termes, ce qui a une valeur (ou la croyance que quelque chose a une valeur, est bonne) donne nécessairement à l'agent une raison d'agir. Quelqu'un qui dit en quoi une action est bonne dit *ipso facto* quelles sont ses raisons d'agir.

2) l'internalisme motivationnel à propos des raisons : il existe une lien nécessaire (interne) entre les raisons d'un agent et ses motifs. Quelqu'un qui donne ses raisons d'accomplir telle action dit *ipso facto* ce qui le pousse à accomplir l'action.

3) l'internalisme motivationnel à propos des valeurs : il existe un lien interne entre les valeurs et les motifs de l'agent. En d'autres termes, ce qui a une valeur (ou la croyance que quelque chose a une valeur) donne immédiatement à l'agent un motif pour agir (pour le rechercher). Quelqu'un qui dit en quoi une action est bonne dit *ipso facto* en quoi il est poussé à l'accomplir.

Celui qui adopte les positions (1) et (2) doit logiquement accepter la position (3). Mais quelqu'un qui adopte la position (2) n'est pas nécessairement enclin à adopter la position (1) : la raison pour laquelle je dois aller prendre le bus n'est pas, prétendra-t-il, que je trouve bon d'aller au cinéma, mais que *je désire* aller au cinéma. Peut-être que l'agent, s'il se trouve interrogé, s'exprimera en employant un vocabulaire évaluatif (c'est une *bonne* chose que d'aller au cinéma), mais ce jugement ne décrit aucune réalité, aucun aspect de l'action ou de son résultat, mais constitue simplement l'expression d'un désir. Bref, il ne revient pas au même de dire qu'on a une raison d'accomplir une action parce qu'elle sert un désir, donc parce que son résultat est *désiré*, et de dire que l'on a une raison d'accomplir une action parce son résultat (ou elle-même) est bon, c'est-à-dire possède une caractéristique qui le ou la rend *désirable*. Soit le cas d'un enfant que l'on invite à partager un gâteau avec un camarade. On peut lui donner comme raison de son acte : que s'il ne le fait pas, son ami sera malheureux, que c'est juste d'agir ainsi, etc, toute chose qui font de l'action quelque chose de *bon* ou de *désirable*. Ces raisons peuvent se révéler erronées. Peut-être est-il faux que le camarade sera attristé au cas où il ne recevrait pas une part de gâteau ; peut-être qu'agir justement n'est pas un forme de bien (en tout cas dans ces circonstances), etc. Quoi qu'il en soit, ces considérations prétendent indiquer en quoi l'action est bonne, et cela sans nulle référence au désir de l'agent.

En opposition à cette conception, on pourra soutenir au contraire que l'action n'est rationnelle que si elle sert un désir de l'agent. Dans cette conception, ce qui fait que l'action doit être accomplie, ce n'est pas qu'elle est juste, la justice étant une forme de bien, mais que, par exemple, elle satisfait le *désir* de justice de l'agent. Que l'on puisse établir que par ailleurs la justice est une forme de bien ne constitue pas pour autant une raison d'agir[1].

Il ne faut pas cependant se méprendre sur la thèse défendue par ceux qui adhèrent à la proposition exprimée en (1) : elle ne revient pas à une position externaliste. Ils ne prétendent pas que la considération du bien donne des raisons d'agir, mais que les raisons d'agir n'ont aucun *lien* avec le désir de l'agent (ils n'excluent donc

---

1. C'est là une position que la célèbre philosophe américaine Philippa Foot a défendu un temps à propos de la morale (« Morality as a System of Hypothetical Imperatives », *Philosophical Review* 81, p. 305-316) : il y a une objectivité du bien moral (qu'une personne soit grossière ne dépend pas des désirs de l'agent), mais le bien moral ne constitue une raison d'agir que pour ceux qui désirent le poursuivre.

pas (2)). Ils prétendent que le désir, *indispensable si l'agent doit entrer en action*, ne compte pas parmi ses *raisons* d'agir. Il est certes le moteur de l'action, mais il n'est pas ce qui rationalise l'action. Une action n'est pas rendue, en effet, plus rationnelle, pour cette raison que l'agent *veut* son résultat. Encore faut-il qu'on ait des raisons de vouloir ce que l'on veut (que l'objet du vouloir apparaisse à l'acteur comme une forme de bien). En réalité, le fait de désirer quelque chose peut parfois être la raison de ne pas accomplir l'action désirée ou de prendre des mesures pour s'empêcher de l'accomplir : si Julien désire tuer son père, la meilleure chose à faire est peut-être d'aller voir un psychanalyste. Et contrairement à ce que prétend l'externaliste, une fois que vous avez donné vos raisons de tenir un acte pour bon, vous n'avez pas à fournir de raisons supplémentaires pour indiquer quelles seraient vos raisons d'être poussé à accomplir ce que vous avez jugé bon. Conformément au principe général de la position internaliste, les raisons de juger bonnes une action seront aussi les raisons de l'accomplir[1].

---

1. C'est sans doute là la position de philosophes comme C. Vogler (*Reasonably Vicious*, Cambridge, Cambridge University Press, 2002) et J. Dancy (*Practical Reality*, Oxford, Oxford University Press, 2002).

DAVID HUME

TRAITÉ DE LA NATURE HUMAINE
Livre II, 3ᵉ partie, chapitre 3 *

DES MOTIFS QUI INFLUENCENT LA VOLONTÉ

Rien n'est plus habituel en philosophie, et même dans la vie courante, que de parler du combat de la passion et de la raison, de donner la préférence à la raison et d'affirmer que les hommes ne sont vertueux que dans l'exacte mesure où ils se conforment à ses décrets. Toute créature rationnelle, dit-on, est obligée de régler ses actions par la raison; et si quelque autre motif ou principe vient disputer la direction de sa conduite, elle doit lui résister et le mener à une totale soumission ou, du moins, le contraindre à se conformer à ce principe supérieur. C'est sur cette manière de penser qu'est fondée la plus grande partie de la philosophie morale, ancienne et moderne; et il n'y a pas de sujet plus largement ouvert tant aux arguments métaphysiques qu'aux déclamations populaires, que cette prééminence supposée de la raison sur la passion. L'éternité, l'invariabilité et l'origine divine de la première ont été décrites aussi avantageusement qu'il se peut; et c'est tout aussi vigoureusement que l'on a souligné l'aveuglement, l'inconstance, les attraits

---

* D. Hume, *A Treatise of Human Nature*, L.A. Selby-Bigge (ed.), 2ᵉ ed., Oxford, Clarendon Press, 1978.

fallacieux de la seconde. Afin de montrer la fausseté de toute cette philosophie, je vais essayer de prouver, *premièrement*, que la raison ne peut jamais être à elle seule un motif pour une action de la volonté et, *deuxièmement*, que dans la direction de la volonté elle ne peut jamais s'opposer à la passion.

L'entendement s'exerce de deux manières différentes, selon qu'il juge par démonstration ou par probabilité, je veux dire : selon qu'il considère les relations abstraites de nos idées ou les relations des objets dont l'expérience est seule à nous instruire. Il n'est personne, ou presque, je crois, pour affirmer que la première espèce de raisonnement soit par elle seule la cause d'une quelconque action. Comme son domaine propre est le monde des idées et comme la volonté nous place toujours dans le monde des réalités, la démonstration et la volition semblent n'avoir ainsi aucun rapport. Les mathématiques, il est vrai, sont utiles dans toutes les opérations mécaniques, et l'arithmétique dans presque tous les arts et les métiers. Mais ce n'est pas d'elles-mêmes qu'elles tirent leur influence. La mécanique est l'art de régler les mouvements des corps *en vue de quelque fin ou dessein déterminé*; et nous n'avons d'autre raison d'employer l'arithmétique pour fixer les proportions des nombres, que de découvrir quelles sont les proportions auxquelles répondent l'influence et l'action de ces mêmes mouvements. Pourquoi un marchand désire-t-il dresser le total de ses comptes avec une personne? Sinon en vue d'apprendre quelle somme aura les mêmes *effets*, la dette payée et en se rendant au marché, que tous les articles particuliers réunis. Le raisonnement abstrait ou démonstratif n'influence donc jamais nos actions que dans la mesure où il dirige notre jugement sur les causes et les effets – ce qui nous amène à la seconde opération de l'entendement.

Il est évident qu'à l'idée qu'un objet puisse nous causer de la douleur ou du plaisir, nous ressentons une émotion soit d'aversion soit de propension, une émotion qui nous fait nous détourner de ce qui peut nous causer de l'incommodité, et nous saisir de ce qui peut nous apporter de la satisfaction. Il est tout aussi évident que cette émotion n'en reste pas là, mais que, nous faisant porter nos vues de tous côtés, elle s'étend aux divers objets qui sont liés au premier, par la relation de cause et d'effet. C'est alors qu'intervient le raisonnement, afin de dégager cette relation ; et selon que notre raisonnement varie, nos actions varient en conséquence. Mais il est évident dans ce cas que l'impulsion ne naît pas de la raison, mais qu'elle est seulement dirigée par elle. C'est de l'idée d'une douleur ou d'un plaisir à venir que nous vient l'aversion ou la propension envers l'objet. Et ces émotions s'étendent aux causes et aux effets de l'objet, tels que nous les signalent la raison et l'expérience. Nous ne nous soucions nullement de savoir si un objet est la cause et un autre l'effet, quand les causes et les effets nous sont indifférents. Quand les objets ne nous affectent pas eux-mêmes, la liaison qui est entre eux ne leur procure aucune influence ; et il est clair que, comme la raison n'est rien que la découverte de cette liaison, ce ne peut être par son moyen que les objets sont capables de nous affecter.

Puisque la raison seule ne peut jamais produire une action ni susciter une volition, j'en infère que la même faculté est tout aussi impuissante à prévenir une volition ou à disputer la préférence à une passion ou une émotion. Cette conséquence est nécessaire. Il est impossible que la raison puisse avoir ce dernier effet de prévenir une volition, sauf en donnant une impulsion qui va dans une direction contraire à la passion donnée ; et cette impulsion, si elle avait agi seule, aurait été capable de produire la volition. Rien ne peut empêcher ou retarder l'impulsion d'une passion qu'une impulsion contraire ; et si cette impulsion contraire avait son origine dans la raison, alors cette faculté devrait avoir une influence propre sur la volonté et se montrer capable de causer aussi bien que d'empêcher un acte de volition. Mais s'il est vrai que la raison n'a pas en propre une telle influence, il est alors impossible qu'elle résiste à tout autre principe qui possède une telle efficace, ou qu'elle réussisse à tenir l'esprit en suspens un seul instant. Il apparaît ainsi que le principe qui s'oppose à nos passions ne peut se confondre avec la raison et qu'on ne le nomme ainsi qu'improprement. Nous ne parlons ni rigoureusement ni philosophiquement, quand nous parlons du combat de la passion et de la raison. La raison est et ne doit être que l'esclave des passions et ne peut jamais prétendre à d'autre fonction que de les servir et leur obéir. Comme cette opinion peut paraître assez extraordinaire, il n'est sans doute pas inutile de la confirmer par d'autres considérations.

Une passion est une existence primitive ou, si vous voulez, un mode primitif d'existence ; et elle ne contient aucune qualité représentative qui en ferait la copie d'une autre existence ou d'un autre mode. Quand je suis en colère, je suis actuellement possédé par cette passion ; et quand je suis pris par cette émotion, je n'ai pas plus de rapport à un autre objet que lorsque je suis assoiffé, malade ou haut de plus de cinq pieds. Il est donc impossible que cette passion puisse être combattue par la vérité et la raison ou qu'elle leur soit contradictoire, puisque la contradiction consiste dans le désaccord des idées, prises comme des copies, avec les objets qu'elles représentent.

Ce qui peut se présenter d'abord sur ce point, c'est que, rien ne pouvant être contraire à la vérité et à la raison sinon ce qui s'y rapporte, et les jugements de notre entendement étant seuls à avoir ce rapport, il en résulte nécessairement que les passions ne peuvent être contraires à la raison que dans la mesure où elles *s'accompagnent* de jugement ou d'opinion. En vertu de ce principe, très évident et très naturel, il n'y a que deux sens dans lesquels on peut dire une affection *déraisonnable*. Premièrement, quand une passion telle que l'espoir ou la crainte, le chagrin ou la joie, le désespoir ou la tranquillité d'âme, repose sur la supposition de l'existence d'objets qui en réalité ne sont pas. Deuxièmement, quand nous livrant à une passion nous choisissons des moyens qui ne répondent pas suffisamment à la fin projetée et que nous nous égarons dans notre jugement sur les causes et les effets. Quand la passion ne repose pas sur de fausses suppositions ou qu'elle ne choisit pas des moyens trop faibles pour la fin poursuivie, l'entendement ne peut ni la justifier ni la condamner. Il n'est pas contraire à la raison que je préfère la destruction du monde entier à une égratignure de mon doigt. Il n'est pas contraire à la raison que je choisisse de me ruiner totalement pour épargner le moindre désagrément à un *Indien* ou une personne qui m'est totalement inconnue. Il est aussi peu contraire à la raison que je préfère comme mien un bien que je sais moindre à un bien plus grand, et que j'ai une affection plus vive pour le premier que pour le second. Un bien très ordinaire peut, en certaines circonstances, susciter un désir supérieur à celui qui naît du contentement le plus plein et le plus estimable ; et il n'y a en cela rien d'extraordinaire, pas davantage en vérité que de voir en mécanique un poids d'une livre soulever un poids de cent livres, grâce à l'avantage de sa situation. Bref, une passion doit s'accompagner d'un jugement faux pour être déraisonnable ; et même alors, ce n'est pas la passion qui est à proprement parler déraisonnable, mais le jugement.

Les conséquences sont évidentes. Puisque, d'aucune façon, on ne peut déclarer une passion déraisonnable, sauf quand elle repose sur une fausse supposition ou quand elle choisit des moyens qui ne suffisent pas à la fin projetée, il est impossible que la raison et la passion puissent jamais s'opposer l'une à l'autre ou se disputer le gouvernement de la volonté et de l'action. Dans l'instant même où nous percevons la fausseté de la supposition ou l'insuffisance des moyens, nos passions le cèdent à notre raison sans aucune résistance. Je peux désirer un fruit, pensant que sa saveur est délicieuse ; mais si vous me convainquez de mon erreur, je cesse de le désirer. Je peux vouloir accomplir certaines actions en vue d'obtenir un bien désiré ; mais comme la volonté que j'ai de ces actions n'est que seconde et qu'elle est fondée sur la supposition que ces actions causeront l'effet espéré, aussitôt que je découvre la fausseté de cette supposition, ces actions ne peuvent que me devenir indifférentes.

Traduction Michel MALHERBE

BERNARD WILLIAMS

RAISONS INTERNES ET RAISONS EXTERNES[*]

Les phrases de la forme « *A* a une raison de Φ-er » ou « Il y a une raison pour A de Φ-er » (où « Φ-er » tient lieu d'un certain verbe d'action) semblent à première vue supporter deux sortes différentes d'interprétation. Dans la première, la vérité de la phrase implique, pour le dire très rapidement, que *A* ait un certain motif qui sera servi ou favorisé par son acte de Φ-er, et s'il se trouve que ce n'est pas le cas, la phrase est fausse : il y a une condition se rapportant aux buts de l'agent, et si celle-ci n'est pas satisfaite, il n'est pas vrai de dire, dans cette interprétation, qu'il a une raison de Φ-er. Dans la seconde interprétation, une telle condition n'existe pas, et la phrase invoquant la raison d'agir ne sera pas rendue fausse par l'absence d'un motif approprié. J'appellerai la première interprétation, l'interprétation « interne », et la seconde, l'interprétation « externe » (étant données ces deux interprétations et les deux formes de phrase que nous avons mentionnées, il est raisonnable de supposer que la première phrase recueille plus naturellement l'interprétation interne, et la seconde l'interprétation externe, mais il serait inexact de suggérer que chacune de ces formes de mots n'admette qu'une seule de ces interprétations).

[*] B. Williams, « Internal and External Reasons », dans R. Harrison (ed.), *Rational Action*, Cambridge, Cambridge University Press, 1979, p. 17-28.

Par commodité, je ferai aussi parfois référence aux « raisons internes (d'agir) » et aux « raisons externes (d'agir) », comme je le fais dans le titre, mais cela ne doit pas être pris pour autre chose qu'une commodité. C'est l'objet même d'une enquête de savoir s'il y a deux sortes de raisons d'agir, par opposition à deux sortes d'énoncés sur les raisons pour lesquelles les gens agissent. En effet, comme nous le verrons finalement, même l'interprétation dans l'un de ces cas est problématique.

Je m'intéresserai d'abord à l'interprétation interne, et jusqu'où elle peut être menée. Je m'intéresserai ensuite, d'une manière plus sceptique, à ce qui pourrait être impliqué dans une interprétation externe. Je finirai par quelques remarques très brèves reliant tout ceci au problème des biens publics et des resquilleurs [*free-riders*].

Le modèle le plus simple pour l'interprétation interne serait le suivant : A a une raison de Φ-er si A a un certain désir dont la satisfaction sera obtenue par son acte de Φ-er. Alternativement, nous pourrions dire … un certain désir, dont A croit que la satisfaction sera obtenue par son acte de Φ-er ; cette différence nous intéressera plus tard. On attribue parfois à Hume un tel modèle, mais comme en fait, les idées particulières de Hume sont plus complexes que cela, nous pourrions l'appeler *le modèle sub-humien*. Le modèle sub-humien est certainement trop simple. Mon but consistera, par un travail d'addition et de révision, à le transformer en quelque chose de plus adéquat. Ce faisant, j'articulerai quatre propositions qui me semblent être vraies des énoncés invoquant la raison interne d'agir.

Fondamentalement, et par définition, tout modèle pour l'interprétation interne doit manifester la relativité de l'énoncé invoquant la raison d'agir à *l'ensemble motivationnel subjectif* de l'agent, que j'appellerai le S de l'agent. Nous en viendrons à ce que S contient, mais nous pouvons dire :

(1)   Un énoncé invoquant la raison interne d'agir est rendu faux par l'absence d'un certain élément approprié de S.

Le modèle sub-humien le plus simple affirme que tout élément de *S* donne naissance à une raison interne d'agir. Il y a cependant des raisons [*grounds*] pour nier cela, non pas à cause d'éléments regrettables, imprudents ou déviants de *S* – ils soulèvent d'autres sortes de problèmes – mais à cause d'éléments présents dans *S* fondés sur une croyance fausse.

L'agent croit que ce liquide est du gin, alors que c'est en fait de l'essence. Il aimerait un gin tonic. A-t-il raison, ou une raison, de mélanger ce liquide avec du tonic et de le boire ? Il y a ici deux façons de répondre (comme cela a déjà été suggéré par les deux possibilités de formuler le modèle sub-humien). D'un côté, il est tout simplement très étrange de dire qu'il a une raison de boire ce liquide, et naturel de dire qu'il n'a pas de raison de le boire, bien qu'il pense en avoir une. D'un autre côté, s'il le boit effectivement, nous avons non seulement une explication de son action (une raison à ce qu'il a fait), mais nous avons une explication de la forme raison-pour-laquelle-agir. La dimension explicative est très importante, et nous y reviendrons plus d'une fois. S'il y a des raisons pour lesquelles agir, ce doit être que les gens agissent parfois pour ces raisons, et s'ils le font, leurs raisons doivent figurer dans une certaine explication correcte de leur action (il ne s'ensuit pas qu'elles doivent apparaître dans toutes les explications correctes de leur action). La différence entre les croyances fausses et les croyances vraies de l'agent ne peut pas altérer la *forme* de l'explication qui sera appropriée à son action. Cette considération pourrait nous conduire à ignorer l'intuition que nous avions notée précédemment, et nous amener à simplement légiférer que, dans le cas de l'agent qui veut un gin, il a une raison de boire cette chose qui est de l'essence.

Cependant, je ne pense pas que c'est ce que nous devrions faire. C'est faire fausse route, en impliquant en effet que la conception de la raison interne ne s'intéresse qu'à l'explication, et pas du tout à la rationalité de l'agent, et ceci peut pousser à vouloir rechercher d'autres sortes de raisons qui sont liées à sa rationalité. Mais la conception des raisons internes s'intéresse à la rationalité de l'agent. Ce que nous pouvons correctement lui attribuer dans un énoncé invoquant la raison interne à la troisième personne est aussi, comme nous le verrons, ce qu'il peut correctement s'attribuer à lui-même comme le résultat d'une délibération. Je pense donc que nous devrions plutôt dire :

(2)   Un membre de S, D, ne donnera pas à A une raison de Φ-er, soit quand l'existence de D est dépendante d'une croyance fausse, soit quand la croyance de A en la pertinence de l'acte de Φ-er pour satisfaire D est fausse.

(Cette double formulation peut être illustrée à partir du cas du gin/essence : D peut être pris de la première manière comme le désir de boire ce qu'il y a dans cette bouteille, et de la seconde manière comme le désir de boire du gin.) Il sera de la même façon vrai, s'il Φ-e bel et bien dans ces circonstances, qu'il y avait non seulement une raison à pourquoi il a Φ-é, mais aussi que cette raison le dépeint comme étant, relativement à sa croyance fausse, en train d'agir rationnellement.

Nous pouvons noter la conséquence épistémique suivante :

(3)   a) A peut croire à tort qu'un énoncé invoquant une raison interne d'agir le concernant est vrai et (nous pouvons ajouter)
        b) A peut ne pas savoir qu'un certain énoncé invoquant une raison interne d'agir le concernant est vrai.

(b) tire son origine de deux sources différentes. L'une est que A peut méconnaître un certain fait, tel que s'il le connaissait effectivement, il serait, en vertu d'un certain élément de S, disposé à Φ-er : nous pouvons dire qu'il a une raison de Φ-er, alors même qu'il ne le sait pas. Toutefois, pour qu'il ait effectivement une telle raison, il semble que la pertinence du fait inconnu pour ses actions doit être suffisamment proche et immédiate ; on dit simplement, le cas échéant, que A aurait une raison de Φ-er s'il connaissait le fait en question. Je ne chercherai pas à répondre à la question de la nature des conditions permettant de dire une chose ou l'autre, mais elle doit être intimement liée à la question de savoir quand la méconnaissance constitue en partie l'explication de ce que A fait vraiment.

La seconde source de (3) est que A peut méconnaître un certain élément de S. Mais nous devrions noter qu'un élément inconnu présent dans S, D, fournira une raison pour laquelle A Φ-e seulement si l'acte de Φ-er est relié rationnellement à D : c'est-à-dire, sommairement, un projet de Φ-er pourrait être la réponse à une question délibérative formée en partie par D. Si D est inconnu de A parce qu'il est dans l'inconscient, il peut très bien ne pas satisfaire cette condition, alors même, bien entendu, qu'il peut fournir la raison de son action de Φ-er, c'est-à-dire, qu'il peut expliquer ou aider à expliquer son acte de Φ-er. Dans de tels cas, l'acte de Φ-er ne peut être relié à D que d'une manière symbolique.

J'ai déjà dit que :

(4)   les énoncés invoquant la raison interne d'agir peuvent être découverts au cours d'un raisonnement délibératif.

Il convient de remarquer le point, jusqu'ici implicite, qui est qu'un énoncé invoquant la raison interne d'agir ne s'applique pas seulement à cette action qu'est le seul et unique résultat préféré de la délibération. «A a raison de Φ-er» ne signifie pas «l'action que A a par dessus tout, entièrement, raison de faire est celle de Φ-er». Il peut avoir une raison de faire un grand nombre de choses qu'il a par ailleurs d'autres et de plus fortes raisons de ne pas faire.

Le modèle sub-humien suppose que l'acte de Φ-er doit être relié à un certain élément de S comme un moyen causal à une fin (sauf, peut-être, s'il ne s'agit simplement que de la réalisation d'un désir qui est lui-même cet élément de S). Mais ce n'est là qu'un cas particulier : en effet, la simple découverte qu'une certaine ligne de conduite est le moyen causal pour une certaine fin n'est pas en soi une partie d'un raisonnement pratique [1]. Un exemple clair de raisonnement pratique est celui qui mène à la conclusion que l'on a raison de Φ-er parce que l'acte de Φ-er serait le plus pratique, le plus économique, le plus agréable, et ainsi de suite, des moyens de satisfaire un certain élément de S, cela étant bien sûr contrôlé par d'autres éléments de S, mais pas nécessairement d'une manière très claire ou déterminée. Mais il y a des possibilités beaucoup plus larges de délibération, telles que le fait de penser à la manière dont la satisfaction d'éléments de S peut être arrangée, par exemple, en les ordonnant dans le temps ; ou, quand il y a un conflit insoluble entre des éléments de S, le fait de considérer celui auquel on attache le plus d'importance (ce qui, d'une manière considérable, n'implique pas qu'il n'y ait qu'un seul bien auquel ils fournissent des résultats variables) ; ou encore, le fait de trouver des solutions constitutives, par exemple en prenant une décision sur ce qui rendrait une soirée divertissante, étant entendu que l'on veut se divertir.

Conséquence de telles procédures, un agent peut s'apercevoir qu'il a raison de faire quelque chose dont il ne voyait pas du tout qu'il avait raison de le faire. De cette façon, le processus délibératif peut ajouter de nouvelles actions pour lesquelles il y a des raisons internes de les accomplir, tout comme il peut aussi ajouter de nouvelles raisons internes pour accomplir des actions données. Le processus délibératif peut aussi soustraire des éléments de S. La réflexion peut amener l'agent à voir qu'une certaine croyance est fausse, et ainsi réaliser qu'il n'a en fait pas de raison de faire quelque chose qu'il pensait avoir raison de faire. D'une manière plus subtile, il peut penser avoir raison de favoriser le déroulement d'une certaine action parce qu'il n'a pas suffisamment exercé son

---

1. C'est un point qui a été relevé par A. Kolnai, « Deliberation Is of Ends », dans *Ethics, Value and Reality*, London-Indianapolis, Hackett, 1978. Voir aussi D. Wiggins, « Deliberation and Pratical Reason », *Proceedings of the Aristotelian Society*, 76 (1975-1976), réimprimé en partie dans *Practical Reasoning*, J. Raz (ed.), Oxford, Oxford University Press, 1978.

imagination quant à ce qui en résulterait si elle se produisait. Par sa raison délibérative sans aide extérieure, ou bien incité par la persuasion des autres, il peut en venir à avoir un sens plus concret de ce qu'elle impliquerait, et perdre son désir pour elle, tout comme, positivement, l'imagination peut créer de nouvelles possibilités et de nouveaux désirs. (Ce sont des possibilités importantes aussi bien pour la politique que pour l'action individuelle).

Nous ne devrions pas, alors, penser à l'ensemble S comme étant donné d'une manière statique. Les processus de délibération peuvent avoir toutes sortes d'effet sur S, et il s'agit là d'un fait qu'une théorie des raisons internes d'agir devrait être ravie d'intégrer. Elle devrait donc aussi être plus libérale que ne l'ont été certains théoriciens sur les éléments possibles de S. J'ai examiné S surtout en termes de désirs, et on peut utiliser ce terme, formellement, pour tous les éléments de S. Mais cette terminologie pourrait nous faire oublier que S peut contenir des choses telles que des dispositions à évaluer, des modèles de réaction émotionnelle, des dévouements personnels, et pour les nommer abstraitement, divers projets incorporant les engagements de l'agent. Notamment, on ne présuppose bien entendu aucunement que les désirs ou les projets d'un agent doivent être égoïstes; il aura, on l'espère, différentes sortes de projets qui ne sont pas égoïstes, et ceux-ci peuvent également fournir des raisons internes pour lesquelles agir.

Une question supplémentaire cependant se pose concernant le contenu de S: doit-il être compris, d'une manière compatible avec l'idée générale des raisons internes d'agir, comme comportant des *besoins*? Il est certainement tout à fait naturel de dire que A a une raison de rechercher X, en se fondant sur le seul fait qu'il a besoin de X, mais cela découlera-t-il naturellement d'une théorie des raisons internes d'agir? Cela pose un problème spécifique seulement s'il est possible pour l'agent de ne pas être motivé à rechercher ce dont il a besoin. Je n'essaierai pas ici d'examiner la nature des besoins, mais je considère, pour autant qu'il y a des besoins reconnaissables définis, qu'il peut y avoir un agent à qui manque tout intérêt à obtenir ce dont il a effectivement besoin. Je considère, en outre, que ce manque d'intérêt peut subsister après la délibération, et aussi, qu'il serait faux de dire qu'un tel manque d'intérêt doit toujours reposer sur une croyance fausse. (Dans la mesure où s'il repose bien sur une croyance fausse, nous pouvons alors l'adapter sous [2], de la façon que nous avons déjà examinée).

Si un agent n'est réellement pas intéressé à rechercher ce dont il a besoin; et que ce n'est pas le produit d'une croyance fausse; et qu'il ne pourrait aucunement atteindre un tel motif à partir des motifs qu'il a déjà par le genre de processus délibératifs que nous avons examiné, je pense alors que nous devons bel et bien dire, dans le sens interne, qu'il n'a en effet pas de raisons de rechercher ces choses. En disant cela, toutefois, nous devons garder à l'esprit à quel point ces suppositions sont fortes, et à quel point il doit être rare que nous soyons disposés à penser que nous les savons être vraies. Quand nous disons qu'une personne a raison de prendre un médicament dont elle a besoin, alors même qu'elle affirme d'une manière cohérente et convaincante n'avoir aucun intérêt à préserver sa santé, nous pourrions bien être toujours en train de parler au sens interne, avec la pensée que vraiment, à un certain niveau, elle *doit* vouloir aller bien.

Toutefois, s'il nous apparaît clairement que nous n'avons pas une telle pensée, et que nous persistons à dire que la personne a cette raison, nous devons alors être en train de parler en un autre sens, et il s'agit du sens externe. Les gens disent bel et bien des choses qui demandent à être comprises par l'interprétation externe. Dans l'histoire d'Owen Wingrave de James, à partir de laquelle Britten a fait un opéra, le père d'Owen l'exhorte à reconnaître la nécessité et l'importance du fait qu'il s'engage dans l'armée, en invoquant le fait que tous ses ancêtres masculins étaient des soldats, et que la fierté de la famille exige qu'il en fasse de même. Owen Wingrave n'a aucune motivation à s'engager dans l'armée, et tous ses désirs mènent à une autre orientation : il déteste tout de la vie militaire et de ce qu'elle signifie. Son père aurait pu s'exprimer en disant qu'il *y a une raison pour qu'Owen s'engage dans l'armée*. Qu'il sache qu'il n'y a rien dans le *S* d'Owen qui aboutirait, par un raisonnement délibératif, à son action ne lui ferait pas renoncer à sa prétention ou admettre qu'il l'a faite sur un malentendu. Il la signifie en un sens externe. Quel est ce sens ?

Un point préliminaire sera de dire qu'il ne s'agit pas de la même question que celle du statut d'un supposé impératif catégorique, au sens kantien d'un « tu dois » qui s'applique à un agent indépendamment de ce que l'agent en vient à vouloir : ou plutôt, il ne s'agit pas indubitablement de la même question. Premièrement, on a souvent pris l'impératif catégorique, c'est le cas pour Kant, comme étant nécessairement un impératif de moralité, mais les énoncés invoquant une raison externe d'agir ne sont pas nécessairement rattachés à la moralité. Deuxièmement, cela demeure un problème obscur que de savoir quelle relation existe entre « il y a une raison pour que *A* fasse… » et « *A* doit faire… ». Certains philosophes considèrent ces énoncés comme équivalents, et de ce point de vue, bien sûr, la question des raisons externes devient beaucoup plus proche de la question de l'impératif catégorique. Toutefois, je ne ferai aucune hypothèse sur une telle équivalence et n'examinerai pas plus avant le « tu dois »[1].

En considérant ce qu'un énoncé invoquant une raison externe d'agir pourrait signifier, nous devons à nouveau nous rappeler la dimension de l'explication possible, une considération qui s'applique à toute raison d'agir. Si quelque chose peut être une raison d'agir, elle pourrait alors être la raison que quelqu'un a d'accomplir une action dans des circonstances particulières et elle figurerait ainsi dans une explication de cette action. Maintenant, aucun énoncé invoquant une raison externe d'agir ne pourrait *en lui-même*

---

1. C'est un point qui est discuté dans « "Ought" and Moral Obligation », dans *Moral Luck*, Cambridge, Cambridge University Press, 1981.

offrir une explication de l'action de qui que ce soit. Même s'il était vrai (quoi que cela puisse vouloir dire) qu'il y avait une raison pour qu'Owen s'engage dans l'armée, ce fait en lui-même n'expliquerait jamais quoi que ce soit qu'Owen a fait, pas même son acte de s'engager dans l'armée. Car si cela était bel et bien vrai, cela était vrai quand Owen n'était pas motivé à s'engager dans l'armée. C'est là tout le point des énoncés invoquant une raison externe : qu'ils peuvent être vrais indépendamment de la motivation de l'agent. Mais rien d'autre ne peut expliquer les actions (intentionnelles) d'un agent qu'une chose qui le motive à agir ainsi. Quelque chose d'autre est donc nécessité en plus de la vérité de l'énoncé invoquant la raison externe d'agir pour expliquer l'action, un certain lien psychologique ; et ce lien psychologique semblerait être la croyance. Que A croie un énoncé le concernant invoquant la raison externe d'agir pourrait aider à expliquer son action.

Les énoncés invoquant la raison externe d'agir ont été introduits simplement sous la forme générale « il y a une raison pour A de… », mais nous avons à présent besoin d'aller au-delà de cette forme, vers des énoncés spécifiques invoquant des raisons d'agir. Il ne fait pas de doute qu'il y a certains cas où un agent est en train de Φ-er parce qu'il croit qu'il y a une raison pour qu'il Φ-e, alors même qu'il n'a aucune croyance concernant ce qu'est cette raison. Ces cas seraient ceux dans lesquels il dépend d'une certaine autorité en laquelle il a confiance, ou encore les cas dans lesquels il se souvient qu'il connaissait bien la raison pour laquelle il est en train de Φ-er mais tout en étant incapable de se souvenir de quelle raison il s'agissait. À cet égard, les raisons d'agir sont comme les raisons de croire. Mais, tout comme dans le cas des raisons de croire, ce sont d'évidents cas secondaires. Le cas standard doit être celui dans lequel A Φ-e, non parce qu'il croit uniquement qu'il y a une raison ou une autre pour qu'il Φ-e, mais parce qu'il croit d'une certaine considération déterminée qu'elle constitue une raison pour qu'il Φ-e. Ainsi Owen Wingrave pourrait en venir à s'engager dans l'armée parce qu'il croit (maintenant) que le fait que sa famille ait une tradition d'honneur militaire est une raison pour qu'il le fasse.

Est-ce que le fait de croire d'une considération particulière qu'elle est une raison d'agir d'une manière particulière, fournit, ou constitue effectivement, une motivation à agir ? Si ce n'est pas le cas, alors nous en restons là. Admettons que ce soit le cas – cette prétention semble en effet convaincante, aussi longtemps tout du moins que la connexion entre de telles croyances et la disposition à agir ne soit pas rendue si étroite qu'elle rende superflue l'*akrasie*. Elle est en fait *si* convaincante que cet agent, avec cette croyance, semble être quelqu'un à propos de qui il serait, maintenant, possible de produire véridiquement un énoncé invoquant une raison *interne* d'agir : il est quelqu'un qui a une motivation appropriée dans son *S*. Un homme qui croit effectivement que des considérations touchant l'honneur de la famille constituent des raisons pour lesquelles agir est un homme avec une certaine disposition pour laquelle agir, mais aussi avec des dispositions d'approbation, de sentiment, de réaction émotionnelle, et ainsi de suite.

Maintenant, il ne s'ensuit pas qu'il n'y a rien dans les énoncés invoquant une raison externe d'agir. Ce qui s'ensuit par contre, c'est que leur contenu ne sera pas révélé en considérant seulement l'état de celui qui croit un tel énoncé, ni comment cet état explique l'action, puisque cet état est simplement l'état à partir duquel on pourrait produire véridiquement un énoncé invoquant la raison interne. En vérité, le contenu de l'énoncé de type externe sera révélé en considérant ce que c'est que *d'en venir à croire* un tel énoncé – c'est ici, si l'on doit en trouver une, que leur particularité devra émerger.

Nous prendrons le cas (nous avons jusqu'ici implicitement procédé de la sorte) dans lequel un énoncé évoquant la raison externe d'agir est produit à propos de quelqu'un qui, comme Owen Wingrave, n'est pas encore motivé de la façon requise, et donc quelqu'un à propos de qui un énoncé interne ne pourrait pas non plus être produit véridiquement. (Puisque la différence entre les énoncés internes et les énoncés externes repose sur les implications acceptées par le locuteur, les énoncés externes peuvent bien sûr être produits au sujet d'agents qui sont déjà motivés ; mais ce n'est pas le cas intéressant.) Présentement, l'agent ne croit pas l'énoncé externe. S'il en vient à le croire, il sera motivé à agir ; le fait d'en venir à croire doit donc, essentiellement, impliquer le fait d'acquérir une nouvelle motivation. Comment cela est-il possible ?

Cette question est intimement liée à une vieille interrogation sur la manière dont « la raison peut donner lieu à une motivation, » une question qui a notoirement reçu de Hume une réponse négative. Mais sous cette forme, la question elle-même n'est pas claire, et n'est pas clairement liée à l'argument – car bien entendu, la raison, c'est-à-dire les processus rationnels, peut donner lieu à de nouvelles motivations, comme nous l'avons vu lors de la description de la délibération. De plus, la façon traditionnelle de présenter le problème (suggererai-je) prend sur elle la charge de la preuve de ce que l'on compte comme étant un « processus purement rationnel », chose qui ne devrait non seulement pas lui revenir, mais, qui plus est, échoit proprement au critique qui veut s'opposer à la conclusion générale de Hume et établir un grand nombre de conclusions à partir d'énoncés invoquant des raisons externes d'agir – quelqu'un que j'appellerai « le théoricien des raisons externes ».

L'essentiel repose sur le fait de reconnaître que le théoricien des raisons externes est obligé de concevoir *d'une façon particulière* la connexion entre le fait d'acquérir une motivation et le fait d'en venir à croire l'énoncé invoquant la raison. Car il y a bien sûr de nombreux moyens par lesquels l'agent pourrait en venir à avoir la motivation et aussi à croire l'énoncé invoquant la raison d'agir, mais ce ne sont pas des moyens pouvant intéresser le théoricien des raisons externes. Owen pourrait être à ce point convaincu par la rhétorique touchante de son père qu'il acquière à la fois la motivation et la croyance. Mais cela exclut un élément dont le théoricien des raisons externes a essentiellement besoin, à savoir que l'agent devrait acquérir la motivation *parce qu'*il en vient à croire l'énoncé invoquant la raison, et qu'il devrait faire cette dernière chose, en plus de cela, parce que, d'une certaine façon, il considère toute l'affaire correctement. Si le théoricien veut s'accrocher à ces conditions, il devra, je pense, faire en sorte que la condition sous laquelle l'agent en vient à avoir d'une manière appropriée la motivation soit telle qu'il devrait délibérer correctement ; et l'énoncé invoquant les raisons externes d'agir devra lui-même être pris comme grossièrement équivalent à, ou au moins comme impliquant, l'affirmation selon laquelle si l'agent délibérait rationnellement, alors, quelles qu'aient pu être les motivations qu'il avait à l'origine, il en viendrait à être motivé à Φ-er.

Mais si cela est correct, il semble bien en effet que le point élémentaire de Hume soit d'une grande force, et il est très convaincant de supposer que tous les énoncés invoquant une raison externe d'agir sont faux. Car, *ex hypothesi*, il n'y a pour l'agent aucune motivation à délibérer *à partir de*, pour atteindre cette nouvelle motivation. Étant données les motivations existantes antérieures de l'agent, et cette nouvelle motivation, ce qui doit être le cas pour qu'un énoncé invoquant la raison externe soit vrai, si l'on suit cette interprétation, c'est que l'on pourrait d'une certaine manière arriver rationnellement à la nouvelle motivation à partir des anciennes motivations. Mais en même temps, elle ne doit pas se rapporter aux anciennes motivations par le genre de relation rationnelle que nous avons considéré au cours de la discussion précédente sur la délibération – car dans ce cas un énoncé invoquant la raison interne d'agir aurait été vrai dès le départ. Je ne vois aucune raison de supposer que ces conditions puissent d'une manière ou d'une autre être satisfaites.

On pourrait dire que la force d'un énoncé invoquant une raison externe peut être expliquée de la façon suivante. Un tel énoncé implique qu'un agent rationnel serait motivé à agir d'une manière appropriée ; et un tel énoncé peut supporter une telle implication parce qu'un agent rationnel est précisément quelqu'un qui a dans son *S* une disposition générale à faire les choses dont (il croit qu') il y a pour lui une raison pour laquelle les faire. Quand il en vient donc à croire qu'il y a une raison pour qu'il Φ-e, il est motivé à Φ-er, même si, auparavant, il n'avait ni un motif de Φ-er, ni un quelconque motif relié de l'une des manières que l'on a considérées dans l'exposition de la délibération à l'acte de Φ-er.

Mais cette réponse ne fait que reculer le problème. Elle réapplique le modèle explicatif des désirs et des croyances (pour le dire rapidement) aux actions considérées, mais ce qui est en question, c'est justement le contenu de l'acte d'utiliser un désir et une croyance. *Qu'est-ce que* quelqu'un en vient à croire quand il en vient à croire qu'il y a une raison pour qu'il Φ-e, si ce n'est pas la proposition, ou quelque chose qui implique la proposition, que s'il a délibéré rationnellement, il serait motivé à agir d'une manière appropriée ? Nous demandions comment une quelconque proposition vraie pouvait avoir ce contenu; cela ne peut pas aider, en répondant à cette question, d'en appeler à un supposé désir qui est activé par une croyance qui a ce contenu même.

Ces arguments touchant ce que c'est que d'accepter un énoncé invoquant une raison externe comportent une certaine idée de ce qui est possible et de ce qui est exclu dans l'exposé de la délibération que nous avons déjà donné. Mais ici il peut être objecté que l'exposé de la délibération est très vague, et permet par exemple l'usage de l'imagination pour étendre ou retreindre le contenu du S de l'agent. Mais s'il en est ainsi, déterminer quelles sont les limites de ce à quoi un agent peut parvenir par une délibération rationnelle à partir de son S existant n'est pas clair.

Ce *n'est pas* clair, et je considère qu'il s'agit là d'une caractéristique fondamentalement désirable d'une théorie du raisonnement pratique que de devoir préserver et décrire cette absence de clarté. Il y a une indétermination essentielle dans ce que l'on peut compter comme un processus délibératif rationnel. Le raisonnement pratique est un processus heuristique, qui plus est imaginatif, et il n'y a pas de frontières fixes sur le continuum qui va de la pensée rationnelle à l'inspiration et la conversion. Pour celui qui pense que, fondamentalement, on doit comprendre les raisons d'agir en fonction du modèle des raisons internes, ce n'est pas une difficulté. Il y a en effet un élément de vague dans « A a raison de Φ-er » au sens interne, dans la mesure où le processus délibératif qui pourrait mener du S présent de A au fait qu'il soit motivé à Φ-er peut être conçu d'une manière plus ou moins ambitieuse. Mais ce n'est pas un embarras pour ceux qui voient la conception interne des raisons d'agir comme quelque chose de fondamental. Cela montre simplement qu'il y a une variation d'états – plus large et moins déterminée qu'on a pu le supposer – qui peuvent être comptés comme le fait pour A d'avoir une raison de Φ-er.

C'est le théoricien des raisons externes d'agir qui rencontre ici un problème. Il y a bien entendu beaucoup de choses qu'un locuteur pourrait dire à celui qui n'est pas disposé à Φ-er quand le locuteur en question pense qu'il devrait l'être, comme par exemple qu'il n'a aucune considération, ou qu'il est cruel, ou égoïste, ou imprudent; ou que les choses et lui-même iraient beaucoup mieux s'il était motivé à agir de cette façon. N'importe laquelle de ces choses pourrait être une chose sensée à dire. Mais celui qui déploie des efforts dans le fait de présenter la critique sous la forme d'un énoncé invoquant la raison externe semble préoccupé de dire que ce qui ne va particulièrement pas avec l'agent, c'est qu'il est *irrationnel*. C'est ce théoricien qui a particulièrement besoin de rendre son accusation précise : en particulier parce qu'il veut que tout agent rationnel, en tant que tel, reconnaisse la nécessité de faire la chose en question.

Le père d'Owen Wingrave s'est en effet exprimé dans d'autres termes que celui de « raison », mais, comme nous l'avons imaginé, il aurait pu utiliser une formulation invoquant une raison externe. Ce fait lui-même pose une certaine difficulté au théoricien des raisons externes. Ce théoricien, qui voit la vérité d'un énoncé invoquant la raison externe comme fondant potentiellement l'accusation d'irrationalité envers l'agent qui l'ignore, pourrait bien vouloir dire que si Wingrave *senior* formule ses doléances contre Owen de cette façon, il serait alors très probablement en train de déclarer quelque chose qui, dans ce cas particulier, aurait été faux. Ce que le théoricien aurait bien plus de mal à montrer serait que les mots *signifiaient* quelque chose de différent quand ils étaient utilisés par Wingrave que ce qu'ils signifient quand, comme il le suppose, ils sont prononcés véridiquement. Mais ce qu'ils signifient quand ils sont prononcés par Wingrave n'est à peu près certainement *pas* que la délibération rationnelle rendrait Owen motivé à s'engager dans l'armée – alors que c'est (pour le dire très rapidement) la signification ou l'implication que nous avons trouvées pour eux, s'ils doivent porter le genre d'importance que de tels théoriciens souhaitent leur donner.

Le type des considérations offertes ici me suggère fortement que les énoncés invoquant la raison externe, quand ils sont parfaitement isolés en tant que tels, sont faux, ou incohérents, ou réellement quelque chose d'autre exprimé d'une manière trompeuse. Il est en fait plus difficile de les isoler dans le discours des gens que leur introduction au début de ce chapitre a pu le suggérer. Ceux qui utilisent ces mots semblent souvent, en vérité, avoir à l'esprit une déclaration optimiste invoquant la raison interne, mais l'énoncé est parfois effectivement donné comme se tenant absolument hors de l'ensemble *S* de l'agent et de ce qu'il pourrait en faire dériver par une délibération rationnelle, et il y a alors, je le suggère, une grande imprécision quant à ce qui est signifié. Il s'agit parfois d'un peu plus que le fait que les choses iraient mieux si l'agent agissait de cette façon. Mais la formulation en termes de raisons a bien un effet, précisément dans sa suggestion que l'agent est irrationnel, et cette suggestion, une fois le principe de base d'une déclaration invoquant une raison interne clairement rejeté, est une supercherie. S'il en est ainsi, les seules vraies déclarations à propos des raisons d'agir seront des déclarations internes.

On a pensé qu'il y avait un problème qui était très proche du présent sujet; celui des biens publics et des resquilleurs qui concerne la situation (pour le dire très rapidement) dans laquelle toute personne a une raison égoïste de vouloir qu'un certain bien soit fourni, mais où, en même temps, chacun a une raison égoïste de ne pas prendre part dans l'action de fournir ce bien. Je n'essaierai pas d'examiner ce problème, mais il pourrait être utile, simplement pour mettre au clair ma conception des raisons d'agir et la mettre en contraste avec d'autres conceptions, que je termine en dressant une liste de questions qui portent sur le problème, accompagnée des réponses que donnerait celui qui pense (pour présenter cela rapidement) que la seule rationalité de l'action est la rationalité des raisons internes d'agir.

1. Pouvons-nous déterminer des conceptions de la rationalité qui ne soient pas purement égoïstes ?
   Oui.

2. Pouvons-nous déterminer des conceptions de la rationalité qui ne soient pas purement de type moyen-fin.
   Oui.

3. Pouvons-nous déterminer une conception de la rationalité dans laquelle l'action rationnelle pour A ne se rapporte d'aucune manière aux motivations existantes de A ?
   Non.

4. Pouvons-nous montrer qu'une personne qui n'a que des motivations égoïstes est une personne irrationnelle dans le fait de ne pas rechercher des fins qui ne soient pas égoïstes ?
   Pas nécessairement, bien que nous pourrions le faire dans certains cas particuliers. (Le problème avec la personne égoïste, ce n'est pas d'une façon caractéristique son irrationalité).

Soit un certain bien, G, et un ensemble de personnes, P, tels que chacun des membres de P ait une raison égoïste de vouloir que G soit fourni, mais distribuer G requiert une action C, ce qui implique des coûts, de la part de chacun des sous-ensembles propres de P ; et soit A un membre de P : alors

5. A a-t-il une raison égoïste de faire C s'il est raisonnablement sûr ou bien que trop peu des membres de P feront C pour que G soit fourni,

ou bien que suffisamment des autres membres de P feront C, de telle sorte que G sera fourni?

Non.

6. Y a-t-il des quelconques circonstances de ce genre dans lesquelles A peut avoir une raison égoïste de faire C?

Oui, dans ces cas où le fait que le nombre crucial de personnes faisant C soit atteint est affecté par son acte de faire C, ou s'il a une raison de penser que c'est le cas.

7. Y a-t-il des motivations qui rendraient rationnel pour A de faire C, bien qu'il n'y en ait pas dans la situation à laquelle nous venons juste de faire référence?

Oui, s'il n'est pas purement égoïste : un grand nombre. Par exemple, il y a des motivations qui sont expressives – appropriées, par exemple, dans le fameux cas du vote [1]. Il y a aussi des motivations qui dérivent du sens de l'équité. Cela peut précisément transcender le dilemme du « ou bien inutile ou bien non nécessaire » par un argument de la forme « quelques-uns, mais aucune raison d'omettre quelqu'un en particulier, donc tout le monde ».

8. Est-il irrationnel pour un agent d'avoir de telles motivations?

En n'importe quel sens intelligible de la question, non.

9. Est-il rationnel pour une société d'éduquer les gens à avoir de telles motivations?

Dans la mesure où la question est intelligible, oui. Et nous avons certainement raison d'encourager les gens à avoir ces dispositions – par exemple, en vertu du fait que nous les possédions nous-mêmes.

---

1. Un traitement bien connu de cette question est celui de M. Olson Jr., *The Logic of Collective Action*, Cambridge, Mass., Harvard University Press, 1965. Sur les motivations expressives, voir à ce sujet S.I. Benn, « Rationality and Political Behaviour », dans S.I. Benn et G.W. Mortimore (ed.), *Rationality and the Social Sciences*, London, Routledge & Kegan Paul, 1976. Sur le point concernant l'équité qui suit dans le texte, il y aurait bien entendu beaucoup plus à en dire : par exemple, en voyant comment les membres d'un groupe peuvent, en accord avec l'équité, converger vers des stratégies plus efficaces que le fait que tout le monde fasse C (comme le fait d'agir à tour de rôle).

Je confesse que je ne peux voir aucune autre question majeure qui, à ce niveau de généralité, porte sur ces problèmes. Toutes ces questions ont des réponses claires qui sont entièrement compatibles avec une conception de la rationalité pratique en termes de raisons internes d'agir, et sont aussi, à ce qu'il me semble, des réponses entièrement raisonnables.

Traduction Sébastien MOTTA

CHRISTINE M. KORSGAARD

LE SCEPTICISME CONCERNANT
LA RAISON PRATIQUE[*]

L'approche kantienne de la philosophie morale consiste à tenter de montrer que l'éthique se fonde sur la raison pratique : autrement dit, l'idée que nos jugements éthiques peuvent être expliqués en termes de standards rationnels qui s'appliquent directement à la conduite ou à la délibération. L'intérêt de cette approche réside en partie dans le fait qu'elle évite certaines sources de scepticisme que d'autres approches rencontrent inévitablement. Si l'action éthiquement bonne est simplement l'action rationnelle, nous pouvons fournir un fondement à l'éthique sans avoir à postuler des propriétés du monde ou des facultés de l'esprit spécialement éthiques. Mais l'approche kantienne fait naître une forme de scepticisme qui lui est propre, le scepticisme concernant la raison pratique.

Par *scepticisme concernant la raison pratique*, j'entends les doutes sur la question de savoir jusqu'à quel point l'action humaine est, ou pourrait être, dirigée par la raison. L'une des formes que peut prendre un tel scepticisme est le doute concernant le poids que peuvent avoir les considérations rationnelles sur les activités de délibération et de choix ; doutes, autrement dit, sur la question de

[*] Ch. M. Korsgaard, « Skepticism about Practical Reason », *The Journal of Philosophy*, vol. 83 (1986).

savoir si des principes « formels » ont quelque contenu que ce soit et peuvent donner une orientation substantielle au choix et à l'action. Un exemple de cette forme de scepticisme serait le doute commun sur la question de savoir si les tests de contradiction associés à la première formulation de l'impératif catégorique parviennent à écarter quelque possibilité que ce soit. Je m'y référerai comme à un *scepticisme du contenu*. Une seconde forme que peut prendre le scepticisme concernant la raison pratique est le doute concernant la portée de la raison en tant que motif. Je l'appellerai *scepticisme motivationnel*. Dans cet article, mon principal souci porte sur le scepticisme motivationnel et la question de savoir s'il est justifié. Certaines personnes pensent que les considérations motivation-nelles fournissent, à elles seules, des motifs pour être sceptique quant au projet de fonder l'éthique sur la raison pratique. Je soutiendrai, contre cette vue, que le scepticisme motivationnel doit toujours être basé sur un scepticisme du contenu. Je n'aborderai pas la question de savoir si le scepticisme de contenu est justifié ou non. Je veux seulement établir le fait que le scepticisme motivationnel n'a pas de force indépendante.

I

Le scepticisme concernant la raison pratique trouve sa formulation classique dans les passages bien connus du *Traité de la Nature Humaine* qui mènent Hume à la conclusion que :

> La raison est et ne doit être que l'esclave des passions et ne peut jamais prétendre à d'autre fonction que de les servir et leur obéir [1].

---

1. D. Hume, *Treatise of Human Nature* (1739), p. 272 (que je désignerai désormais par un T suivi de la référence des pages) [voir la traduction dans ce volume, *supra*, p. 228].

Selon ces passages, comme on les comprend généralement, le rôle de la raison dans l'action se limite au fait de discerner les moyens à employer en vue de nos fins. La raison peut nous apprendre comment satisfaire nos désirs et passions, mais elle ne peut pas nous dire si ces désirs et passions sont eux-mêmes « rationnels » ; c'est-à-dire qu'il n'y a aucun sens dans lequel désirs ou passions sont rationnels ou irrationnels. Nos fins sont, pour ainsi dire, désignées par nos désirs, et ce sont, en fin de compte, ces derniers qui déterminent ce que nous faisons. Les standards normatifs appliqués à la conduite peuvent avoir d'autres sources (telles que le sens moral), mais le seul standard qui vient de la raison est celui de l'efficacité dans le choix des moyens.

Le fait de limiter la raison pratique à son rôle instrumental n'interdit pas seulement à la raison de déterminer des fins ; elle lui interdit également de les classer, si ce n'est au regard de leur capacité à conduire à une autre fin. Même la conception selon laquelle ces choix et actions qui mènent à notre intérêt propre global sont rationnellement préférables aux choix et actions qui mènent à l'autodestruction est indéterminée par la limitation instrumentale. L'intérêt propre lui-même n'a pas d'*autorité* rationnelle, même sur les plus capricieux des désirs. Comme le dit Hume :

> Il n'est pas contraire à la raison que je préfère la destruction du monde entier à une égratignure de mon doigt. Il n'est pas contraire à la raison que je choisisse de me ruiner totalement pour épargner le moindre désagrément à un Indien ou une personne qui m'est totalement inconnue. Il est aussi peu contraire à la raison que je préfère comme mien un bien que je sais moindre à un bien plus grand, et que j'ai une affection plus vive pour le premier que pour le second (T 272).

Sous l'influence de l'intérêt personnel [ou de « l'appétit général pour le bien, et l'aversion pour le mal, considérés simplement comme tels » (T 273)] nous pouvons classer nos fins, selon la quantité de bien que chacune représente à nos yeux, et déterminer quels sont, comme le dit Hume, nos « plus grands et plus valables plaisirs » (T 272). Mais l'intérêt personnel qui nous ferait préférer le plus grand bien n'a pas besoin d'être lui-même un désir plus fort, ou une raison plus forte, que le désir du plus petit bien, ou que n'importe lequel de nos désirs les plus particuliers. La raison par elle-même ne choisit ni ne classe nos fins.

Hume défend cette idée comme un argument contre « la plus grande partie de la philosophie morale, ancienne ou moderne » (T 269). Les philosophes moraux ont, selon Hume, affirmé que nous devions régler nos conduites selon la raison et supprimer nos passions ou bien les rendre conformes à la raison, mais il s'attache à faire apparaître la fausseté de ces idées en montrant, tout d'abord, que la raison ne peut, à elle seule, fournir le motif d'aucune action, et, ensuite, que la raison ne peut jamais s'opposer aux passions dans la direction de la volonté. Son argument concernant le premier point procède ainsi : tout raisonnement porte soit sur des relations abstraites entre les idées soit sur des relations entre objets, notamment des relations causales, sur lesquelles l'expérience nous informe. Les relations abstraites entre idées sont le sujet de la logique et des mathématiques, et personne ne suppose qu'elles donnent par elles-mêmes naissance à des motifs. Elles ne fournissent aucune conclusion concernant l'action. Nous sommes parfois mus par la perception de relations causales, mais seulement dans le cas où un motif préexistant est impliqué. Comme le dit Hume, si « la perspective de la souffrance ou du plaisir est attachée à quelque objet » nous sommes concernés par ses causes et effets. L'argument selon lequel la raison ne peut s'opposer à une passion dans la direction de la volonté dépend, et provient en fait directement, de l'argument selon lequel la raison en elle-même ne peut donner naissance à un motif. C'est simplement que la raison *pourrait* s'opposer à une passion seulement si elle pouvait donner naissance à un *motif opposé*.

Ce qu'il est important de noter dans cette discussion, c'est le lien entre la conception de Hume concernant le contenu possible des principes de la raison supportant l'action et la portée de son efficacité motivationnelle. La réponse à la question de savoir quelles sortes d'opérations, de procédures ou de jugements de la raison existent est présupposée dans ces passages. Dans la première partie de l'argument, Hume dresse ce qui, de ce point de vue, constitue, dans le *Traité*, une liste *établie* des types de jugement rationnel. L'argument fonctionne par élimination : il y a des jugements rationnels concernant les relations logiques et mathématiques ; il y a des connexions empiriques telles que la cause et l'effet : Hume se tourne successivement vers chacun d'entre eux dans le but de voir dans quelles circonstances on pourrait penser qu'il a un poids sur la décision ou l'action. En d'autres termes, les arguments de Hume contre un emploi plus étendu de la raison pratique dépendent de la conception humienne de ce qu'est la raison – c'est-à-dire des sortes d'opérations et jugements qui peuvent être considérées comme « rationnels ». Son scepticisme motivationnel (scepticisme concernant la portée de la raison comme motif) dépend entièrement de son scepticisme du contenu (scepticisme concernant ce que la raison a à *dire* concernant les choix et l'action).

Mais les arguments de Hume peuvent donner l'impression de faire quelque chose de bien plus fort : de faire porter des contraintes indépendantes, fondées seulement sur des considérations motivationnelles, sur ce qui devrait compter comme un principe de la raison pratique. Hume semble simplement dire que tout raisonnement qui a une influence motivationnelle doit provenir d'une passion, qui est la seule source possible de motivation, et doit s'attacher aux moyens de satisfaire cette passion, ce qui est la seule opération de la raison qui transmet la force motivationnelle. Mais ce sont des points distincts : ils peuvent être mis en doute, et contestés, séparément. Quelqu'un pourrait être en désaccord avec Hume sur sa liste des types rationnels de jugements, opérations ou possibles délibérations, sans pour autant rejeter l'affirmation fondamentale concernant la source des motivations : l'idée que toute motivation rationnelle doit en fin de compte jaillir d'une source non rationnelle, telle que la passion. Il existe au moins un philosophe contemporain, Bernard Williams, pour considérer qu'un argument comme celui de Hume a cette sorte de force indépendante. Il a argumenté dans ce sens dans son essai « Raisons internes et externes » [1], que j'aborderai plus tard dans cet article.

Le kantien doit aller plus loin, et être en désaccord avec Hume sur les deux plans, puisque le kantien suppose qu'il y a des opérations de la raison pratique qui fournissent des conclusions concernant les actions et qui n'impliquent pas de distinguer des relations entre les passions (ou quelque source de motivations préexistantes que ce soit) et ces actions. Ce qui donne naissance à la difficulté concernant cette nouvelle possibilité est la question de savoir à quel point de telles opérations pourraient fournir des conclusions capables de nous motiver.

II

Certains termes fournis par certaines discussions récentes de philosophie morale permettent de mieux cerner le problème. W.D. Falk, William Frankena, et Thomas Nagel, entre autres, ont fait la distinction entre deux sortes de théories morales, qui sont nommées « internaliste » et « externaliste » [2]. Une théorie *internaliste* est une théorie selon laquelle la connaissance (ou la vérité, ou

1. Cet article fut originellement publié dans R. Harrison (ed.), *Rational Action*, New York-Cambridge, Cambridge University Press, 1980. Les références des pages sont celles de ce volume [*cf.* également *supra*, p. 231-249].

2. En fait, Falk et Frankena parlent des sens internaliste et externaliste de « devoir ». Voir Falk, « "Ought" and Motivation », dans *Ought, Reasons and Morality: The Collected Papers of W.D. Falk*, Ithaca, Cornell University Press, 1986, chap. 1 et sa discussion par Frankena, « Obligation and Motivation in Recent Moral Philosophy », dans *Perspectives on Morality: Essays of William K. Frankena*, K.E. Goodpaster (ed.), Notre Dame, Notre Dame University Press, 1976, chap. 6. La discussion de Nagel est dans la première partie de *The Possibility of Altruism*, Oxford, Clarendon Press, 1970; réimp. Princeton, Princeton University Press, 1978.

l'admission) d'un jugement moral implique l'existence d'un motif (pas nécessairement prédominant) pour agir selon ce jugement. Juger qu'une action est bonne implique d'avoir, et de connaître, quelque motif ou raison pour accomplir cette action. Il appartient au sens du jugement qu'il inclue un motif : si quelqu'un est d'accord avec le fait qu'une action est bonne, mais ne peut voir aucun motif ou raison de l'accomplir, nous devons supposer, selon cette perspective, qu'il ne sait pas vraiment ce qu'il dit quand il accorde que l'action est bonne. Pour une théorie *externaliste*, au contraire, une telle conjonction de compréhension morale et de totale absence de motivation est parfaitement possible : la connaissance est une chose et la motivation en est une autre.

Il n'est pas aisé de trouver des exemples de théories incontestablement externes. Comme le signale Falk (125-126), l'exemple le plus simple serait une conception selon laquelle les motifs de l'action morale viennent de quelque chose de complètement séparé d'une saisie de l'exactitude des jugements – c'est-à-dire d'un intérêt à obéir aux commandements divins. Dans les éthiques philosophiques, le meilleur exemple en est John Stuart Mill (voir Nagel 8-9), qui sépare fermement la question de la preuve du principe d'utilité de la question de ses « sanctions ». La raison pour laquelle le principe d'utilité est vrai et le motif que nous pourrions avoir pour agir selon lui ne sont pas les mêmes : la preuve théorique de sa vérité est contenue dans le chapitre IV de l'*Utilitarisme*, mais les motifs doivent être acquis par le biais d'une éducation utilitariste. Selon la conception de Mill, *tout* principe moral aurait à être ainsi motivé par l'éducation et exercé et « il n'y a pas grand-chose de si absurde ou de si parcellaire » qu'il ne puisse être motivé[1]. La sanction ultime du principe d'utilité n'est *pas* de pouvoir être prouvée, mais d'être en accord avec nos sentiments sociaux naturels. Même à ceux qui, comme Mill lui-même, réalisent que les

---

1. J.S. Mill, *Utilitarianism*, G. Sher (ed.), Indianapolis, Hackett, 1979, p. 30.

motifs sont acquis, « ils n'apparaissent pas… comme une superstition acquise par l'éducation, ou une loi despotiquement imposée par le pouvoir de la société, mais comme un attribut dont il ne serait pas bon pour nous que nous nous passions »[1]. Les intuitionnistes modernes, tels que W.D. Ross et H.A. Prichard, semblent également externalistes, mais de manière assez minimale. Il existe selon eux un motif distinctement moral, un sens du bien (*right*) ou un désir de faire son devoir. Ce motif est produit par l'information que quelque chose est notre devoir, et seulement par cette information, et reste toujours distinct de l'intuition rationnelle qui constitue la compréhension de notre devoir. Ce serait possible d'avoir cette intuition sans qu'elle ne nous motive[2]. La raison pour laquelle un acte est bon et le motif qu'on a de l'accomplir sont des éléments séparés, bien que le motif qui nous porte à l'accomplir soit « parce que c'est bon (*right*) ». Cette conception est en deçà de la position internaliste, qui est que la raison pour laquelle l'acte est bon est à la fois la raison et le motif pour le faire : c'est la raison pratique. L'intuitionnisme est une forme d'éthique rationaliste, mais les intuitionnistes ne croient pas en la raison pratique, à proprement parler. Ils croient qu'il y a une branche de la raison théorique qui est spécifiquement concernée par la moralité, et par laquelle les êtres humains peuvent être motivés à cause d'un mécanisme psychologique spécifique : le désir de faire son devoir. On peut saisir l'étrangeté de cette vue si on considère ce que serait son analogue dans le cas d'un raisonnement théorique. C'est comme si les êtres humains ne pouvaient pas être convaincus par des arguments reconnus consistants sans l'intervention d'un mécanisme psycho-

---

1. Mill, *Utilitarianism*, *op. cit.*, p. 33.

2. Voir Prichard, « Duty and interest », dans *Moral Obligation and Duty and Interest : Essays and Lectures by H.A. Prichard*, W.D. Ross et J.O. Urmson (ed.), Oxford, Oxford University Press, 1968. L'usage original que fait Falk de la distinction entre les sens interne et externe de « devoir » dans « "Ought" and Motivation » est un argument répondant à l'article de Prichard.

logique spécifique : une croyance que les conclusions des arguments consistants sont vraies.

Au contraire, un internaliste pense que les raisons pour lesquelles une action est bonne et les raisons pour lesquelles vous accomplissez cette action sont les mêmes. La raison pour laquelle une action est bonne est à la fois la raison et le motif de la faire. Nagel illustre cette idée par la théorie de Hobbes : la raison pour laquelle une action est bonne et votre motif pour l'accomplir résident tous deux dans le fait que c'est dans votre intérêt. Quoi qu'il en soit, la littérature sur ce sujet se divise sur la question de savoir si la position kantienne est internaliste ou non. Falk, par exemple, caractérise la différence entre l'internalisme et l'externalisme comme la question de savoir si le commandement moral surgit d'une source hors de l'agent (comme Dieu ou la société) ou de l'intérieur. Si la différence est décrite de cette manière, la tentative kantienne de dériver la moralité de l'autonomie fait de lui un internaliste paradigmatique (voir Falk 125, 129). D'un autre coté, certains ont pensé que la conception kantienne selon laquelle le commandement moral est indifférent à nos désirs, besoins et intérêts – selon lequel il est catégorique – en fait un externaliste paradigmatique[1]. Étant donné que Kant lui-même considérait que le caractère catégorique de l'impératif et l'autonomie du motif moral sont liés de manière nécessaire, cette divergence d'opinions est surprenante. Je reviendrai à Kant dans la section VII.

Bernard Williams a appliqué ce type de réflexion concernant la force motivationnelle des jugements éthiques à la force motivationnelle que revendique généralement la raison. Dans « Raisons internes et externes », Williams soutient qu'il y a deux types d'affirmations de la raison, ou deux manières de faire des affirmations concernant la raison. Supposons que je dise qu'une personne P a

---

1. Voir Frankena, « Obligation and Motivation », art. cit., p. 63, pour une discussion de cette conception surprenante.

une raison de faire l'action A. Si j'ai l'intention que cela implique que la personne P a un motif de faire l'action A, c'est l'affirmation d'une raison interne ; sinon, c'est celle d'une raison externe. Williams s'attache à soutenir que seules les raisons internes existent vraiment. Il pointe du doigt [*supra*, p. 248] le fait que, étant donné qu'une affirmation de la raison externe n'implique pas l'existence d'un motif, elle ne peut pas être utilisée pour expliquer l'action de qui que ce soit : c'est-à-dire que nous ne pouvons pas dire que la personne P a fait l'action A à cause de la raison R ; parce que R ne fournit pas à P un motif de faire A, et que c'est de *cela* que nous avons besoin pour expliquer que P fasse A : un motif. Nagel note que si la connaissance d'une affirmation de la raison n'inclut pas la connaissance d'un motif, quelqu'un à qui on présente la raison d'une action pourrait demander : pourquoi faire ce que j'ai une raison de faire ? (Nagel 9 ; voir aussi Falk 121-122). La discussion de Nagel fait ressortir, dans la perspective de l'agent, le même argument que Williams dans la perspective de celui qui explique, à savoir qu'à moins que les raisons ne soient des motifs, ils ne peuvent pas provoquer ou expliquer les actions. Et, à moins que les raisons ne soient des motifs, on ne peut pas dire que nous soyons pratiquement rationnels.

Ainsi, il semble que ce soit un critère des raisons pratiques qu'elles soient capables de nous motiver. C'est de là que naît la difficulté concernant les raisons qui ne puisent pas, comme les raisons de moyen et de fin, à une source motivationnelle évidente. Tant qu'il y a un doute sur la question de savoir si une considération donnée est capable de motiver une personne rationnelle, il y a un doute sur la question de savoir si cette considération a la force d'une *raison* pratique. La considération que telle ou telle action est un moyen d'obtenir ce que vous voulez a une source motivationnelle claire ; donc personne ne doute que ce soit une raison. Les affirmations de la raison pratique, si elles doivent réellement nous donner des raisons d'agir, doivent être capables de motiver des personnes rationnelles. J'appellerai ceci l'*exigence internaliste*.

III

Dans cette section, je veux parler de la manière dont fonctionnent les exigences de l'internalisme – ou, plus précisément, de comment elles dysfonctionnent – dans les arguments sceptiques. Hume conclut son argument en le reformulant sous une forme assez générale. La raison est la faculté qui juge de la vérité et de la fausseté, et elle peut juger que nos idées sont vraies ou fausses parce qu'elles représentent autre chose. Mais une passion est une existence ou une modification d'existence originale, pas la copie de quoi que ce soit : elle ne peut pas être vraie ou fausse, et donc elle ne peut pas être elle-même raisonnable ou déraisonnable. Les passions ne peuvent donc être déraisonnables que si elles sont accompagnées de jugements, et il y a deux cas de ce type. Dans le premier cas, la passion est fondée sur la supposition de l'existence d'objets qui n'existent pas. Vous êtes outré de la moquerie que vous m'avez entendu proférer à votre encontre, mais je parlais de quelqu'un d'autre. Vous êtes terrifié par les voleurs que vous entendez murmurer dans le salon, mais en fait vous avez laissé la radio allumée. Ce n'est bien entendu que dans un sens étendu que Hume peut penser ces situations comme des cas où une passion est irrationnelle. Les jugements d'irrationalité, que ce soit de croyance ou d'action sont, à strictement parler, relatifs aux croyances du sujet. Les conclusions tirées de prémisses erronées ne sont pas *irrationnelles*[1]. Le cas des passions fondées sur de fausses croyances semble être de cette sorte.

---

1. J'ignore ici le cas le plus compliqué dans lequel la passion en question est liée à une fausse croyance. Dans mes exemples, par exemple, il peut y avoir des cas tels que ceux-ci : l'irritation que je vous inspire peut vous prédisposer à penser que mes insultes vous sont destinées ; la terreur d'être seul dans la maison vous rend plus susceptible de prendre la radio pour un voleur. Hume discute ce phénomène (T 120). Ici, nous pourrions dire que le jugement est irrationnel, pas seulement faux, et que son irrationalité contamine les actions et passions fondées sur le jugement. Si la théorie de

Le second type de cas dans lequel Hume dit que la passion peut
être appelée déraisonnable est :

> quand nous livrant à une passion nous choisissons des moyens qui ne
> répondent pas suffisamment à la fin projetée et que nous nous
> égarons dans notre jugement sur les causes et les effets (T272).

C'est une remarque en elle-même ambiguë. Hume peut avoir, et
en fait a, voulu signifier tout simplement que nous fondons notre
action sur une fausse croyance concernant les relations causales.
Donc ce n'est pas plus authentiquement un cas d'irrationalité que le
précédent. Relative à la (fausse) croyance causale, l'action n'est
pas irrationnelle. Mais ce qui importe, c'est qu'on puisse vouloir
dire autre chose dans ce cas, qui est que, connaissant la vérité concernant les relations causales en jeu dans ce cas-là, nous puissions
néanmoins choisir des moyens insuffisants pour notre fin ou
échouer à choisir les moyens évidemment suffisants et directement
appropriés à notre fin. C'est cela que j'appellerai *véritable irrationalité*, par laquelle je désigne un échec à répondre de manière
appropriée à une raison donnée.

Si la seule possibilité que Hume veut avancer ici est celle d'une
action basée sur une fausse croyance concernant les causes et effets,
nous obtenons un curieux résultat. Aucun des cas que considère
Hume n'est un cas de véritable irrationalité : relativement à leurs
croyances, les gens n'agissent *jamais* irrationnellement. En effet,
Hume dit ceci :

> Dans l'instant même où nous percevons la fausseté de la supposition
> ou l'insuffisance des moyens, nos passions le cèdent à notre raison
> sans aucune résistance (T 273).

Hume l'autorise à dire que le jugement est irrationnel, il pourrait, bien qu'il ne le fasse
pas, affirmer que certaines passions et actions sont réellement irrationnelles, et ne
constituent pas seulement des méprises.

Mais on dirait que la théorie de la rationalité des moyens et des fins doit permettre au moins une forme de véritable irrationalité, nommément l'échec à être motivé par la considération que l'action est le moyen de notre fin. Même le sceptique concernant la raison pratique admet que les êtres humains peuvent être motivés par la considération qu'une action donnée est un moyen vers une fin désirée. Mais il ne suffit pas, pour expliquer ce fait, que les êtres humains puissent s'engager dans un raisonnement causal. Il est parfaitement possible d'imaginer une sorte d'êtres qui pourraient s'engager dans un raisonnement causal et qui pourraient, donc, s'engager dans un raisonnement qui pointerait les moyens d'atteindre leurs fins, mais qui ne seraient pas motivés par ceux-ci.

Kant, dans un passage du début des *Fondements*, imagine un être humain dans la situation où il ne serait capable de raison que de manière pour ainsi dire théorique, et non pratique. Il parle de ce que le monde aurait été si la nature avait eu notre bonheur pour fin. Nos actions auraient été contrôlées entièrement par des instincts dessinés pour assurer notre bonheur, et :

> si à une telle créature la raison devait par surcroît échoir comme une faveur, elle n'aurait dû lui servir que pour faire des réflexions sur les heureuses dispositions de sa nature (F 30).

La créature favorisée est représentée comme capable de voir que ses actions sont rationnelles dans le sens où elles mettent en place les moyens de sa fin (le bonheur) ; mais il n'est pas motivé par le fait qu'elles soient rationnelles ; il agit d'instinct. La raison lui permet d'admirer la justesse rationnelle de ce qu'il fait, mais ce n'est pas ce qui l'amène à le faire – il a, envers tout son comportement, la sorte d'attitude que nous pouvons, de fait, avoir envers le bon fonctionnement involontaire de nos corps.

Être motivé par la considération qu'une action est un moyen pour une fin désirable est quelque chose de plus que de simplement réfléchir à ce fait. La force motivationnelle attachée à la fin doit être transmise aux moyens pour qu'ils puissent à leur tour être une considération qui met le corps humain en mouvement – et ce n'est que si cette considération met le corps humain en mouvement que nous pouvons dire que la raison a une influence sur l'action. Une personne pratiquement rationnelle n'est pas seulement capable de mener à bien certaines opérations mentales rationnelles, mais est également capable de transmettre la force du motif, pour ainsi dire, le long des voies tracées par ces opérations. Sans cela, même le raisonnement en termes de moyens et de fins ne satisfera pas l'exigence internaliste.

Mais l'exigence internaliste n'implique pas que rien ne puisse interférer avec cette transmission motivationnelle. Et généralement, c'est une chose qu'il semble n'y avoir aucune raison de croire : il semble y avoir quantité de choses qui pourraient interférer avec l'influence motivationnelle d'une considération rationnelle donnée. Rage, passion, dépression, distraction, douleur, maladie physique ou mentale : toutes ces choses peuvent nous amener à agir de manière irrationnelle, c'est-à-dire à échouer à nous montrer motivationellement éveillé aux considérations rationnelles valables pour nous [1]. La nécessité, ou l'implacabilité, des considérations

---

1. « Valable pour nous » est vague, car il y a un éventail de cas dans lesquels quelqu'un peut être incertain quand à la question de dire qu'une raison est valable ou non pour nous. Par exemple, il y a 1) des cas dans lesquels nous ne connaissons pas les raisons, 2) des cas dans lesquels nous ne pourrions pas connaître les raisons, 3) des cas dans lesquels nous nous trompons quant aux raisons, 4) des cas dans lesquels quelque condition physique ou psychologique nous rend incapables de voir les raisons, et 5) des cas dans lesquels quelque condition physique ou psychologique nous rend incapables de répondre à la raison, même si nous la regardons, pour ainsi dire, droit dans les yeux. Dès lors, personne ne serait tenté d'affirmer que les affirmations de la raison impliquant des raisons que les gens ne connaissent pas sont par là même externes, mais comme nous parcourons la liste, la difficulté va croissant sur la question de savoir si l'affirmation devient externe. Car avant la fin de la liste, nous allons en venir à affirmer que quelqu'un est psychologiquement incapable de répondre à la raison, et qu'elle est pourtant interne, c'est-à-dire capable de motiver une personne rationnelle. Je ne pense pas qu'il y ait de problème à propos d'aucun de ces cas ; car tout ce qui est nécessaire pour affirmer que la raison est interne, c'est que nous puissions dire que si

rationnelles réside dans ces considérations elles-mêmes, pas en nous : c'est-à-dire que nous ne devons pas nécessairement être motivées par elles. Ou plutôt, pour présenter ce point de manière plus claire et ne pas clore quelque possibilité métaphysique que ce soit, leur nécessité pourrait résider dans le fait que, quand elles nous font nous mouvoir – que ce soit dans le domaine de la conviction ou dans celui de la motivation – elles nous meuvent avec la force de la nécessité. Mais il n'est pas pour autant vrai qu'elles nous meuvent nécessairement. Donc une personne peut être irrationnelle, non pas simplement en échouant à observer des connexions rationnelles – disons, en échouant à voir que les moyens suffisants sont à portée de la main – mais aussi en leur étant « volontairement » aveugle, ou bien en leur étant indifférente quand elles sont désignées [1].

---

une personne savait *et si rien n'interférait avec sa rationalité*, elle répondrait de manière adaptée. Cela ne rend pas triviale la limitation aux raisons internes tant que la notion de condition psychologique qui interfère avec la rationalité n'est pas trivialement définie.

1. Je pense à des phénomènes tels que le fait de se mentir à soi-même, la rationalisation, et les formes variées de faiblesse de la volonté. Certains d'entre eux s'appliquent à la théorie aussi bien qu'à la raison pratique, et, en ce qui concerne le premier cas, nous pouvons ajouter les formes variées de résistance intellectuelle ou d'idéologie (bien que « volonté » ne soit pas une bonne manière de caractériser celles-ci). Pour certaines raisons, les gens trouvent la seconde chose que j'ai mentionnée – être indifférent à une raison qu'on vous montre du doigt – plus difficile à imaginer dans un cas théorique que dans un cas pratique. Pour certains, se contenter de hausser les épaules face à une raison reconnue semble possible en pratique dans un sens où ce n'est pas le cas en théorie. Je pense que le problème réside en partie dans le fait que ce qu'acceptent les personnes pratiquement paralysées, nous pouvons le rejeter dans le domaine de la théorie : il croit « qu'il doit faire de telle et telle manière », bien qu'il ne soit pas mû à le faire ; tandis qu'il semble n'y avoir aucun lieu plus en amont (excepté peut-être une suspension du jugement) où rejeter ce qu'acceptent les personnes théoriquement paralysées. On peut également penser que le problème surgit parce que nous ne donnons pas assez de poids à la différence entre être convaincu par un argument et ne rien trouver à lui répondre, ou peut-être est-ce seulement que cette paralysie est moins visible dans le cas de la croyance que dans le cas de l'action.

Sous cette acception, la raison pratique ne diffère pas de la raison théorique. De nombreuses choses pourraient m'amener à échouer à être convaincu par un bon argument. Le fait d'être une personne théoriquement rationnelle n'implique pas seulement que je sois capable de réussir des opérations logiques et inductives, mais aussi que je sois *convaincu* de manière appropriée par ceux-ci ; la conviction que j'ai pour les prémisses doit, pour ainsi dire, m'amener à être convaincu par la conclusion. Donc le critère internaliste pour les raisons théoriques est qu'elles soient capables de nous convaincre – dans la mesure où nous sommes rationnels. Il est possible que j'arrive à mener à bien ces opérations sans générer aucune conviction, comme une sorte de jeu, disons, et dans ce cas je ne serais pas une personne rationnelle.

Aristote décrit celui qui débute dans les études scientifiques comme étant capable de répéter un argument, mais sans la sorte de conviction que ce dernier provoquera ultérieurement chez lui, quand il le comprendra pleinement. Pour qu'un argument théorique ou une délibération pratique ait le statut de raison, il doit bien sûr être capable de motiver ou convaincre une personne rationnelle, mais de là ne suit pas qu'il doive à tout coup être capable de motiver ou convaincre quelque individu que ce soit. Il pourrait suivre de la supposition que nous sommes des personnes rationnelles et de la supposition qu'un argument donné ou une délibération est rationnel que, si nous ne sommes pas convaincus ou motivés, il doit y avoir quelque explication à cet échec. Mais il n'y a absolument aucune raison de croire qu'il y aura toujours une telle explication pour montrer que nous avons fait erreur sur les raisons, qui, si elles avaient été vraies, auraient été de bonnes raisons. De nombreuses choses, dans le corps humain, peuvent interférer avec le fonctionnement des opérations rationnelles. Donc il n'y a pas de raison de nier que les êtres humains peuvent être pratiquement irrationnels dans le sens où Hume considère que c'est impossible : que, même avec la vérité à notre disposition, nous pouvons, pour une cause ou une autre, échouer à être intéressés par les moyens qui mènent à notre fin.

IV

Mon hypothèse est que le scepticisme concernant la raison pratique est parfois fondé sur une fausse impression de ce que requiert l'exigence internaliste. Elle ne requiert pas que les considérations rationnelles parviennent toujours à nous motiver. Tout ce qu'elle requiert, c'est que les considérations rationnelles parviennent à nous motiver dans la mesure où nous sommes rationnels. On peut admettre la possibilité d'une véritable irrationalité et pourtant continuer à croire que tout raisonnement pratique est instrumental. Mais une fois que cette sorte d'irrationalité est autorisée dans le cas des moyens et des fins, certaines des bases d'un scepticisme concernant des formes plus ambitieuses de raisonnement pratique vont sembler moins irrésistibles. Le cas de la prudence ou de l'intérêt propre illustrera ce que j'ai en tête. J'ai déjà mentionné l'exposé de Hume sur ce point : il pense qu'il y a un « appétit général pour le bien (*good*), et l'aversion pour le mal (*evil*) » et qu'une personne agit prudemment dans la mesure où cette passion générale et calme reste dominante par rapport aux passions particulières. C'est sous l'influence de cette fin que nous pesons une satisfaction possible face à une autre, essayant de déterminer laquelle conduit à notre plus grand bien. Mais si le désir général du bien ne reste pas prédominant, non seulement le motif, mais la raison, de faire ce qui conduira au plus grand bien, disparaît. Car Hume affirme que ce n'est pas contraire à la raison de préférer un bien reconnu moindre à un bien reconnu plus grand.

Supposez, alors, que vous êtes confronté à un choix et que, bien qu'informé que l'une des options conduirait à votre plus grand bien, vous choisissez l'autre. Si la véritable irrationalité est exclue, et que vous ne prenez pas les moyens d'arriver à une fin, c'est la preuve que soit vous ne visez pas cette fin, soit ce n'est pas la chose la plus importante pour vous. Ainsi, dans ce cas imaginaire où vous ne choisissez pas votre plus grand bien, il est évident que soit vous ne vous souciez pas de votre plus grand bien, soit que ce dernier ne vous intéresse pas autant que tel moindre bien particulier. D'un autre coté, si vous agissez selon l'information qu'une option conduit à votre plus grand bien, alors nous avons la preuve que vous vous souciez de votre plus grand bien. Il semble donc que votre plus grand bien est une fin dont vous pouvez vous soucier ou non, et la rationalité s'applique à ce dont vous vous souciez. Mais une fois qu'on admet que quelqu'un peut, pour une autre cause, ne pas répondre à une considération rationnelle, alors il n'y a pas spécialement de raison d'accepter cette analyse de la situation. Je ne veux pas non plus dire qu'il y a une raison de la rejeter, bien sûr ; ce que je veux dire, c'est que le fait que vous l'acceptiez ou non dépend de ce que vous acceptez *déjà* ou non que la rationalité se limite à l'emploi de moyens en vue de fins. Si vous le faites, vous allez dire que la situation où le moindre bien a été choisi était une situation où il y avait un plus fort désir en ce sens, et donc une plus forte raison ; si vous ne le faites pas, et pensez qu'il est raisonnable de choisir le plus grand bien (parce que la prudence a une autorité rationnelle), vous direz que c'est un cas de véritable irrationalité. Ce qui importe, c'est que l'analyse motivationnelle de la situation *dépend* de votre conception du contenu des principes rationnels de l'action, et non pas l'inverse. Le fait que quelqu'un puisse ou ne puisse pas être motivé à choisir une certaine ligne de conduite en considérant qu'elle mène au plus grand bien ne montre pas en soi que le plus grand bien est juste une fin parmi d'autres, sans autorité rationnelle spéciale, quelque chose dont certaines personnes se soucient et d'autres non. Prenez la situation parallèle. Le fait que quelqu'un puisse ou ne puisse pas être motivé à choisir une certaine ligne de conduite en considérant que c'est le meilleur des moyens disponibles pour ses fins ne montre pas que prendre les moyens d'arriver à ses fins est juste une fin parmi d'autres, une fin dont certaines personnes se soucient et d'autres non. Dans les deux cas, nous constatons que les gens sont parfois motivés par des considérations de cette sorte, et que nous pensons tous dans le dernier cas, et certains dans le premier cas, que c'est rationnel d'être ainsi motivé.

L'argument tranchant la question de savoir si la prudence ou le plus grand bien ont une quelconque autorité rationnelle spéciale – la question de savoir si c'est une considération rationnelle – devra s'élaborer sur un autre plan. Il va devoir être construit sous la forme d'une discussion plus métaphysique s'attachant à définir ce que fait la raison, quelle est sa portée, et quelles sortes d'opérations, de procédures, et de jugement sont rationnels. Cette discussion consiste habituellement à tenter d'arriver à une notion générale de ce qu'est la raison par la découverte de caractéristiques que partagent les raisons pratique et théorique ; on fait alors appel à des traits caractéristiques tels que l'universalité, l'exhaustivité, l'intemporalité, l'impersonnalité ou l'autorité[1]. Le contenu de l'argument en faveur de la prudence varie d'une théorie à l'autre ; ce qui compte ici, c'est que le fait que quelqu'un puisse ne pas être motivé par la considération que quelque chose va servir son plus grand bien ne peut pas en lui-même jeter quelque doute que ce soit sur l'argument, quel qu'il soit, selon lequel préférer le plus grand bien est rationnel. Si quelqu'un n'était pas convaincu par l'opération logique de conjonction, et ne pouvait donc pas, avec conviction, de « A » et de « B », inférer « A et B », nous ne nous empresserions pas de conclure que la conjonction n'est qu'une théorie en laquelle certaines personnes croient et d'autres non. La conjonction n'est pas une théorie à laquelle on peut croire ou ne pas croire, mais un principe du raisonnement. Tout ce qui nous conduit à une conclusion n'est pas une théorie, tout ce qui nous pousse à agir n'a pas besoin d'être une fin désirée (voir Nagel 20-22).

---

1. Kant fait appel à l'universalité et l'exhaustivité ; Nagel à l'intemporalité et l'impersonnalité, et J. Butler à l'autorité.

V

Un résultat intéressant qui découle de ce qu'on admet la possibilité d'une véritable irrationalité, c'est qu'il suit qu'il ne sera pas toujours possible d'induire un comportement rationnel chez quelqu'un par l'argumentation. Si les gens agissent irrationnellement uniquement parce qu'ils ne connaissent pas les connexions appropriées entre moyens et fins, ils doivent répondre à l'argument de manière adéquate : montrez-leur le lien, et leur comportement sera modifié en conséquence. Chez une telle personne, le chemin motivationnel, pour ainsi dire, entre les moyens et les fins est ouvert. Une personne chez laquelle ce chemin est, pour une raison ou une autre, bloqué, ou fonctionne mal, peut ne pas répondre à l'argument, même si elle le comprend de manière théorique. Aristote pense que les personnes intempérantes sont dans une situation de ce type : c'est le cas de celles qui subissent un accès de passion ou de rage, et cette situation est en fait physiologique[1]. Nous arrivons à un point important ; parce qu'on pense parfois, sur la base de l'exigence internaliste, que s'il y a une raison de faire quelque chose, on doit pouvoir convaincre quelqu'un de la faire : quiconque comprend l'argument va agir en conséquence (la conclusion d'un syllogisme pratique est une action). Frankena, par exemple, argumente contre une interprétation internaliste du « devoir » moral sur la base du fait que même après une pleine réflexion, nous ne faisons pas toujours ce qui est bon (71). Mais s'il y a un fossé entre comprendre une raison et être motivé par cette raison, alors l'internalisme n'implique pas qu'on puisse toujours convaincre les gens d'agir de manière rationnelle. La raison motive quelqu'un qui est capable d'être motivé par la perception d'une connexion rationnelle. La rationalité est une condition dont les

---

1. *Éthique à Nicomaque*, *op. cit.*, VTI3, 1147b 5-10.

êtres humains sont capables, pas une condition dans laquelle nous sommes tout le temps.

C'est pour cette raison qu'on comprend mieux certaines théories éthiques fondées sur l'idée de raison pratique quand on considère qu'elles établissent des idéaux de caractère. Une personne de bon caractère sera, d'un tel point de vue, quelqu'un qui répond à une raison donnée de manière appropriée, quelqu'un dont la structure motivationnelle est organisée pour la réceptivité rationnelle, de telle manière que les raisons le motivent en accord avec leur force et leur nécessité propres. Ce n'est pas un hasard si les deux philosophes majeurs de notre tradition qui pensent l'éthique en termes de raison pratique – Aristote et Kant – étaient aussi les deux plus concernés par les méthodes d'éducation morale. Il faut apprendre aux êtres humains à écouter la raison, ou les y habituer : nous sommes, comme le dit Kant, imparfaitement rationnels.

En fait, l'argument du dernier paragraphe peut être rendu en termes de vertus. Supposez qu'il *est* irrationnel de ne pas préférer le plus grand bien : cela n'a pas besoin d'avoir quoi que ce soit à voir avec le fait que le plus grand bien *fait partie* des fins que vous désirez. Il est bien sûr vrai que certaines personnes sont motivées avec plus de force par la considération de ce qui conduit à leur plus grand bien que d'autres : appelons de telles personnes des *personnes prudentes*. Le fait que les personnes prudentes soient plus fortement motivées par les raisons touchant au plus grand bien ne montre pas qu'elles ont de plus fortes raisons de tendre vers leur plus grand bien (les gens ont également des vertus théoriques variées[1]). Nous pourrions également dire que la personne prudente « fait plus attention » à son plus grand bien, mais c'est juste une

---

1. Les comparaisons que j'ai dressées entre les raisons pratique et théorique suggèrent ici qu'il devrait aussi y avoir quelque chose comme un idéal du bon caractère théorique : une réceptivité aux raisons théoriques. Se représenter un individu libre de toute idéologie et de toute résistance intellectuelle pourrait constituer un tel idéal.

autre manière de dire qu'elle répond plus fortement à ce genre de considérations, qu'elle a la vertu de prudence. Nul besoin d'en inférer que son plus grand bien est une fin plus lourdement pesée chez elle et que, en conséquence, l'idée d'atteindre son plus grand bien compte réellement plus pour elle que ça ne compte pour une autre personne, une personne imprudente, d'obtenir le sien. Cela fait plus sens de dire que cette autre personne ignore les raisons qui sont les siennes. Encore une fois, prenez une situation parallèle : certaines personnes répondent bien plus facilement et catégoriquement à la considération que quelque chose est un moyen efficace pour aboutir à leur fin. Nous pourrions appeler une telle personne une personne *déterminée* ou *résolue*. Nul ne compte probablement soutenir que la personne déterminée ou résolue a une raison plus forte de prendre les moyens d'aboutir sa fin que ce n'est le cas pour qui que ce soit d'autre. Nous avons tous exactement la même raison de prendre les moyens d'aboutir à nos fins. Le fait que les gens soient motivés différemment par les raisons qu'ils ont ne montre pas qu'ils ont différentes raisons. Cela pourrait montrer que certains ont des vertus qui manquent à d'autres. Dans le cadre d'une théorie de la raison pratique, la possibilité de la rationalité établit un standard pour le caractère ; mais ce standard ne sera pas toujours réalisé. Cependant, cela ne constitue pas en soi une raison d'être sceptique concernant la portée de l'orientation délibérative que peut fournir la raison. Ce n'est une raison d'être sceptique que concernant la mesure dans laquelle on tire avantage de cette orientation.

VI

Quoi qu'il en soit, le fait qu'une raison pratique doive être capable de nous motiver semble toujours mettre une limite à l'extension de la raison pratique : on peut penser que c'est un problème subjectif que des considérations puissent motiver un individu donné et que, en conséquence, tous les jugements de la raison

pratique doivent être de forme conditionnelle. Dans l'argumentation de Hume, ce genre de limitation est contenu dans l'affirmation
que la motivation doit prendre son origine dans une passion. Dans
le cas des moyens et des fins, nous sommes capables d'être motivés
par la considération qu'une action A va promouvoir le but B parce
que, et seulement parce que, nous avons une impulsion motivationnelle pré-existante (une passion) attachée au but B. Comme le dit
Hume, une relation entre deux choses n'aura aucun impact motivationnel sur nous à moins que l'une des deux choses n'ait un tel
impact. Cette considération ne limite pas la raison pratique à la
variété des moyens et des fins, mais il pourrait sembler qu'elle
impose une limitation de cette sorte : on ne peut aboutir aux affirmations de la raison pratique qu'en passant par quelque chose qui
est de manière reconnaissable un processus délibératif rationnel
partant des intérêts et motivations déjà présents. Cette position
est défendue par Bernard Williams dans « Raisons internes et
externes ». Williams, je l'ai mentionné, défend l'idée que seules les
raisons internes existent ; mais il pense que cette idée a une forte
implication humienne. Williams considère que les raisons pratiques sont par définition relatives à quelque chose qu'il appelle
« l'ensemble motivationnel subjectif » de l'agent, ce qui découle du
fait qu'elles peuvent motiver. Les contenus de cet ensemble ne sont
pas définis de manière exhaustive, mais ils incluent évidemment,
entre autres, les désirs et passions de l'agent. Les raisons internes
sont des raisons atteintes par la délibération depuis l'ensemble
motivationnel subjectif : elles peuvent nous motiver de par leur
connexion à cet ensemble. La délibération sur les moyens et les
fins, où la fin est dans l'ensemble et les moyens sont ce à quoi nous
aboutissons par la délibération motivante, est la plus caractéristique
des sources de raisons pour l'action, mais non la seule. Williams
appelle la perspective des moyens et des fins le « modèle sub-
humien » ; et il en dit ceci :

> Le modèle sub-humien suppose que l'acte de Φ-er [où Φ-er est un
> acte que nous avons une raison de faire] doit être relié à un certain

élément de [l'ensemble motivationnel subjectif] comme un moyen causal à une fin (sauf, peut-être, s'il ne s'agit simplement que de la réalisation d'un désir qui est lui-même cet élément de [l'ensemble motivationnel subjectif]). Mais ce n'est là qu'un cas particulier. […] il y a des possibilités beaucoup plus larges de délibération, telles que le fait de penser à la manière dont la satisfaction d'éléments de [l'ensemble motivationnel subjectif] peut être arrangée, par exemple, en les ordonnant dans le temps ; ou, quand il y a un conflit insoluble entre des éléments de [l'ensemble motivationnel subjectif], le fait de considérer celui auquel on attache le plus d'importance […] ou encore, le fait de trouver des solutions constitutives, par exemple en déterminant ce qui rendrait une soirée divertissante, étant entendu que l'on veut se divertir [*supra*, p. 235-236] [1].

Tout ce qu'on atteint par un processus de délibération depuis l'ensemble subjectif pourrait être quelque chose pour lequel il y a une raison interne, une qui peut motiver. Les raisons externes, par contraste, existent sans regard à ce qui est dans l'ensemble motivationnel subjectif. Dans ce cas, comme le montre Williams, il doit y avoir quelque processus rationnel, ne provenant pas de l'ensemble motivationnel subjectif et qui n'y serait, en conséquence, pas relatif, qui pourrait nous amener à reconnaître quelque chose comme une raison en même temps qu'à être motivé par cette chose. La raison devrait être capable de produire un motif entièrement neuf, ce dont Hume nous assure que c'est impossible.

Ainsi, Williams assume une partie de l'argument sceptique : l'idée qu'une partie du raisonnement pratique doit provenir de quelque chose qui est capable de vous motiver ; et abandonne l'autre, l'idée que la seule forme de raisonnement soit celle des moyens et des fins. Quelqu'un pourrait supposer que ceci limite les opérations des jugements de la raison pratique à ces fonctions qui sont de naturelles expansions, ou extensions, de la variété des

---

1. Williams utilise la désignation « S » pour « ensemble motivationnel subjectif », mais j'ai partout rétabli la phrase originale ; d'où les crochets.

moyens et des fins, et on pense généralement que les opérations que Williams mentionne dans ce passage, telles que faire un plan pour satisfaire les éléments variés de l'ensemble, ou mener un raisonnement constitutif, appartiennent à cette catégorie. Mais en fait cette conception n'est pas celle de Williams, et, comme il l'indique, ne découle pas non plus de son argumentation.

> Les processus de délibération peuvent avoir toutes sortes d'effet sur [l'ensemble motivationnel subjectif], et il s'agit là d'un fait qu'une théorie des raisons internes d'agir devrait être ravie d'intégrer. Elle devrait donc aussi être plus libérale que ne l'ont été certains théoriciens sur les éléments possibles de [l'ensemble motivationnel subjectif]. J'ai examiné [l'ensemble motivationnel subjectif] surtout en termes de désirs, et on peut utiliser ce terme, formellement, pour tous les éléments de [l'ensemble motivationnel subjectif]. Mais cette terminologie pourrait nous faire oublier que [l'ensemble motivationnel subjectif] peut contenir des choses telles que des dispositions à évaluer, des modèles de réaction émotionnelle, des dévouements personnels, et pour les nommer abstraitement, divers projets incorporant les engagements de l'agent (5).

Williams peut intégrer la situation de quelqu'un qui agit pour des raisons de principe, et, dans ce cas, la délibération prendra la forme d'une application du principe ou de la constatation que le principe s'applique à la situation en question. L'avocat de la conception selon laquelle toute délibération est strictement de la variété moyens/fins prétendra peut-être assimiler ce cas par l'idée formelle que l'agent doit avoir un désir d'agir selon ce principe, mais cela ne changera pas le fait important, qui est que le raisonnement dans ce cas implique l'application du principe, ce qui n'est pas la même chose qu'un raisonnement selon les moyens et les fins [1].

---

1. Il est vrai que l'application d'un principe peut être tellement simple ou immédiate qu'elle sera une question de jugement ou de perception plutôt que de délibération. Dans de tels cas, certains voudront nier que la raison pratique ait été utilisée. D'un autre coté, le raisonnement impliqué dans l'application d'un principe peut être

Dans ce genre de cas, l'important selon Williams sera que, pour que les principes fournissent des raisons à un agent donné, l'acceptation du principe doit constituer une part de l'ensemble motivationnel subjectif de l'agent. Si le principe n'est pas accepté par l'agent, ses dictats ne sont pas des raisons pour lui. Les raisons sont relatives à l'ensemble. Si c'est vrai, il semble tout d'abord que les raisons pratiques vont être relatives aux individus, parce qu'elles sont conditionnées par ce qui est l'ensemble motivationnel. Les raisons qui s'appliquent à vous sans regard à ce qui constitue votre ensemble motivationnel n'existent pas.

Quoi qu'il en soit, cet argument ayant été tiré des idées très définies de Hume sur les sortes d'opérations et processus rationnels qui existent, il a une position très peu claire sur les affirmations concernant la raison pratique. Si l'on accepte l'exigence internaliste, il s'ensuit que la pure raison pratique n'existera que si et seulement si nous sommes capables d'être motivés par les conclusions des opérations de la pure raison pratique en tant que telle. Quelque chose en nous doit nous rendre capable d'être motivés par celles-ci, et ce quelque chose fera partie de l'ensemble motivationnel subjectif. Williams semble penser qu'il y a une raison de douter que la pure raison pratique existe, tandis que l'exigence internaliste ne semble impliquer que ceci : si l'on peut être motivé par des considérations provenant de la pure raison pratique, alors cette capacité appartient à l'ensemble motivationnel subjectif de tout être rationnel. On ne peut pas soutenir que l'ensemble motivationnel subjectif ne contient que des fins ou désirs ; car ce ne serait vrai que si tous les raisonnements appartenaient à la variété des moyens et des fins ou à ses extensions naturelles. Les variétés d'éléments qui

assez compliqué (comme dans le cas des tests de contradiction de l'impératif catégorique), et donc être tels que tout le monde devrait volontiers l'appeler raisonnement. Si le fait que vous ayez ce principe apporte une force motivationnelle soit à la vision soit aux arguments délibératifs conduisant au résultat que tel cas tombe sous le principe, alors le résultat est une raison pratique.

peuvent être trouvées dans l'ensemble ne limite pas aux, mais dépend plutôt des, sortes de raisonnements possibles. On ne peut pas non plus supposer que l'ensemble motivationnel subjectif consiste uniquement en éléments individuels ou idiosyncrasiques; car c'est négliger sans argument la possibilité que la raison puisse fournir des conclusions que tout être rationnel doive reconnaître et par lequel il soit capable d'être motivé. Aussi longtemps qu'est laissée ouverte la gamme des opérations rationnelles qui fournissent des conclusions concernant ce qu'il y a à faire et ce qu'il faut poursuivre, elle doit le pouvoir, que nous soyons ou non capables d'être motivé par ces conclusions.

Considérez la question de comment un agent en vient à accepter un principe, c'est-à-dire à l'inclure dans son ensemble motivationnel. Si nous disons que l'agent en vient à accepter le principe à travers le raisonnement – à travers le fait d'avoir été convaincu que le principe admettait quelque justification ultime – alors il y a des fondements à dire que ce principe est dans l'ensemble motivationnel de toute personne rationnelle : car toutes les personnes rationnelles pourraient être amenées à voir qu'elles ont une raison d'agir dans la voie requise par ce principe, et c'est tout ce que requiert l'exigence internaliste. Or, ce n'est bien sûr pas la conception de Williams : il croit que les principes sont acquis par l'éducation, l'entraînement, et ainsi de suite, et qu'ils n'admettent aucune justification ultime[1]. Il y a deux points importants à noter à ce propos.

---

1. Williams lui-même remarque que « la charge de la preuve de ce que l'on compte comme étant un "processus purement rationnel" […] échoit proprement au critique qui veut s'opposer à la conclusion générale de Hume et établir un grand nombre de conclusions à partir d'énoncés invoquant des raisons externes d'agir » [*supra*, p. 248].

Bien que je pense qu'il ait plutôt raison de dire que la charge de la preuve de ce que l'on compte comme étant un processus purement rationnel – concernant le *contenu* – revient aux opposants de Hume, je prétends qu'il n'y a aucune raison de supposer que si cette charge est endossée avec succès les raisons seront externes.

Premièrement, considérez le cas de l'agent réflexif qui, après avoir été élevé selon un certain principe en vient à le questionner. Un doute, une tentation ou un argument l'a amené à envisager d'éliminer le principe de son ensemble motivationnel subjectif. Maintenant, que va-t-il penser? Le principe n'admet pas, nous le supposons, de justification ultime, donc il n'en trouvera pas. Mais cela ne signifie pas nécessairement qu'il rejettera le principe. Il peut, à la réflexion, trouver qu'il préférerait (relativement à ce qu'il y a d'autre dans son ensemble motivationnel) que les gens aient, et agissent selon, un tel principe, que c'est, en gros, une bonne idée – probablement pas la seule, mais une excellente base pour la vie commune, etc. – et donc il peut le conserver et même entreprendre d'éduquer ceux qui sont sous son influence pour les amener à l'adopter. Ce qu'il faut noter d'étrange, c'est que c'est presque exactement le genre de description que donne Mill des utilitaristes réflexifs qui, réalisant que leur capacité à être motivés par le principe d'utilité est un acquis de l'éducation, n'en n'éprouvent aucune déception. Mais la position de Mill, comme je l'ai mentionné plus haut, est toujours considérée comme le meilleur exemple d'une position éthique *externaliste*.

Pour en venir à l'essentiel, ce que montre ce genre de cas, c'est que pour Williams comme pour Hume, le scepticisme motivationnel dépend de ce que j'ai appelé le « scepticisme du contenu ». L'argument de Williams ne montre pas que s'il y avait quelques principes inconditionnels de raisons s'appliquant à l'action nous ne pourrions pas être motivées par eux. Il pense seulement qu'il n'y en a pas. Mais l'argument de Williams, comme celui de Hume, donne l'impression de procéder dans l'autre sens : comme si le point motivationnel – la requête internaliste – était supposé avoir quelque force pour limiter ce qui pourrait compter comme un principe de la raison pratique. Tandis qu'en fait, la source réelle du scepticisme est un doute concernant l'existence de principes de l'action dont le contenu montre qu'ils sont ultimement justifiés.

VII

La requête internaliste est correcte, mais n'exclut probablement aucune théorie morale. Je ne pense pas même qu'elle exclue l'utilitarisme ou l'intuitionnisme, bien qu'elle appelle une reformulation des conceptions associées concernant l'influence des raisonnements éthiques sur la motivation. La force de la requête internaliste est psychologique : ce qu'elle fait, ce n'est pas réfuter des théories éthiques, mais leur faire une réclamation psychologique.

C'est en fait ainsi que les philosophes défendant une connexion entre moralité et raison pratique ont pensé la question. À partir de considérations, concernant la nécessité que les raisons soient internes et capables de nous motiver, presque identiques à celles de Williams, Nagel, dans les sections qui ouvrent *The Possibility of Altruism*, soutient que les investigations concernant la raison pratique vont amener des découvertes concernant nos capacités motivationnelles. Admettant que les raisons doivent être capables de nous motiver, il pense que si nous pouvons montrer l'existence de raisons, nous aurons montré quelque chose capable de nous motiver. Aux yeux de Nagel, la requête internaliste ne conduit pas à une limitation de la raison pratique, mais à une augmentation assez surprenante du pouvoir de la philosophie morale. Cette dernière peut nous renseigner sur les capacités motivationnelles humaines ; elle peut nous enseigner la psychologie [1].

---

1. *The Possibility of Altruism*, *op. cit.*, p. 13. Nagel appelle cela une « rébellion contre la priorité à la psychologie » (11) et distingue par conséquent deux sortes d'internalismes : l'un prend les faits psychologiques comme données et suppose que nous devons parfois dériver l'éthique de ces derniers dans le but de compléter une théorie internaliste, et l'autre suppose que les investigations métaphysiques – investigations sur ce que c'est que d'être une personne rationnelle – vont avoir des conclusions psychologiques. Hobbes serait un exemple du premier type, et Kant du second.

Comme le montre Nagel, cette approche caractérise également la philosophie morale de Kant. À la fin de la seconde section des *Fondements*, il n'y a aucun doute sur le fait que, en *un* sens, Kant a fait ce qu'il s'était fixé de faire : il nous a montré quelle sorte de requête la raison pure adresserait à l'action. Travaillant à partir des idées que les raisons en général (qu'elles soient théoriques ou pratiques) doivent être universelles, que la raison recherche l'inconditionnel, et que sa forme contraignante doit dériver de l'autonomie, il nous a montré ce à quoi ressemblerait une loi de la raison pure appliquée à l'action. Mais jusqu'à ce qu'il ait été démontré que nous pouvons être motivé à agir conformément à l'impératif catégorique, il n'a pas été complètement démontré que l'impératif catégorique existe réellement – qu'il existe réellement une loi de la pure raison pratique. Et cela à cause de la requête internaliste. La question de savoir comment l'impératif est possible est assimilée à celle de savoir « comment on peut se représenter la contrainte de la volonté, qu'énonce l'impératif dans la tâche à accomplir » (F 54). Ainsi, ce qui reste à prouver par une « déduction », c'est que nous sommes capables d'être motivés par cette loi de la raison : que nous avons une volonté autonome. Dans la troisième partie des *Fondements*, Kant tente effectivement de soutenir que nous pouvons être motivés par l'impératif catégorique, en en appelant à la pure spontanéité de la raison comme preuve de notre nature intelligible et donc de la volonté autonome (p. 181). Cependant, dans la *Critique de la raison pure*[1], Kant inverse sa stratégie. Il affirme que nous savons que nous sommes capables d'être motivés par l'impératif catégorique et en conséquence que nous savons (dans un sens pratique) que nous avons une volonté autonome. Encore une fois, les explorations dans la raison pratique révèlent notre nature. Quoi qu'il en soit, il est important que, bien que Kant n'essaie pas, dans la *Critique de la raison pure*, d'argumenter

---

1. Voir notamment C2, 30, p. 41-50.

en faveur de l'idée que la raison pure *peut* être un motif, il y détaille les différents éléments qui permettent de penser *comment* elle peut être un motif – comment elle fonctionne comme un stimulant en s'opposant à d'autres stimulants[1]. La requête internaliste nous apporte toujours quelque chose : elle montre les conclusions psychologiques qu'implique la théorie morale.

Cela pourrait être que nous sommes immunisés contre la motivation par la pure raison pratique. Mais cela pourrait également être que nous sommes immunisés contre la motivation par des connexions moyens/fin. Peut-être que la conscience que nous en avons dans les cas où nous semblons agir selon ces connexions est épiphénoménale. En fait, nous sommes sûrs que nous ne sommes pas immunisés contre les raisons provenant des connexions moyens/fins ; et Kant maintient que, si nous y réfléchissions, nous verrions que nous ne sommes pas non plus immunisés contre les lois de la pure raison pratique : que nous savons que nous pouvons faire ce que nous devons. Mais rien ne peut nous le garantir, car notre connaissance de nos motifs est limitée. La conclusion est que si nous sommes rationnels, nous allons agir comme nous le dicte l'impératif catégorique. Mais nous ne sommes pas nécessairement rationnels.

VIII

Je n'ai pas tenté de montrer dans cet article qu'il existe une chose telle que la raison pratique, ou que cette raison a dans tous cas une portée plus étendue sur la conduite que celle dont l'empirisme

---

1. Dans le troisième chapitre des analytiques de la *Critique de la raison pratique* (1788) [trad. fr. J.-P. Fussler, Paris, GF-Flammarion, 2003], où le projet de Kant n'est pas de « mettre en évidence *a priori* le fondement où la loi morale trouve en elle-même un ressort, mais ce qu'elle produit (ou, pour le dire mieux, ce qu'il lui faut produire) comme effet dans l'esprit, en tant qu'elle constitue un tel ressort » (C 181).

l'a habituellement créditée. Ce que j'ai tenté de montrer, c'est que cette question reste d'une certaine manière ouverte : que les considérations motivationnelles ne fournissent aucune raison, indépendamment de propositions spécifiques, d'être sceptique concernant la raison pratique ; si un philosophe peut nous montrer que quelque chose, qui est de manière reconnaissable une loi de la raison, a une portée sur la conduite, il n'y a pas spécialement de raison de douter que les êtres humains puissent être motivés par cette considération. Le fait que la loi puisse ne pas gouverner la conduite, même quand quelqu'un la comprend, n'est pas une raison d'être sceptique : la nécessité est dans la loi, et non en nous.

Dans la mesure où le scepticisme concernant la raison pratique pure est fondé sur l'idée étrange qu'une raison connue ne peut jamais échouer à motiver, il n'y a pas de raison de l'accepter. Il est fondé sur une certaine forme de mauvaise compréhension, et j'ai suggéré qu'une mauvaise compréhension de l'exigence internaliste peut être une explication possible. Dans la mesure où le scepticisme concernant la pure raison pratique est fondé sur l'idée qu'on ne peut trouver aucun processus ou opération de la raison qui fournisse des conclusions inconditionnelles concernant l'action, il dépend de – et n'est pas une raison de croire – la thèse selon laquelle on ne peut trouver aucun processus ou opération de la raison qui fournisse des conclusions inconditionnelles concernant l'action. Dans la mesure où le scepticisme concernant la pure raison pratique est fondé sur l'exigence que les raisons soient capables de nous motiver, la réponse correcte est que si quelqu'un découvre quelles sont les raisons dirigeant, de manière reconnaissable, la conduite, et que ces raisons échouent à nous motiver, cela ne fait que montrer les limites de notre rationalité. Le scepticisme motivationnel concernant la raison pratique dépend, et ne peut être la base, du scepticisme concernant les contenus possibles des requêtes rationnelles. La mesure dans laquelle les gens sont effectivement mus par des considérations rationnelles, que ce soit dans leur conduite ou leur croyance, est au delà du champ de la philosophie. La philosophie peut, au plus, nous dire ce que ce serait que d'être rationnel.

Remerciements

J'aimerais remercier Timothy Gould, Charlotte Brown, et les publics des précédentes versions de cet article à Columbia et à l'Université de Chicago, pour les commentaires et les discussions des enjeux de cet article, qui m'ont beaucoup appris.

Abréviations

C2 Emmanuel KANT, *Critique de la Raison Pratique* (1788), trad. fr. J.-P. Fussler, Paris, GF-Flammarion, 2003.

F   Emmanuel KANT, *Fondements de la métaphysique des mœurs* (1785), trad. fr. V. Delbos, Paris, Vrin, 2004.

T   David HUME, *Traité de la nature humaine* (1739), dans *les Passions (Dissertation sur les passions suivi du Traité de la nature humaine II)*, trad. fr. J.-P. Cléro, Paris, GF-Flammarion, 1991.

Bibliographie

ARISTOTE, *Nichomachean Ethics*, dans *The Works*, vol. 9, Oxford, Oxford University Press, 1915.

FALK W.D., *Ought, Reasons, and Morality : the Collected Papers of W.D. Falk*, Ithaca, Cornell University Press, 1986..

FRANKENA W.K., *Perspectives on Morality : Essays of William K. Frankena*, K.E. Goodpaster (ed.), Notre Dame, University of Notre Dame Press, 1976.

HUME D., *A Treatise of Human Nature*, L.A. Selby-Bigge and P.H. Nidditch (ed.). Oxford, Clarendon Press, 2ᵉ éd. 1978..

MILL J.S., *Utilitarianism*, G. Sher (ed.), Indianapolis, Hackett, 1979.

PRICHARD H.A., *Moral Obligation and Duty, and Interest : Essays and Lectures by H.A. Prichard*, W.D. Ross and J.O. Urmson (ed.), Oxford, Oxford University Press, 1968.

Traduction Julie MARTIN-CABÉTICH

LA THÉORIE DU CHOIX RATIONNEL
ET SES PARADOXES

INTRODUCTION

Les fondements théoriques de l'analyse économique comprennent une analyse de ce que c'est que choisir pour un acteur économique. Il n'est donc pas étonnant que l'on y trouve développée et mathématisée une *théorie du choix rationnel*. On peut la considérer, à la manière positiviste, comme un outil simplement prédictif, permettant au savant, au chef d'entreprise ou à l'homme politique de prévoir le comportement de *homo œconomicus*, sa validité dépendant alors uniquement de la fiabilité de ses prédictions. Une telle conception de la théorie du choix rationnel ne nous permet pas de, et n'a aucune prétention à, *définir* ce qu'est un choix rationnel : est rationnel le comportement que la théorie permet en fait de prévoir. Beaucoup de théoriciens du choix rationnel n'adhèrent pas à cette conception descriptive de la théorie du choix rationnel et considèrent plutôt qu'elle détermine un ensemble de règles que l'agent *doit* suivre s'il veut se comporter de façon rationnelle : la théorie est, dans cette perspective, essentiellement normative.

Or cette conception du choix rationnel est, dans ses grands traits, largement instrumentale. On se donne un agent, supposé avoir diverses préférences, pour les pommes, les poires et les cerises par exemple, qu'il pourrait obtenir en accomplissant diverses actions. Aux résultats de ces actions (avoir une pomme, avoir une cerise ou une poire), c'est-à-dire à la satisfaction de ces préférences, sont associés des *utilités*, qui mesurent le degré de préférence de l'acteur. L'acteur est rationnel s'il maximise son utilité en choisissant d'accomplir telle action plutôt que telle autre. Si je préfère me promener sur la plage plutôt que lire un livre et associe donc une plus grande utilité à la première situation que celle que j'associe à la seconde, je suis rationnel si je décide de prendre les moyens nécessaires, par exemple, à une expédition côtière. Si les situations étaient toujours aussi simples, nous n'aurions nul besoin d'une *théorie* du choix rationnel. La complexité du choix vient du fait que la satisfaction de nos préférences est largement tributaire des contingences du monde : bien sûr, je préfère me promener sur la plage plutôt que lire un livre, mais seulement s'il fait beau. S'il pleut, je préfère au contraire rester chez moi pour lire. Or il existe une mesure des chances d'occurrence de tel ou tel état du monde que fournit le calcul des probabilités. Je puis préférer aller à la plage s'il fait beau, mais si la probabilité est assez forte qu'il pleuve, je pourrais alors préférer rester à la maison pour lire.

Une partie du théorie du choix rationnel a consisté pendant un temps à résoudre le problème suivant : donnons nous un acteur avec un certain nombre de préférences, répondant à un certain nombre d'axiomes, qui sont essentiellement au nombre de deux ; on exige d'abord que pour toute paire d'objets l'acteur soit capable de dire s'il préfère l'un à l'autre ou si cela lui est indifférent ; c'est la *complétude* ; par exemple, je dois pouvoir dire si je préfère les pommes aux poires ou si elles ont même valeur pour moi ; on exige ensuite que les préférences de cet acteur se conforment au principe (axiome) de transitivité : si je préfère les pommes aux poires et les poires aux cerises, alors je préfère les pommes au cerises ; violer ces principes élémentaires de classement des préférences manifesterait une forme d'irrationalité. Il s'agit alors de savoir si, pour un tel acteur, on peut construire une *fonction d'utilité* qui est dite *représenter* l'ensemble des préférences. Cette fonction est une règle qui associe à chaque objet x un nombre *u(x)*. Elle est telle que si l'objet *a* est préféré à l'objet *b*, alors *u(a)>u(b)*. L'acteur rationnel est celui qui maximise cette fonction d'utilité[1]. On montre ainsi par exemple que si l'ensemble des préférences d'un acteur est infini dénombrable et répond aux axiomes de complétude et de transitivité, alors il existe toujours une fonction d'utilité qui le représente. La difficulté réelle a longtemps été la question de savoir s'il existait des fonctions d'utilité non seulement ordinales, mais aussi cardinales, c'est-à-dire des fonctions d'utilité qui reflètent par des nombres non seulement la hiérarchie (l'ordre, d'où le terme « ordinal ») établie par l'acteur entre ces différents objets de préférences, mais aussi les différents *degrés* de préférence entre ces objets. Von Neumann et Morgenstern ont montré que si l'ensemble des préférences répondaient à d'autres axiomes (essentiellement la continuité et l'indépendance), alors il était toujours possible de construire une telle fonction[2].

L'ensemble de ces résultats est mathématiquement certainement intéressant, mais on s'est vite rendu compte que les axiomes supposés gouverner les préférences des acteurs n'étaient pas toujours plausibles ou menaient à des résultats paradoxaux. C'est à un de ces paradoxes que nous convie le texte du philosophe américain Gregory Kavka.

La théorie du choix rationnel vise à permettre à l'acteur qui se conforme à ses conclusions d'agir au mieux étant donnée les fins qui sont les siennes. Mais il existe des situations où, semble-t-il, un individu qui se conformerait aux prescriptions de la théorie ferait moins bien que s'il s'en désolidariserait. En d'autres termes, il ne

---

1. Les théoriciens de la décision prudents ajoutent généralement qu'on ne prétend nullement par là que l'acteur choisit d'agir ainsi *pour cette raison* qu'il maximise son utilité. Simplement, les actions d'un acteurs rationnels sont telles qu'elles maximisent de fait cette utilité.

2. Dans le livre qui fonde la théorie des jeux, *The Theory of Games and Economic Behavior*, Princeton, Princeton University Press, 1944.

maximiserait pas son utilité. C'est ce qui se passe apparemment dans la petite histoire que narre Kavka. Nous sommes lundi matin. Un milliardaire américain et donc forcément excentrique vous propose le marché le suivant : « Demain mardi, je vous présenterai un fiole contenant une toxine qui, si elle est absorbée, provoque des nausées très désagréables pendant vingt-quatre heures, mais qui ne laisse aucune séquelle. Je vous laisse réfléchir un peu et si ce soir, lundi, vous avez l'*intention* de boire la toxine mardi (des experts seront mandatés pour déterminer si vous avez vraiment cette intention), vous recevrez immédiatement, viré sur votre compte, la somme d'un million de dollars ». La conclusion de Kavka est que si vous êtes rationnel, c'est-à-dire si vous vous conformez aux principes élémentaires de la théorie du choix rationnel, vous serez incapable d'obtenir le million en question. En effet, quand arrivera mardi vous n'avez aucune raison de boire la toxine : que vous ayez ou que vous n'aurez pas le million de dollars, souffrir ne vous apporte aucun gain supplémentaire. Donc mardi, vous ne boirez pas la toxine, si vous voulez maximiser vos gains, c'est-à-dire être rationnel. Mais ce raisonnement, vous le tenez dès lundi. Donc, vous ne pouvez le lundi avoir l'intention de boire la toxine, en conséquence de quoi vous perdez le millions de dollars. La théorie exige que vous fassiez un choix, ne pas boire la toxine, qui, s'il est fait, vous interdit d'atteindre la fin de la théorie elle-même, maximiser votre utilité.

Prenez le cas d'une personne irrationnelle, Irma. Elle croit que le fait d'avoir formé une intention d'accomplir une action lui donne une raison suffisante de l'accomplir. Elle dit donc a l'expert, en toute sincérité : « Je boirai la toxine demain », car elle pense que le lendemain mardi, son intention passée lui donnera une raison suffisante d'agir conformément à elle. Et la perspective d'obtenir un million de dollars lui donne une raison suffisante lundi de former cette intention. Arrive mardi. Elle s'apprête à boire le contenu de la fiole. Une amie, Raphaëlle, à qui on a fait le même marché, mais qui, rationnelle, a décidé de ne pas boire la substance toxique, lui objecte pourtant : « Mais es-tu folle ? Tu as déjà un million de dollars. Pourquoi donc boire la toxine ? ». À cela, Irma répond : « si tu étais si maline, pourquoi es-tu si pauvre ? ». Et elle boit le contenu de la fiole.

Certains, comme Edward MacClennen, David Gauthier, et Mark Machina (pour des références, voir la bibliographie), estiment que les paradoxes semblables à ceux de la toxine nous obligent à réviser nos théories de la rationalité instrumentale. Ils adoptent un critère *pragmatique* de la rationalité : un ensemble de règles pour le choix est rationnel s'il permet à celui qui les applique d'obtenir le gain maximal. McClennen défend ainsi ce qu'il appelle le choix *résolu* : une personne résolue établit ses plans en supposant qu'elle s'y conformera tout au long de son exécution future. Elle ne réévalue pas son plan en fonction de ce qui arrive (à condition que ce qui arrive ait été prévu). Il lui suffit que son plan ait été *optimal* au moment où il a été élaboré. Irma *est* rationnelle de ce point de vue : elle forme le plan dont une partie consiste à boire la toxine et l'accomplit jusqu'au bout en vertu du principe de la résolution. Elle empoche un million de dollars. Le choix résolu est pragmatiquement plus rationnel. David Gauthier a défendu la nécessité du même genre de réévaluation de la théorie instrumentale de la rationalité. Prenons pour point de départ la question de la rationalité d'exécuter la promesse ou sa part d'un accord tacite que Hobbes, Hume et Rousseau ont mis au point de départ de leur analyse de la coopération sociale et qui sert de modèle de l'interaction économique. Albert promet à Bertrand de l'aider à moissonner son champ à condition que Bertrand l'aide d'abord à moissonner son champ à lui, Albert. Bertrand accepte le contrat. On suppose que chacun a intérêt à coopérer : il est préférable que son champ soit moissonné avec l'aide d'autrui plutôt que de le moissonner seul. Mais on suppose aussi que chacun préfère ne pas moissonner du tout le champ d'autrui s'il ne reçoit pas d'aide de sa part en l'échange de l'aide qu'il aura apporté à autrui (il se sera fatigué à aider autrui et donc aura perdu de l'énergie pour moissonner son propre champ

seul et fera donc moins bien que s'il avait refusé d'aider autrui).
Nous sommes dans une situation de ce qu'on appelle un *dilemme
du prisonnier*. Admettons que Bertrand s'exécute et aide d'abord
Albert à moissonner son champ. Albert doit-il s'exécuter ? Il est
évidemment préférable pour lui de *ne pas s'exécuter*, car il aura
bénéficié de l'aide d'autrui et une fois celle-ci fournie, il n'a plus
aucune raison d'aider Bertrand, du moins si on en croit la théorie
orthodoxe de la théorie du choix rationnel. Notez que si Bertrand
est rationnel, il fera lui-même le raisonnement, en conséquence de
quoi il n'exécutera pas, pour commencer, sa part du contrat. Un
contrat aura été pensé, mais la rationalité contraint les acteurs à
ne jamais le faire entrer en vigueur. Chacun se retrouve dans une
situation pire que s'il avait décidé de s'exécuter.

Hobbes répond, de façon non orthodoxe, qu'Albert doit
s'exécuter si Bertrand s'est exécuté. Cette réponse paraît sensée à
Gauthier et il a élaboré une théorie de la rationalité qui puisse elle
aussi garantir ce résultat, mais non pour les mêmes raisons (pour
Hobbes, l'acteur n'est certes pas irrationnel, mais il est myope : il se
croit dans une situation qui est celle du dilemme du prisonnier à
un coup, alors qu'en réalité, il ne s'y trouve pas : son action de
défection aura des conséquences qui, plus tard, lui sera néfaste).
Comment procède Gauthier[1] ? Au lieu de considérer que les agents
calculent directement le gain associé à leurs actions, ils détermi-
neront ce qu'ils doivent en fonction de gain qu'ils attachent à des
règles d'action (des «dispositions» à agir dans le vocabulaire
de Gauthier) entre lesquelles il feront leur choix. Dans notre cas
par exemple, A(lbert) se demandera laquelle des quatre règles
suivantes il doit adopter : 1) être obsessionnellement coopératif,
c'est-à-dire coopérer quoi que fasse B(ertrand) (que Bertrand coopère ou non) ; 2) être prudent, c'est-à-dire coopérer si B coopère ;

1. Voir D. Gauthier, *Morals by Agreement*, Oxford, Oxford University Press,
1986.

faire défection, si B fait défection; 3) être contrariant, c'est-à-dire coopérer si B fait défection et faire défection si B coopère; 4) être méchant, c'est-à-dire faire défection, quoi que fasse Bertrand. On voit immédiatement que B a intérêt, connaissant la disposition de A, à faire défection si A choisit d'être obsessionnellement coopératif, d'être méchant ou d'être contrariant. En revanche, si A choisit d'être prudent, B maximise ses gains en choisissant de coopérer. En réponse donc à chacune des règles adoptée par A, B répond par une série de stratégies spécifiques : faire défection si l'autre est obsessionnellement coopératif, faire défection s'il est méchant, faire défection s'il est contrariant, coopérer, s'il est prudent. Mais A le sait. Et s'il veut maximiser son utilité, il choisira d'être prudent. En effet, c'est la seule disposition qui invite B à coopérer et qui assure donc à A le gain de la coopération. Dans tous les autres cas, A s'en trouverait plus mal. On doit donc en conclure que la coopération mutuelle est la seule solution rationnelle dans une logique de la maximisation de l'intérêt privé. C'est ce que Gauthier appelle la maximisation contrainte.

Chacun a donc intérêt à s'engager et à tenir ses engagements, soit que l'on s'engage vis-à-vis de soi (résolution), soit vis-à-vis d'autrui (promesse). Cependant, il existe une difficulté inhérente à ces théories non orthodoxes de la rationalité instrumentale. Comment en effet un agent rationnel pourrait-il embrasser un critère pragmatique de la rationalité? Notre amie, Raphaëlle, comprend parfaitement les avantages pragmatiques de la procédure de choix résolu (ou de la maximisation contrainte). Mais peut-elle adopter cette procédure *pour cette raison qu'elle est pragmatiquement plus avantageuse*? Supposons donc que Raphaëlle ait l'intention de boire la toxine; le moment est venu de s'exécuter. Mais pourquoi la boirait-elle? Son objectif est simplement de maximiser son utilité. Or, en buvant la toxine, elle diminue son utilité. Comme elle a décidé d'être résolue pour des raisons simplement instrumentales (cela est le meilleur moyen d'obtenir un maximum de gain), elle s'aperçoit que les mêmes raisons instrumentales lui enjoignent de ne pas boire la toxine. Malheureusement, elle sait tout cela dès lundi. Elle n'aura donc pas l'intention de boire la toxine et le million si convoité lui échappera.

En réalité, il semble que la disposition à agir de façon résolue ne puisse être acquise pour des raisons de plus grande efficacité instrumentale et aucune théorie ne risque de convaincre l'individu rationnel de son adoption. Pourtant, Irma la résolue atteint plus efficacement ses objectifs que Raphaëlle la rationnelle. Mais c'est qu'Irma n'est pas résolue *pour cette raison que cela paie d'être résolu*. Elle *est* tout simplement résolue.

Kavka lui-même nous invite à considérer que Raphaëlle la rationnelle a de bonnes raisons d'avoir l'intention de boire la toxine (cela paie que de l'avoir), qu'elle a par ailleurs de bonnes raisons de ne pas mettre à exécution son intention, mais que nos intentions sont au final contraintes par nos raisons d'agir. Nos intentions, conclut-il raisonnablement, ne sont que partiellement volontaires, à la différence de nos actions.

THOMAS HOBBES

LÉVIATHAN
Chapitre 15 *

L'insensé a dit dans son cœur : il n'est point de « justice ». Il le dit parfois aussi de sa bouche, alléguant sérieusement que, la conservation et la satisfaction de chacun étant commises à ses seuls soins, il ne saurait y avoir de raison qui interdise à chacun de faire ce qui, pense-t-il, favorise ces fins : en conséquence, passer des conventions ou ne pas en passer, les respecter ou ne pas les respecter, rien de tout cela n'est contraire à la raison, quand cela favorise l'intérêt de l'agent. Il ne conteste pas par là l'existence de conventions, ni qu'elles soient parfois enfreintes et parfois observées ; ni qu'une telle infraction aux conventions puisse être appelée injustice, et justice leur observation ; mais il soulève la question de savoir si l'injustice, une fois écartée la crainte de Dieu (car le même insensé a dit dans son cœur qu'il n'y a pas de Dieu), n'est pas parfois compatible avec la raison qui dicte à chaque homme son propre bien, en particulier quand cette injustice favorise votre intérêt au point de vous placer dans une situation à ne pas tenir compte, non seulement de la désapprobation et des insultes des autres hommes, mais aussi de leur pouvoir. Le royaume de Dieu

* Hobbes, *Léviathan*, trad. fr. F. Tricaud, Paris, Sirey, 1971, chap. 15, p. 145-147.

s'obtient par la violence : mais que dire s'il pouvait s'obtenir par une violence injuste ? Serait-il contre la raison de l'acquérir ainsi, alors qu'il serait impossible d'en recevoir aucun inconvénient ? et si ce n'est pas contraire à la raison, ce n'est pas contraire à la justice : ou alors, la justice ne doit pas être tenue en estime. Par un tel raisonnement, la méchanceté couronnée de succès a obtenu le nom de vertu ; et certains qui en toute autre occasion ont condamné le fait de violer sa foi, l'ont cependant admis, quand c'était pour acquérir un royaume. Et les païens qui croyaient que *Saturne* avait été déposé par son fils *Jupiter* n'en croyaient pas moins que ce même *Jupiter* châtiait l'injustice : c'est un peu comme ce propos de juriste où Coke déclare dans ses commentaires sur Littleton : si l'héritier direct de la couronne est accusé de trahison, cependant la couronne doit lui échoir, et *eo instante* l'accusation doit être tenue pour nulle. De ce cas on sera très porté à inférer que si l'héritier apparent d'un royaume tue l'occupant du trône, fût-il son père, vous pouvez bien appeler cela injustice ou de quelque autre nom qui vous plaira, néanmoins cela ne peut jamais être contraire à la raison, attendu que toutes les actions volontaires des hommes tendent à leur avantage, et que les actions les plus raisonnables sont celles qui favorisent le mieux leur fin. Ce raisonnement spécieux n'en est pas moins faux.

En effet, la question n'est pas celle des promesses mutuelles, quand la certitude de l'exécution fait défaut chez l'une ou l'autre partie, ce qui est le cas lorsqu'il n'y a pas de pouvoir civil érigé au-dessus des parties promettantes ; de telles promesses en effet ne sont pas des conventions. Mais lorsqu'une des parties s'est déjà exécutée, ou lorsqu'il y a un pouvoir pour la faire s'exécuter, alors la question est de savoir s'il est contraire ou non à la raison, c'est-à-dire à l'intérêt de l'autre, de s'acquitter. Et je dis, moi, que ce n'est point contraire à la raison. Pour le montrer, nous devons considérer d'abord, que lorsqu'un homme fait une chose qui, nonobstant tout ce qui peut être prévu et sur quoi l'on peut compter, tend à sa propre destruction, quelle que soit la manière dont un accident quelconque, auquel il ne pouvait s'attendre, peut en se produisant tourner à son avantage, néanmoins de tels résultats ne rendent pas son acte raisonnable ou sage ; deuxièmement, que dans l'état de guerre, où chacun, faute d'un pouvoir commun qui tienne tout le monde en respect, est l'ennemi de chacun, il n'est pas d'homme qui puisse espérer par sa propre force ou son propre esprit, se protéger de la destruction sans l'aide de confédérés, situation où chacun attend de la confédération qu'elle le défende de la même façon que n'importe quel autre : par suite celui qui déclare qu'il juge raisonnable de tromper ceux qui l'aident ne peut raisonnablement espérer d'autres moyens de sûreté que ceux qu'il peut tenir de son pouvoir propre et individuel. C'est pourquoi celui qui enfreint ses conventions et en conséquence déclare qu'il pense qu'il lui est permis, raisonnablement, d'agir ainsi, celui-là ne peut être admis dans aucune société d'hommes qui s'unissent pour leur paix et leur défense, sinon par une erreur de la part de ceux qui l'admettent (et une fois admis, il ne saurait être gardé dans cette société sans qu'ils s'aperçoivent du danger de leur erreur). Mais nul ne saurait raisonnablement compter sur de telles erreurs comme moyens de sécurité. En conclusion, s'il est laissé ou chassé hors de la société, il périt ; et s'il vit en société, c'est par l'erreur des autres, erreur qu'il ne pouvait prévoir et sur laquelle il ne pouvait compter ; contrairement par conséquent à la raison faite pour le préserver. Ainsi, tous les hommes qui ne contribuent pas à sa destruction l'épargnent seulement par ignorance de ce qui est avantageux.

Gregory Kavka

L'ÉNIGME DE LA TOXINE [*]

Vous vous sentez extrêmement chanceux. Un milliardaire excentrique vient de vous aborder en vous proposant le marché suivant. Il place devant vous une fiole de toxine qui, si vous la buvez, vous rendra terriblement malade pendant une journée, mais ne menacera pas votre vie et n'aura aucun effet durable (votre épouse, une as de la biochimie, confirme les propriétés de la toxine). Le milliardaire vous versera un million de dollars demain matin, si, à minuit ce soir, vous avez *l'intention* de boire la toxine demain après-midi. Il souligne que vous n'avez pas besoin de boire la toxine pour recevoir l'argent; de fait, si vous réussissez, l'argent sera déjà sur votre compte bancaire des heures avant que n'arrive le moment de la boire (ceci est confirmé par votre fille, une avocate, qui a auparavant examiné les documents juridiques et financiers que le milliardaire a signés). Tout ce que vous avez à faire est de signer l'accord puis d'avoir l'intention, à minuit ce soir, de boire la substance demain après-midi. Vous êtes parfaitement libre de changer d'avis après avoir reçu l'argent et donc de ne pas boire la toxine (la présence ou l'absence de l'intention sera déterminée par le scanner cérébral et dispositif informatique à « lecture d'esprit » dernier cri du grand Docteur X. En tant qu'expert en sciences

---

[*] G. Kavka, « The Toxin Puzzle », *Analysis*, vol. 43 (1983).

cognitives, matérialiste et ancien élève fidèle du Docteur X, vous n'avez aucun doute que la machine détectera correctement la présence ou l'absence de l'intention en question).

Face à cette offre, vous signez avec empressement le contrat en pensant « voilà un moyen facile de devenir millionnaire ». Peu de temps après, néanmoins, vous commencez à vous inquiéter. Vous pensiez pouvoir éviter de boire la toxine et simplement empocher le million. Mais vous réalisez que si vous pensez en ces termes lorsque minuit sonnera, vous n'aurez pas l'intention de boire la toxine demain. Donc peut-être devrez vous vraiment boire la substance pour ramasser l'argent. Ce ne sera pas agréable, mais devenir millionnaire vaut sans aucun doute une journée de souffrance.

Néanmoins, comme vous l'aurez immédiatement remarqué, il n'est pas vraiment nécessaire de boire la toxine pour empocher l'argent. Cet argent sera ou ne sera pas sur votre compte bancaire à 10 heures demain, vous saurez alors s'il y est ou non, et que vous buviez ou que vous ne buviez pas la toxine des heures plus tard ne pourra pas avoir d'effet sur la transaction financière réalisée. Donc au lieu de planifier l'absorption de la toxine, vous décidez d'avoir l'intention aujourd'hui de la boire puis de changer d'avis après minuit. Mais si c'est ce que vous avez prévu, il est évident que vous n'avez pas l'intention de boire la toxine (au mieux vous avez l'intention d'avoir l'intention de la boire). Avoir une telle intention est incompatible avec le fait de prévoir de changer d'avis demain matin.

C'est alors que votre fils, un stratège au Pentagone, fait une suggestion utile. Pourquoi ne pas vous obliger à boire la substance demain, en faisant aujourd'hui des arrangements irréversibles qui vous donneront une motivation suffisante et indépendante de la boire ? Vous pourriez promettre à quelqu'un – qui, ensuite, ne vous déchargera pas de la promesse – que vous boirez la toxine demain après-midi. Ou vous pourriez encore signer un accord juridique vous obligeant à donner tous vos biens financiers (dont le million si vous le gagnez) au parti politique que vous aimez le moins, si vous ne la buvez pas. Vous pourriez même engager un tueur à gages pour vous éliminer si vous n'avalez pas la toxine. Vous serez donc sûr de passer une journée de misère, mais aussi de devenir riche.

Malheureusement, votre fille l'avocate, qui a lu le contrat attentivement, signale qu'un arrangement fondé sur de telles motivations extérieures est exclu, comme le sont d'autres astuces telles qu'engager un hypnotiseur pour implanter l'intention, oublier les principaux faits de la situation, et ainsi de suite (vous promettre à *vous-même* que vous boirez la toxine pourrait aider si vous étiez une des ces personnes singulières qui sont fières de ne jamais se désengager d'une promesse qu'elles se sont faites, quelles que soient les circonstances. Hélas, vous n'en êtes pas une).

Obligé de vous rabattre sur vos propres moyens, vous essayez désespérément de vous convaincre que, malgré l'ordre chronologique, boire la toxine demain après-midi est une condition nécessaire pour empocher le million demain matin. Vous rappelant le problème de Newcomb, vous cherchez une preuve inductive que c'est ainsi, en espérant que les précédents bénéficiaires de l'offre du milliardaire gagnèrent le million lorsque, et seulement lorsque, ils burent la toxine. Mais hélas, votre neveu, un enquêteur privé, découvre que vous êtes le premier à recevoir l'offre (ou que les précédents gagnants burent moins souvent que les précédents perdants). Minuit approche maintenant à grands pas et dans un moment de panique vous essayez de susciter en vous un acte de volonté, serrant vos dents et marmonnant « je boirai cette toxine, je boirai cette toxine » encore et encore.

Nous n'avons pas besoin de poursuivre ce récit de grands espoirs déçus (ou comblés) pour faire remarquer qu'il existe une énigme (*puzzle*) derrière tout cela. On vous demande d'avoir une simple intention pour réaliser un acte qui est bien en votre pouvoir. C'est le genre de chose que nous faisons tous de nombreuses fois par jour. Vous êtes doté d'une motivation irrésistible à le faire. Pourtant vous ne pouvez pas le faire (ou avez d'extrêmes difficultés à le faire) sans avoir recours à des astuces insolites comme vous faire hypnotiser, engager des tueurs, etc. Vos difficultés ne découlent pas non plus d'une peur effrénée des conséquences négatives de l'acte en question – vous seriez en effet parfaitement disposé à subir les effets secondaires de la toxine pour gagner le million.

Deux points sous-tendent l'énigme. Le premier concerne la nature des intentions. Si les intentions relevaient d'un travail intérieur ou d'ordres donnés à soi-même, vous n'auriez aucun mal à gagner le million. Vous auriez seulement besoin de garder un œil sur l'heure, et, à minuit, d'agir sur vous-même ou de vous donner un ordre à vous-même. De même, si les intentions étaient seulement des décisions, et les décisions des volitions sous le contrôle absolu de l'agent, il n'y aurait pas de problème. Or les intentions sont plutôt vues comme des dispositions à agir fondées sur des *raisons d'agir* – des particularités de l'acte lui-même ou ses conséquences (possibles) que valorise l'agent (déterminer la nature exacte du lien entre des intentions et les raisons sur lesquelles elles sont fondées est une tâche difficile et louable, mais qui ne doit pas nous retenir. Pour une explication semblable, dans l'ensemble, aux opinions présentées ici, voir « Avoir une intention » de Davidson, dans son *Actions et événements*). Nous pouvons ainsi expliquer votre difficulté à gagner une fortune : vous ne pouvez pas avoir l'intention d'agir puisque vous n'avez pas de raison d'agir, du moins, vous avez de solides raisons de ne pas agir. Et vous n'avez (ou n'aurez lorsque le moment viendra) pas de raison de boire la toxine, et une très bonne raison de ne pas la boire, puisque cela vous rendra assez malade pendant une journée.

Cela nous amène à notre second point. Alors que vous n'avez pas de raison de boire la toxine, vous avez toutes les raisons (ou du moins un million de raisons) d'*avoir l'intention* de la boire. Et lorsque les raisons d'avoir une intention et les raisons d'agir divergent, comme elles le font ici, la confusion règne souvent. Car nous avons tendance à évaluer la rationalité de l'intention à la fois par rapport à ses conséquences et par rapport à la rationalité de l'action visée (*intented*). Ainsi, lorsque nous avons de bonnes raisons d'avoir l'intention d'agir, mais non d'agir, des critères d'évaluation contradictoires entrent en jeu et l'un d'eux doit céder : soit l'action rationnelle, soit l'intention rationnelle, soit, encore, des aspects de la rationalité même de l'agent (exemple : sa croyance juste que boire la toxine n'est pas nécessaire pour gagner le million).

J'ai fait des remarques similaires dans un précédent article (« Some paradoxes of Deterrence », *Journal of philosophy*, Juin 1978), mais j'examinais alors un exemple qui mettait en jeu des intentions conditionnelles. L'énigme de la toxine élargit l'application de cette discussion, en montrant que ses conclusions peuvent s'appliquer à des cas qui mettent également en jeu des intentions inconditionnelles. Elle révèle aussi que les intentions sont volontaires mais seulement en partie. On ne peut pas avoir l'intention de faire tout ce que l'on veut avoir l'intention de faire, pas plus qu'on ne peut croire tout ce que l'on veut croire. Si nos croyances sont contraintes par nos preuves, de même nos intentions sont contraintes par nos raisons d'agir [1].

Traduction Lucile BOUILLANT

---

1. L'énigme examinée ici provient d'une conversation avec T. Burge, il y a quelques années, à propos de « Some Paradoxes of Deterrence ». J'en ai discuté utilement avec P. Humphries, R. O'Neil, et V. Warren, mais suis seul responsable de sa forme présente et des conclusions qui en sont tirées. Je suis reconnaissant à D. Olin d'avoir suggéré un changement nécessaire dans un précédent brouillon.

LA CONNAISSANCE PRATIQUE :
SAVOIR CE QUE L'ON FAIT

INTRODUCTION

En matière pratique, il est un fait notable : quand j'accomplis une action, je *sais que* je l'accomplis et je *sais ce que* j'accomplis. Or cette connaissance est manifestement de nature particulière. En effet, je n'ai pas besoin de *m'observer* pour savoir ce que je suis en train de faire. Si je scie intentionnellement (« sciemment », dit-on parfois en français) une planche de bois et qu'une personne qui ne m'a pas en vue me demande ce que je suis en train de faire, je ne peux répondre : « Attendez ; je vais regarder ce que je fais. Eh bien, je vois que je suis en train de scier du bois ; donc je scie du bois ». Le savoir que nous avons de nos propres actions est un savoir *non-observationnel*. Autrui, pour déterminer ce que je fais doit, *lui*, se fonder sur son observation de mes actes ou sur des témoignages, en premier lieu, sur celui que peut lui offrir l'agent lui-même en lui disant ce qu'il est train de faire. Mais cet agent, quant à lui, dans la plupart des cas, ne fonde pas sa connaissance de ses actions présentes sur une observation des mouvements de son corps et de leurs effets dans la nature, et évidemment pas non plus sur un témoignage (celui d'un observateur auprès de qui il serait contraint de s'enquérir de ce qu'il est en train de faire). Il n'a pas besoin de s'observer écrire pour savoir qu'il écrit. Il le sait tout simplement parce que c'est ce qu'il se propose de faire.

Remarquons d'abord qu'il s'agit bien d'une connaissance car le jugement où s'exprime ce savoir, par exemple dans la proposition « Je prends le car pour Auxerre », peut parfaitement être faux, si, à mon insu, je prends le car pour Dijon. En ce sens, bien qu'il ne soit pas fondé sur l'observation, ce jugement pratique sur soi n'est pas comparable à un jugement expressif, comme « j'ai mal à la hanche », qui, ne pouvant être faux s'il est sincère, ne peut pas non plus être dit vrai et donc n'exprime pas du tout une connaissance à propos de soi. Dans ce dernier cas, savoir, c'est simplement pouvoir dire.

Mais il faut aller plus loin. Car toute la question est de déterminer la nature exacte de ce savoir de soi comme agent. La connaissance que l'on a de ses propres actions, en effet, n'est qu'une espèce du genre « connaissance non observationnelle ». Généralement, nous ne nous fondons pas non plus sur une perception de notre corps pour savoir quelle est la *position* de nos membres. Je sais sans m'observer que, sous la table, j'ai les jambes croisées. Je pourrais bien sûr me tromper, du fait, par exemple, d'un dysfonctionnement de mon système nerveux, et seulement *croire* que j'ai les jambes croisées sans que cette croyance soit avérée. Mais il se peut aussi que, sous l'effet d'un anesthésiant ou d'une section de la moelle épinière, je puisse acquérir une connaissance réelle de cette disposition, mais uniquement par l'observation. Je serais donc en position de seulement *découvrir* la position de mes membres. Le fondement du jugement ne serait pas le même que celui sur lequel se reposerait quelqu'un qui a une connaissance non observationnelle de la position de ses membres, mais l'objet du jugement, la position des jambes, serait identique dans les deux cas. Le *même* état de chose que je connais sans observation, je pourrais ne le connaître que de façon observationnelle. En revanche, il est impossible que je me découvre écrivant un conte pour enfant, plaidant au tribunal ou téléphonant. Découvrir que l'on accomplit ce type d'action impliquerait qu'on ne les accomplit pas en réalité. Il est donc un nombre considérable d'actions que nous accomplissons (les actions proprement humaines en réalité) qui sont telles que savoir qu'on les accomplit est constitutif de leur réalité. Je ne peux dissocier ici ce que je fais et le savoir de ce que je fais. Il est essentiel à l'action intentionnelle que son accomplissement ne soit connu que de façon non observationnelle. Ici, ce n'est plus la même chose qui serait connue une fois de façon non observationnelle, une autre fois de façon observationnelle.

À vrai dire, il n'est pas sûr que cette opposition entre le savoir non observationnel de la position de ses membres et la connaissance pratique de ce que l'on fait puisse être mis en contraste de façon aussi abrupte. La position dont il s'agit dans la connaissance de ses propres membres n'est pas la position d'un objet quelconque dans l'espace. C'est la position de mes membres comme agent *volontaire*, c'est-à-dire comme susceptibles d'être mus : et l'on pourrait tout à fait défendre l'idée qu'il s'agit d'une forme de savoir pratique élémentaire. Je sais où sont mes membres parce que c'est moi qui les ai mis dans cette position. C'est pourquoi il apparaît difficilement concevable que je puisse avoir une connaissance non observationnelle d'autre chose que ce sur quoi j'ai une prise active, par exemple de la longueur de mes ongles.

En ce sens, ce qui est en jeu, ce n'est pas la façon dont le savoir sur soi en tant qu'agent est acquis, de façon observationnelle ou non, mais c'est le *rôle* de ce savoir dans l'action. Soit un enfant au milieu d'une forêt dont la poche laisse s'échapper de petites pierres. On ne peut pas dire qu'il peut en prendre connaissance observationnellement *ou non*, comme si la même information sur le même événement pouvait être obtenue tantôt par une enquête (l'enfant *s'aperçoit* qu'il laisse tomber des pierres en regardant derrière lui par exemple), tantôt en se passant de cette enquête (l'enfant acquiert cette information, mais sans que cette acquisition passe par une investigation, de l'intérieur ; on parlera parfois dans ce contexte d'un savoir qui repose sur le bon fonctionnement de « canaux informationnels » internes[1]). En effet, si une information avait à

---

1. Voir par exemple G. Evans, *The Varieties of Reference*, Oxford, Clarendon Press, 1982, p. 146 et chap. 6 et 7.

être *acquise de quelque façon que ce soit*, nous n'aurions pas affaire à une action intentionnelle. Si l'enfant prend connaissance de ce que des pierres tombent de sa poche, il fait peut-être quelque chose (laisser s'échapper des pierres, faire que des pierres jonchent le sol), mais il ne le fait pas intentionnellement, que cette connaissance soit acquise de façon observationnelle (en regardant derrière lui) ou non (mode de connaissance dont nous ne disposons pas en réalité). Ce qui est fondamental dans l'action intentionnelle, c'est que le savoir de ce qui est fait ne *dérive* pas de l'objet connu, comme dit Anscombe[1]. Au contraire, dans ce type de savoir, c'est l'objet, à savoir l'action, qui dérive du savoir : le savoir a un rôle normatif par rapport à l'action. Mon action ne serait pas ce qu'elle est, c'est-à-dire intentionnelle, si elle n'était pas sue. Anscombe a résumé ce point de façon frappante en disant que dans le savoir que l'on peut appeler *spéculatif*, observationnel ou non, quand il y a erreur, l'erreur est dans le jugement non dans ce qui est jugé[2]. Si je me trompe en jugeant que le sol regorge de pétrole ou que mes jambes sont croisées, je dois modifier mon jugement pour assurer la correspondance entre le jugement et le fait jugé. En revanche, lorsque ma connaissance n'est pas spéculative, alors si je me trompe sur ce que je fais, l'erreur est dans l'action et non dans le jugement, et c'est la première que je dois corriger pour la mettre en accord avec le second. C'est précisément là que réside le propre d'une connaissance non spéculative et que l'on dira donc *pratique*. Si je monte dans le car pour Dijon, alors que j'ai l'intention d'aller à Auxerre, et que je m'en aperçois, je ne dirai pas : « Je croyais (j'avais l'intention d') aller à Auxerre, mais les connaissances que j'ai acquises montrent que je me trompe et m'obligent à réviser mon jugement et donc je vais (j'ai l'intention d') aller à Dijon », tout en restant dans le car, ce qui est absurde. Je dirai au contraire : « je croyais (j'avais

---

1. Anscombe, *L'Intention*, *op. cit.*, § 48, p. 150.
2. Voir ici même, p. 325, *L'Intention*, *op. cit.*, § 32.

l'intention d') aller à Auxerre, mais je me trompe, *c'est-à-dire je n'agis pas correctement, comme le réclame mon jugement*», et normalement je descends du car (si cela est possible). On voit pourquoi, dans cette perspective, le caractère non observationnel de la connaissance pratique découle de son statut normatif et ne peut donc lui être accidentel, à la différence de la connaissance non observationnelle de la position de ses membres.

Cependant, les implications de cette thèse du caractère non observationnel du savoir de ce que l'on fait pourraient apparaître trop radicales pour que l'on puisse la soutenir jusqu'au bout. En effet, elle nous contraint à dire que je puis connaître quelque chose d'*extérieur*, la survenue d'une action, sans passer par son observation, donc de *l'intérieur* de sa conscience en quelque sorte, ce qui peut sembler contradictoire. Comment est-il possible, demande-t-on, que je puisse savoir sans avoir à tourner mon regard vers le monde que tel événement historique est en train de s'y produire? De là l'inévitable tentation de céder à ce que Kevin Falvey appelle ici *la thèse des deux facteurs*, affirmant que ce qu'une personne sait sans observation, c'est l'intention de ce qu'elle est en train de faire, mais que si elle sait quoi que ce soit à propos de ce qu'elle est effectivement en train de faire, elle le sait bel et bien par observation. Ce que je peux connaître sans observation n'est pas ce qui se produit, mais uniquement mon intention en l'accomplissant. Quand je trace au tableau un cercle en fermant les yeux, je connais certes mon intention de le tracer, j'ai une *certitude* à propos de mon dessein, mais je n'en ai aucune à propos de sa mise en œuvre et de sa réussite. Pour savoir si j'ai réellement tracé un cercle, il me faut ouvrir les yeux et regarder le tableau. La seule chose, conclut-on, que je puis connaître de l'intérieur sur le mode de la conscience de soi est *l'élément mental* de l'action, qui est l'intention.

Il existe deux raisons supplémentaires qui semblent parler en faveur de l'inaccessibilité de l'action elle-même à la conscience de l'agent.

1) La première nous renvoie une fois de plus à la comparaison naturelle avec la connaissance non observationnelle de la position de ses membres. Car on est enclin à soutenir que si nous ne connaissons pas la position de nos membres en observant ces membres eux-mêmes, nous avons du moins une connaissance indirecte de cette position en ayant une conscience interne immédiate de certaines sensations de pression, de gène, de résistance, d'empêchement, etc. Bref, nous *inférons* la position de nos membres à partir de la saisie d'indices internes que nous avons appris à associer à ses positions. Il est facile d'en conclure que ce dont nous avons une connaissance non observationnelle, c'est précisément ces données élémentaires de la conscience sur la base desquelles nous construisons notre savoir sur le monde objectif, celui où se tient justement notre corps. On dira pareillement qu'au mieux, la conscience d'agent nous donne des indices de type expérientiel sur ce qu'il est probable qu'il se passe dans le monde. Ainsi quand je lève le bras, j'ai une « expérience d'agir » comme dit Searle dont le contenu phénoménal (l'« objet ») est clairement distinct du contenu phénoménal de mon expérience d'avoir le bras levé (par mon voisin par exemple)[1]. On peut appeler indifféremment intention soit cette conscience d'agir, soit le contenu phénoménal de cette conscience. Nous avons en effet clairement affaire à un mode de la conscience de soi que privilégie le cartésien, quelque chose que j'ai, mais qui est tel que dès que je l'ai, je sais que je l'ai.

La raison avancée peut cependant être contestée. Tout d'abord, il peut paraître douteux que nous jugions de la position de nos membres en faisant usage de ces sensations comme des *indices* de telle ou telle disposition de nos membres. L'idée même d'indice suppose que le contenu de l'indice est différent de ce dont il est l'indice. Une sensation de douleur au bras est peut-être l'indice qu'une balle m'a touchée. Le contenu de la sensation (la douleur)

---

1. Voir J. Searle, *L'intentionalité*, *op. cit.*, p. 115-116.

est différent de l'état de chose (une balle m'a pénétrée) qu'elle indique. Partout où cette séparation entre deux contenus n'est pas possible, nous avons une preuve que nous n'avons pas affaire à une relation d'indication entre une donnée interne et quelque chose qui lui serait externe. Or, c'est précisément ce qui se passe dans le cas des sensations de position : la position est éprouvée directement. Je n'ai aucun besoin d'indice sensible pour savoir où se trouve mon bras. Il ne faut pas dire que c'est la sensation de pression d'une jambe sur l'autre qui m'indique que mes jambes sont croisées, car d'où saurais-je que cette pression est due à l'une des deux jambes et non à un autre objet, si je ne savais déjà que la jambe supposée exercer la pression se trouve à l'endroit où elle se trouve et donc si je ne connaissais déjà la position de mes jambes ? Si cette idée de sensation-indice est déjà douteuse pour les sensations de position, elle ne fournit aucune raison d'appoint en faveur de l'existence d'un accès seulement indirect à nos opérations.

Ensuite, on peut douter de la nécessité d'admettre un contenu expérientiel de nos intentions. Une intention non seulement n'est pas assimilable à une expérience : je peux dire que ma douleur a cessé puis est réapparue, mais je ne peux pas dire que je n'ai plus fait l'épreuve de mon intention pendant cinq secondes, et qu'ensuite, je l'ai eue à nouveau. Mais en outre, bien des actions n'impliquent aucun mouvement corporel et on serait bien en peine d'y rechercher une quelconque expérience d'agir : quand je laisse la barque, emportée par le courant, me conduire d'un endroit à l'autre de la rivière, où est mon expérience d'agir ? Je ne me trouve pas dans une situation différente de celle où, contre ma volonté, je serais emporté par la barque. Les omissions intentionnelles résistent très généralement à l'analyse mentaliste de la conscience d'agent.

2) La seconde raison repose sur l'existence d'intentions pour le futur. Je sais quelle est mon intention, lorsque je prends la décision d'aller l'année prochaine au Guatemala, mais ce savoir ne saurait porter sur une action qui n'existe pas encore et pourrait d'ailleurs ne jamais exister. Quand l'agent dit ce qu'il va faire, il ne saurait donc

décrire une action qui est encore inexistante. Il ne fait donc que décrire son intention d'agir : « J'irai au Guatemala », contrairement à ce que semble dire l'énoncé, ne porte pas sur le futur, mais seulement sur l'état mental présent de ferme résolution de son énonciateur : il décrit son intention et seulement son intention. Or, ce qui est vrai pour le futur est vrai pour l'action présente : quand l'agent dit ce qu'il fait, il ne décrit pas une action qu'il accomplit intentionnellement, il donne voix seulement à une intention auquel correspond éventuellement une action présente.

Mais ce second argument ne repose-t-il pas sur un pur et simple préjugé philosophique ? En réalité, lorsque je dis quelle est mon intention en faisant quelque chose, il n'est pas invraisemblable de considérer que je décris ce que je suis en train de faire. À quelqu'un qui, me voyant à mon bureau écrire une lettre, demande dans quel but j'écris une lettre, en répondant que je suis en train de résilier un contrat, je dévoile mon intention dans laquelle j'écris justement en disant ce que je suis en train de faire. Comme le dit fort bien Vincent Descombes, si la réponse aux deux questions « Que faites-vous ? » et « Quelle est votre intention ? » est la même (« Je fais telle chose… »), c'est « tout simplement parce que *la conscience de l'intention en train d'être exécutée* n'est pas autre chose que *la connaissance de l'événement en tant qu'exécution de cette intention* » [1].

Or quand l'action n'est pas exécutée, rien ne nous empêche de considérer que ma déclaration d'intention est aussi une description, mais une description de ce qui *va* arriver, mais n'arrive pas encore. Bref, cette déclaration est une espèce du genre *prédiction*. Personne ne prétendrait à propos des prédictions ordinaires, les *conjectures* comme celle d'une éclipse de soleil ou de l'arrivée d'un train en gare que, dans la mesure où elles donnent l'impression de porter

1. V. Descombes, « Comment savoir ce que je fais ? », *Philosophie* 76 (2002), p. 27.

sur des événements *qui n'ont pas encore eu lieu*, elles ne font qu'exprimer ou décrire les états de croyance de ceux qui les font. Elles sont indéniablement l'expression de ces croyances, mais elles parlent du monde : du soleil et de l'éclipse, du train et de son arrivée. Les déclarations d'intention ne sont pas différentes sur ce point : elles expriment certes les décisions de leur auteur, mais elles prétendent dire elles aussi ce qui va arriver, et c'est pourquoi nous employons un verbe d'action au futur pour les exprimer (« Je vais aller au Guatemala »). Preuve en est que l'on peut les contester. Si je déclare que je prendrai un train pour Nantes demain, quelqu'un peut tout à fait juger que ma déclaration est fausse parce qu'il a connaissance d'un obstacle futur à mon action que j'ignore (il y a en fait une grève des trains demain). Si ce qu'il dit est une prédiction et si cette prédiction est contradictoire avec ma déclaration, c'est que ma déclaration est bien elle aussi une prédiction, qu'elle dit que va arriver (« je vais prendre le train ») ce que la prédiction de l'autre dit qu'il ne va pas arriver (« tu ne vas pas prendre le train »).

Il existe évidemment une distinction entre les deux types de prédiction, car ce n'est pas pour les mêmes raisons que nous faisons l'une et l'autre. Dans les conjectures, mes raisons (indices, régularités préalablement constatées, calculs, etc.) sont des raisons de *croire* que quelque chose va arriver. Dans le cas des déclarations d'intention, mes raisons sont des raisons d'*agir* : je sais ce qui va se produire, parce que c'est moi qui le fera se produire.

MAINE DE BIRAN

DE L'APERCEPTION IMMÉDIATE *

Mais dans la science réflexive des actes ou états du sujet pensant – donnés en eux-mêmes comme faits du sens intime – l'un quelconque de ces actes ne saurait être conçu ou immédiatement aperçu dans sa production, hors de la connaissance ou du sentiment intime de son principe ou de sa cause productive, cette cause n'étant autre que le *sujet* ou le *moi*, qui n'existe *pour lui-même* qu'en tant qu'il se connaît, et ne se connaît qu'en tant qu'il *agit*.

C'est là une vérité ou un fait du sens intime, qui ne devrait pas avoir besoin d'autre preuve, mais qui pourra, au besoin, trouver dans la suite tous les éclaircissements nécessaires. En anticipant un peu, néanmoins, sur les analyses qui doivent suivre, je prendrai, pour exemple propre à confirmer le principe énoncé, un de ces modes actifs où le sujet peut se manifester à lui-même comme *agent* ou comme cause de son acte : je veux parler de l'effort, que la volonté détermine en faisant mouvoir le corps en masse ou quelqu'un des organes particuliers directement soumis à son influence. Or, je dis que le sentiment intime de la cause ou de la force productive du mouvement – qui est le *moi* même, identifié

* Maine de Biran, *Œuvres*, t. IV : *De L'aperception immédiate (mémoire de Berlin 1807)*, I. Radrizzani (éd.), Paris, Vrin, 1995, p. 25-26 ; *Œuvres complètes* en version CD-Rom, contenant le *Journal* et la *Correspondance privée*, Paris, Vrin, 2007.

avec son effort – et la sensation particulière (*sui generis*) qui correspond, dans l'ordre naturel, à la contraction de l'organe musculaire peuvent être considérés comme deux éléments d'un mode total, où la *cause* et l'effet (l'*effort aperçu* et la contraction ressentie en *résultat*) sont liés l'un à l'autre, dans la même conscience, d'une manière si indivisible et sous un rapport de causalité si nécessaire qu'on ne saurait absolument faire abstraction de la force, sans changer ou dénaturer même entièrement l'idée de son effet. Et vraiment la sensation musculaire, cessant d'être accompagnée d'efforts ou causée par le vouloir (*moi*), ne serait plus alors qu'une affection organique, ou demeurerait obscure ou inaperçue, comme ces mouvements vitaux qui s'accomplissent dans l'intérieur du corps, hors des limites du vouloir et, par suite, de l'*aperception* qui en dépend […] ou enfin, ne serait plus qu'une impression complètement passive, comme le sont les battements du cœur ou les mouvements convulsifs, que nous sentons sans les produire.

ELISABETH ANSCOMBE

L'INTENTION[*]

28. Il faut maintenant nous pencher plus attentivement sur la formule, récurrente dans notre recherche : «connu sans observation». Nous l'avons d'abord appliquée à la position des membres et à certains mouvements, comme le spasme musculaire qui secoue celui qui s'endort. D'ordinaire, il n'est pas possible de trouver quoi que ce soit qui nous montre que notre jambe est pliée. Peut-être le savons-nous parce que nous avons des sensations, mais cela ne signifie pas que nous le savons en identifiant les sensations que nous avons. Les sens externes permettent habituellement d'identifier des sensations. Je veux dire que si un homme dit qu'il a vu quelqu'un à un endroit, qu'il a entendu quelqu'un bouger, ou qu'il a senti un insecte ramper sur lui, il est toujours possible de se demander s'il ne s'est pas trompé : peut-être s'est-il trompé sur une apparence, un son, ou une impression. Dès lors, on pourra lui demander : «Regardez, n'est-ce pas plutôt *cela* que vous avez vu ?», et reproduire un effet visuel dont il pourra dire : «Oui, c'est bien cela que j'ai vu, ou du moins, c'est peut-être cela; et je dois admettre que je ne suis pas bien sûr». Et on peut faire de même avec

* E. Anscombe, *Intention*, London, Blackwell, 1985, § 28-32; trad. fr. M. Maurice et C. Michon, *L'intention*, Paris, Gallimard, 2002.

le son et la sensation[1]. Mais il n'en va pas du tout comme avec les sens extérieurs dans le cas de la position des membres, par exemple. Si quelqu'un dit que sa jambe est pliée alors qu'elle est étendue, il est incorrect de répondre qu'il a pris une apparence kinesthésique interne pour une apparence de jambe pliée, mais qu'en réalité, ce qui lui apparaissait, c'était sa jambe étendue. (Ce sujet est certainement difficile et mériterait de plus amples discussions ; mais ici, une telle discussion ne serait pas à sa place.) Cette remarque, en admettant qu'elle soit correcte, suffit à justifier la thèse selon laquelle, normalement, on ne connaît pas la position ou les mouvements de ses propres membres « par observation ».

Dans mon enquête sur l'action intentionnelle, cependant, j'ai utilisé cette formule dans un sens assez général, et le lecteur n'aura vraisemblablement pas manqué de soulever l'objection suivante : « Connu sans observation » peut très bien être une expression juste lorsqu'il s'agit de la position et des mouvements des membres, mais vous avez indiqué que toutes les actions intentionnelles tombaient sous ce concept. Or prenons l'exemple d'un homme qui peint un mur en jaune intentionnellement. Est-il raisonnable de dire qu'il sait sans observation qu'il peint son mur en jaune ? Et ceci vaut pour toute action, quand sa description va au-delà des simples mouvements corporels sous quelque aspect que ce soit.

---

[1]. Il me semble que de tels faits devraient porter les gens à se montrer moins dédaigneux envers le phénoménalisme qu'il n'a été de bon ton de le faire depuis maintenant bien des années. J'ai entendu des personnes se moquer de l'expression « voir une apparence », sous prétexte que c'est une manière incorrecte de s'exprimer. Il m'importe peu que ce soit une manière correcte de s'exprimer ou non. Il reste qu'on peut distinguer entre voir effectivement un homme, et voir des apparences telles qu'on dit qu'on voit ou qu'on a vu un homme. On peut décrire ou identifier « ce qu'on a vu » sans savoir que ce que l'on a vu en réalité n'était qu'un reflet, ou qu'une veste suspendue au portemanteau. Lorsque quelqu'un décrit ou identifie « ce qu'il a vu », il est parfaitement raisonnable d'appeler cela : décrire ou identifier une apparence.

Je réponds qu'il ne s'agit pas de nier que l'objet d'une intention puisse être matière à connaissance (ou à opinion) fondée sur l'observation, l'inférence, l'ouï-dire, la superstition, ou n'importe quoi d'autre qui peut servir de fondement à la connaissance ou à l'opinion; ni même matière à une opinion sans aucun fondement. Lorsque quelqu'un sait ou croit savoir quelle est la meilleure situation et ce qui peut arriver – disons Z – s'il fait certaines choses – disons ABC – alors, il peut avoir l'intention de faire Z en faisant ABC. Et s'il s'agit de connaissance, ou si son opinion est correcte, alors il fait ou cause Z intentionnellement, et ce n'est pas par observation qu'il sait qu'il fait Z. Ou bien, pour autant qu'il observe ou qu'il infère que Z a effectivement lieu, sa connaissance n'est pas le genre de connaissance que nous avons de nos actions intentionnelles. Par la connaissance que nous avons de nos actions intentionnelles, j'entends la connaissance que nous nions avoir quand on nous demande, par exemple, « Pourquoi sonnez-vous la cloche ? » et que nous répondons « Mon Dieu ! Je ne savais pas que c'était *moi* qui la sonnais ! ».

Il s'agit d'une question difficile. Je vais à la fenêtre et je l'ouvre. Quelqu'un m'entend bouger et me crie « Qu'est-ce que vous fabriquez pour faire autant de bruit ? » Je réponds « J'ouvre la fenêtre ». Jusqu'ici, j'ai toujours appelé une telle déclaration *connaissance*; et cela précisément parce que, dans ce cas, ce que je dis est vrai; j'ouvre vraiment la fenêtre. Cela signifie que la fenêtre est ouverte par le mouvement du corps dont la bouche a prononcé ces mots. Mais je ne dis pas : « Voyons ce que ce corps est en train de produire. Ah oui ! l'ouverture de la fenêtre ». Je ne dis même pas : « Voyons voir ce que mes mouvements sont en train de produire ! Ah ! Oui, l'ouverture de la fenêtre ». Pour comprendre ces remarques, si cela n'est pas encore clair, comparons ce cas avec le suivant : j'ouvre la fenêtre et cela projette un rayon de lumière contre le mur. Quelqu'un qui ne me voit pas mais qui voit le mur dit « Que faites-vous pour projeter cette lumière sur le mur ? » et je dis « Ah oui ! c'est l'ouverture de la fenêtre qui a produit cela », ou encore « C'est toujours ce qui se passe quand on ouvre la fenêtre à midi et que le soleil brille ».

29. La difficulté est la suivante : qu'est-ce qu'ouvrir la fenêtre, si ce n'est faire tel et tel mouvement avec tel et tel résultat ? Et, dans ce cas, qu'est-ce que *savoir* qu'on ouvre la fenêtre si ce n'est savoir que cela a lieu ? Mais alors, s'il y a deux *façons* de connaître, l'une que j'appelle connaissance de mon action intentionnelle, et l'autre connaissance par observation de ce qui a lieu, ne doit-il pas y avoir deux *objets* de connaissance ? Comment parler de deux connaissances d'*une seule et même chose* ? Ce n'est pas comme lorsqu'il y a deux descriptions de la même chose et qu'on les connaît, par exemple quand on sait qu'un objet est rouge et qu'il est coloré. Non, ici la description, ouvrir la fenêtre, est la même, qu'elle soit connue par observation ou qu'elle soit connue du fait qu'elle est mon action intentionnelle.

Il me semble que la difficulté de cette question a conduit certains à dire que ce qu'on connaît dans l'action intentionnelle, c'est seulement l'intention, ou peut-être aussi le mouvement corporel. Le reste serait connu par observation comme le *résultat*, qui était voulu lui aussi dans l'intention. Mais c'est une explication absurde. En effet, le seul sens que je peux donner ici à « vouloir » serait celui dans lequel je pourrais fixer des yeux un objet et vouloir qu'il bouge. Certains disent que, par un acte de volonté, on peut obtenir le mouvement de son bras, mais pas celui d'une boîte d'allumettes ; mais s'ils entendent par là « Veuillez simplement que la boîte bouge, et elle ne bougera pas », alors je leur répondrai « Si je veux de la même manière que mon bras bouge, il ne le fera pas ». Et s'ils veulent dire qu'ils peuvent remuer le bras mais pas la boîte, je réponds que je peux bouger la boîte. Rien de plus facile.

Un autre mauvais moyen de s'en sortir est de dire que je « fais » vraiment, dans le sens intentionnel, tout ce que je pense que je fais. Par exemple, si je pense que je remue mon orteil, mais qu'il ne remue pas effectivement, je « remue mon orteil » dans un certain sens. Et quand à ce qui *arrive*, je n'en ai aucun contrôle, si ce n'est dans un sens accidentel. Ce qui est essentiel, c'est ce qui se passe en moi, et si ce qui arrive coïncide avec ce que je « fais » dans la sphère des intentions, c'est une grâce du destin. C'était, je crois, la pensée de Wittgenstein dans le *Tractatus*, quand il écrivait : « Le monde est indépendant de ma volonté », et :

> Même si ce que nous désirons se produisait toujours, ce ne serait cependant là, pour ainsi dire, qu'une grâce du destin, car il n'est point de connexion logique entre la volonté et le monde qui le garantisse et, quant à la connexion physique supposée, nous ne pourrions pas vouloir *cela* (6.373, 6.374).

C'est-à-dire qu'en admettant que cette connexion n'existe pas, la vouloir sera sans aucun effet. Et il me semble que ce raisonnement s'applique à l'effectivité de *tout* acte de volonté. C'est pourquoi Wittgenstein écrivait dans ses carnets à cette époque : « Je suis complètement impuissant » *.

Mais cela aussi est un non-sens. Car si rien ne garantit que la fenêtre s'ouvre quand « j'ouvre la fenêtre », de même, rien ne garantit que mon orteil bouge quand je « bouge mon orteil » ; de sorte que la seule chose qui a lieu est mon intention. Mais où la trouver ? Quel est son véhicule ? Est-elle formulée avec des mots ? Et si oui, qu'est-ce qui garantit que je forme vraiment les mots que j'ai l'intention de former ? Car la formulation des mots est elle-même un acte intentionnel. Et si l'intention n'a pas de véhicule garanti, que peut-elle bien être d'autre qu'une chimère ?

Plus haut, en considérant ces problèmes, j'en étais arrivée à la formule : je *fais* ce qui *arrive*. Si la description de ce qui arrive est cela même dont je dirais que je le fais, il n'y a aucune distinction entre mon action et la chose qui arrive. Mais ceux qui l'ont entendue ont trouvé cette formule paradoxale et obscure. Il me semble que la raison en est la suivante : ce qui arrive doit être connu par observation ; or ce que je fais est connu sans observation, ai-je

---

* *Cf.* Wittgenstein, *Carnets*, 8-7-1916.

expliqué. Prenons un exemple particulièrement clair et intéressant : je ferme les yeux et j'écris quelque chose. Je peux dire ce que j'écris. Et, la plupart du temps, ce que je dis correspondra à ce qui est écrit. Il est clair qu'ici, ma capacité à dire ce qui est écrit ne vient pas de l'observation. En pratique, bien sûr, je n'écrirais probablement pas très lisiblement sans l'usage de mes yeux. Mais ne peut-on pas alors comparer le rôle de toute connaissance par observation dans la connaissance de ce que nous faisons au rôle des yeux dans le fait d'écrire correctement ? Autrement dit, une fois que nous avons une connaissance ou une opinion sur l'objet de notre action intentionnelle, l'observation n'est plus qu'une aide, comme le sont les yeux pour l'écriture. Quelqu'un qui n'aurait pas d'yeux pourrait continuer d'écrire avec un stylo qui n'aurait plus d'encre, il pourrait ne pas s'être aperçu qu'il n'écrit plus sur le papier mais sur la table, ou encore que son papier a déjà été utilisé. Voilà ce pourquoi les yeux sont utiles. Mais la chose essentielle qu'il fait, à savoir écrire telle et telle chose, il la fait sans les yeux. Sans les yeux, il sait ce qu'il écrit ; mais ses yeux l'assurent que ce qu'il écrit s'écrit effectivement de façon lisible. Mais dès lors, comment puis-je dire : je *fais* ce qui *arrive* ? S'il y a deux façons de connaître, il doit y avoir deux choses connues différentes.

30. Avant d'en finir avec l'évocation des difficultés, je montrerai par un exemple qu'il est égarant d'essayer de repousser toujours en amont ce qui est connu par l'agent en tant que c'est le contenu de son intention : d'abord au mouvement corporel, puis, peut-être, à la contraction de certains muscles, enfin à l'essai de faire la chose, essai qui vient juste au début. Il peut arriver que la seule description que je connaisse clairement de ce que je suis en train de faire soit la description de quelque chose qui est à une certaine distance de moi. Il n'est pas vrai que j'ai une connaissance claire des mouvements physiques que j'accomplis et l'intention n'est pas simplement un résultat que je calcule et que j'espère voir suivre de ces mouvements.

L'analyse que je rejette pourrait s'exprimer ainsi : considérez la phrase « Je pousse le bateau à l'eau ». Ici, la seule partie de la phrase qui exprime véritablement ce qui m'est connu de mon action *dans* cette action intentionnelle est « je pousse ». Les mots « le bateau » expriment une opinion sur un objet que je crois être devant moi ; cette croyance est confirmée par les sens, c'est-à-dire qu'elle est matière à observation. Les mots « à l'eau » expriment l'intention dans laquelle je pousse, car ils expriment une opinion quant à un effet de ma poussée dans ces circonstances, laquelle opinion est accompagnée d'un désir de ma part. Et on présente cet exemple comme le modèle obligé de l'analyse de chaque description d'action intentionnelle.

Pour réfuter une telle conception, je proposerai l'exemple suivant. Imaginez qu'on se pose cette curieuse question : y a-t-il une différence entre laisser tomber son bras et baisser son bras à la vitesse à laquelle il tomberait ? Puis-je délibérément baisser mon bras à la vitesse à laquelle il tomberait ? Il me semble difficile de décrire ainsi l'action que j'ai accomplie. Mais supposons qu'un physiologiste veuille produire cela ; il veut observer si mes fibres nerveuses produisent des substances différentes quand je fais cela (par opposition au cas où je laisse tomber mon bras). Ainsi, il installe un mécanisme : pour maintenir un objet en mouvement à une certaine hauteur, je dois prendre en main une poignée, faire le geste de pomper et, dans la descente du bras, l'abaisser à la vitesse à laquelle il tomberait. Puis il me donne l'instruction : « Gardez le niveau » ; et avec un peu d'entraînement, j'apprends à le faire. Je rends compte de ce que je fais en disant « Je garde l'objet à niveau » ; je ne considère pas du tout le mouvement de mon bras. Je suis capable de donner une explication bien plus exacte de ce que je fais à distance que de ce que fait mon bras. Garder l'objet à niveau n'est donc pas du tout quelque chose que je calcule comme l'effet qui va résulter de ce que je suis réellement et immédiatement en train de faire, et qui serait par conséquent directement connu dans ma « connaissance de ma propre action ». En général, comme le dit

Aristote, on ne délibère pas sur une habileté déjà acquise ; la description de ce qu'on est en train de faire, et qu'on comprend parfaitement, est à distance du détail de ses propres mouvements, qu'on ne prend pas du tout en considération.

31. Cela suffira pour les difficultés. Tâchons maintenant d'esquisser une solution. Cherchons d'abord en quoi consiste le contraire de la description de son action intentionnelle que donne l'agent. Est-ce : « Non, vous ne le faites pas » ? Par exemple, « Vous ne remplissez pas la citerne parce que toute l'eau s'échappe par un trou dans le tuyau » ? Il me semble que non. Considérons l'histoire suivante qui a fait la joie des lecteurs du *New Statesman* dans la rubrique *This England*. Un soldat est passé en cour martiale (ou quelque chose du même ordre) pour insubordination. Il avait semble-t-il été « grossier » lors de la visite médicale. Quand le docteur qui l'examinait lui avait demandé de serrer les dents, il les avait retirées et tendues au médecin en disant « Serrez-les vous-même ».

La déclaration « L'eau s'échappe du tuyau en amont là-bas dans un coin » est à la déclaration « Je remplis la citerne de la maison », ce que « Mes dents sont fausses », est à « Serrez les dents ». Et ainsi, la déclaration fondée sur l'observation « Vous ne remplissez pas la citerne de la maison » se trouve dans le même rapport à l'égard de la description de l'action intentionnelle « Je remplis la citerne de la maison » que la prédiction fondée « Cet homme ne va pas serrer les dents puisqu'elles sont fausses » à l'égard de l'ordre « Serrez les dents ». Et, de même que le contraire de l'ordre « Serrez les dents » *n'est pas* « Cet homme ne serrera pas les dents (du moins pas comme vous le pensez) », mais « Ne serrez pas les dents », de même, pour contredire « Je remplis la citerne de la maison », on ne dira pas « Non, puisqu'il y a un trou dans le tuyau », mais « Oh ! Non, vous ne la remplissez pas », dit par quelqu'un qui s'apprête à faire un trou dans le tuyau avec une pioche. Et, de même, on ne contredit pas quelqu'un qui dit « Je vais me coucher à minuit » en disant « Tu n'iras pas car tu ne tiens jamais ce genre de résolutions », mais plutôt : « Tu n'iras pas car je vais t'en empêcher ».

Mais, pour en revenir à l'ordre et à la description par l'agent de son action intentionnelle, le parallèle ne cesse-t-il pas dès lors que l'on commence à parler de connaissance ? En effet, la description donnée par l'agent est une connaissance, tandis que l'ordre ne l'est pas. Dès lors, même si le parallèle est intéressant et éclaire la périphérie du problème, il échoue cependant pour sa partie centrale et nous laisse dans l'obscurité où nous nous trouvions.

32. Un homme part faire le marché, une liste de courses à la main. La relation de cette liste aux choses qu'il achète effectivement est exactement la même, que la liste lui ait été donnée par sa femme, ou que ce soit la sienne propre. En revanche, la relation est différente si une liste d'achats est établie par un détective qui l'a pris en filature. S'il a fait la liste lui-même, elle exprimait son intention. Si c'est son épouse qui la lui a donnée, elle a le rôle d'un ordre. En quoi l'ordre et l'intention ont-ils la même relation à ce qui arrive, et non le rapport du détective ? Précisément en ceci que si la liste ne concorde pas avec ce que l'homme achète, et si c'est uniquement en cela que consiste l'erreur, alors l'erreur n'est pas dans la liste mais dans l'action (si sa femme lui disait : « Regarde, c'est écrit beurre et tu as acheté de la margarine », il pourrait difficilement répondre « Quelle erreur, il faut rectifier cela », et remplacer le mot « beurre » par « margarine » sur la liste). En revanche, si le rapport du détective ne s'accorde pas avec ce que l'homme achète effectivement, l'erreur se trouve dans le rapport.

Dans le cas d'une discordance entre la liste d'achats et ce que notre homme achète, j'ai dû ajouter : et si c'est uniquement en cela que consiste une erreur. Car la discordance peut venir du fait que certaines choses n'étaient pas disponibles ; et si on avait pu savoir que ces choses n'étaient pas disponibles, nous pourrions parler d'une erreur commise en établissant la liste (une erreur de jugement). Si je vais à Oxford avec une liste de courses comportant un équipement pour attraper les requins, personne ne pensera qu'il s'agit d'une erreur dans l'action si je reviens sans l'équipement. En outre, il peut y avoir discordance entre la liste et ce que notre homme a acheté, du fait qu'il a changé d'avis et a décidé d'acheter autre chose à la place.

Cette dernière discordance n'apparaît bien sûr que lorsqu'il s'agit de la description d'une action future. Considérons maintenant le cas d'un agent qui dit ce qu'il est en train de faire au moment présent. Supposons que ce qu'il dit ne soit pas vrai. Cela peut arriver pour la raison que sa déclaration ne pouvait être vraie qu'à certaines conditions, et que, sans qu'il le sache, une de ces conditions n'est pas remplie ; comme lorsque à l'insu de notre homme qui pompe, il y a un trou dans le tuyau. Mais, comme je l'ai dit, cela se rapport à sa déclaration « Je remplis la citerne », comme le fait que cet homme n'a pas ses dents se rapporte à l'ordre : « Serrez les dents ». C'est-à-dire que, dans ce cas, on peut dire que sa déclaration tombe à l'eau, de même que l'ordre tombe à l'eau, mais ce n'est pas une contradiction directe. Mais n'est-il pas possible d'envisager un autre cas où, *tout simplement*, un homme ne fait pas ce qu'il dit ? Je me dis « Maintenant, j'appuie sur le bouton A », tout en appuyant sur le bouton B. C'est une chose qui peut certainement arriver. J'appellerai cela la falsification *directe* de ce que je dis. Et ici, pour reprendre l'expression de Théophraste, l'erreur ne se situe pas dans le jugement, mais dans l'action. On ne répliquera sûrement pas : « Ce que vous avez *dit* était une erreur, parce que vous étiez supposée décrire ce que vous faisiez, et ne l'avez pas décrit », mais : « Ce que vous avez *fait* était une erreur, parce que votre action ne coïncidait pas avec ce que vous avez dit ».

Ce cas est analogue à obéir à un ordre en se trompant. Il est remarquable que le cas de figure existe et que ce n'est pas la même chose qu'ignorer un ordre, l'enfreindre, ou bien lui désobéir. Si on donne l'ordre « Tournez à gauche », et que l'intéressé tourne à droite, il se peut qu'il y ait des indices très clairs qu'il n'a pas pour autant désobéi. Ici, il y a une discordance entre le langage et ce dont le langage est la description. Or cette discordance ne met pas en cause le langage mais l'événement.

Ne venons-nous pas de mettre le doigt sur quelque chose que la philosophie moderne a totalement méconnu : ce que les philosophes anciens et médiévaux appelaient *la connaissance pratique* ? On trouve certainement dans la philosophie moderne une conception de la connaissance qui est irrémédiablement contemplative. Pour parler de connaissance, il faut juger que cela même est en accord avec les faits. La réalité, les faits sont premiers et dictent ce qu'il faut dire s'il s'agit de connaissance. Voilà la raison de la profonde obscurité dans laquelle nous nous trouvons. En effet, s'il y a deux connaissances, l'une par observation et l'autre dans l'intention, il semble qu'il doive y avoir deux objets de connaissance. Mais si on dit qu'elles ont le même objet, on cherche en vain l'autre *mode de connaissance contemplative* dans l'agir, comme s'il y avait une sorte d'œil étrange regardant l'action en train de se faire.

KEVIN FALVEY

CONNAÎTRE EN INTENTION [*]

I

Elizabeth Anscombe est bien connue pour avancer la thèse selon laquelle la connaissance qu'a un agent de ses propres actions intentionnelles a pour caractéristique de ne pas être fondée sur l'observation. Tandis que d'autres philosophes ont adhéré à cette thèse, nombreux sont ceux qui trouvent l'idée douteuse, compte tenu notamment de la disponibilité d'une thèse plus modeste que l'on suppose rendre ce qu'il y a de vrai dans celle d'Anscombe. Je l'appellerai la *thèse des deux facteurs* (*two-factor thesis*), selon laquelle une personne sait typiquement sans observation ce qu'elle *a l'intention* d'être en train de faire, alors que sa connaissance de ce qu'elle est effectivement *en train de faire* doit être fondée sur l'observation [1]. Or, il est sûrement vrai que si Anscombe a raison de

* K. Falvey, « Knowledge in Intention », *Philosophical Studies* 99 (2000), p. 21-44.

1. Parmi les philosophes récents qui ont adhéré à la thèse d'Anscombe on compte O'Shaughnessy (1980) et Wilson (1989). Pour une formulation récente de la thèse des deux facteurs, voir Adams et Mele (1989, voir notamment p. 516-517). La thèse d'Anscombe est critiquée par Velleman (1985), bien qu'il ne soutienne pas non plus la thèse des deux facteurs. Je commente la conception de Velleman dans la note 3, p. 359-360 ci-dessous. Certains défenseurs de la thèse des deux facteurs pourraient

penser que l'agent a une façon particulière de savoir ce qu'il est en train de faire, cela a quelque chose à voir avec sa connaissance de ce qu'il a l'intention d'être en train de faire. De là mon appellation positive pour la façon spéciale dont, selon Anscombe, l'agent connaît : j'y ferai référence comme à la *connaissance en intention* de ce qu'il est en train de faire [1]. Dans cet article, je présenterai une défense quelque peu nuancée de la possibilité – en fait l'ubiquité – de la connaissance en intention, et je le ferai en partie en mettant en évidence un certain nombre de problèmes que pose la thèse des deux facteurs. On considère naturellement que cette thèse est motivée par le présupposé selon lequel l'intention et l'action sont deux genres de choses très différents, en vertu de quoi il est possible d'avoir un genre de connaissance de l'un que l'on ne peut pas avoir de l'autre. Je mettrai ici en question à la fois le présupposé – c'est-à-dire, j'attirerai l'attention sur certaines continuités ou connections entre l'intention et l'action – et l'idée selon laquelle les modes de connaissance se répartissent entre l'intention et l'action de la façon relativement simple qu'envisage la thèse des deux facteurs.

préférer exposer le contraste en termes de connaissance observationnelle de ce que l'agent est en train de faire par opposition à la connaissance non-observationnelle de ce qu'il est en train d'*essayer* de faire. Je ne pense pas que les différences entre les façons alternatives d'exposer la thèse des deux facteurs soient importantes dans le présent contexte.

1. L'appellation positive d'Anscombe pour le genre spécial de connaissance dont il est question ici est « connaissance pratique », mais dans le langage ordinaire, cette expression s'applique d'abord aux genres de choses qu'un agent sait comment faire. Tandis qu'il y a certainement d'importantes connections entre la connaissance en intention et la connaissance pratique – des connections qui figureront de façon importante plus tard dans cet article – je pense qu'il vaut mieux distinguer les deux notions. J'ai parfois vu l'expression « connaissance d'agent » employée dans ce contexte, qui est appropriée tant qu'elle n'obscurcit pas le fait que certaines des choses qu'un agent est en train de faire sont connues de lui sur le même mode qu'elles pourraient l'être par une tierce personne, c'est-à-dire les choses qu'il est en train de faire de façon non-intentionnelle.

II

En considérant ce qu'un agent est en train de faire, nous nous intéressons, en premier lieu, à des événements et à des processus que l'on décrit en utilisant des phrases à la forme progressive, et on doit garder à l'esprit certains des caractères sémantiques de la forme progressive. Le principal d'entre eux est ce qu'on appelle le *caractère ouvert* (*openness*) de la forme progressive, et consiste dans le fait qu'une personne peut être en train de faire quelque chose qu'elle ne fera jamais, si, par exemple, elle en est empêchée ou si elle change d'avis. Il s'agit d'un cas particulier du fait plus général qu'un événement peut être en cours sans jamais être achevé. Le jugement selon lequel Jeanne est en train de traverser la rue ne se révèle pas erroné si un camion la renverse et la tue à mi-parcours, de même que l'avertissement que la lampe est en train de tomber n'est pas rendu faux quand Pierre bondit pour l'attraper avant qu'elle ne finisse sa chute. Un second trait, le *caractère général* (*broadness*) de la forme progressive, s'applique beaucoup plus aisément, sinon exclusivement, aux descriptions d'actions intentionnelles. Une personne peut être en train de faire quelque chose, en un sens large approprié, alors que sur le moment elle ne fait rien, en un sens plus restreint, qui soit fait en vue de ce qu'elle est en train de faire au sens large (*broad*). Supposez qu'un ami s'arrête chez moi, veuille aller se promener, et que je lui dise : « Je ne peux pas ; je suis en train de fabriquer du pain ». Cela pourrait être vrai même si, lorsque je le dis, je suis assis sur le canapé en train de lire le journal – peut-être suis-je en train d'attendre que le pain lève avant de le mettre au four. La question de savoir ce que quelqu'un est en train de faire appelle parfois une réponse plus restreinte, et le contexte détermine à quel point une réponse restreinte est indiquée. Si je demande au mari de Sally ce qu'elle fait *ces jours-ci*, il peut dire vrai en disant qu'elle travaille sur l'article qu'elle doit présenter à

l'APA* au printemps prochain, même si au moment même elle est
en train de donner un cours, ou de faire du shopping. D'un autre
côté, si je demande ce qu'elle est en train de faire *dans l'immédiat*,
la même réponse ne serait pas correcte dans les mêmes circonstances. Il y a bien sûr un peu de porosité (*open texture*)** ici : pour
qu'il soit vrai qu'elle soit en train de travailler sur l'article dans
l'immédiat, il n'est pas nécessaire qu'elle soit réellement en train de
taper sur son clavier ; il suffit qu'elle fixe son écran d'ordinateur, ou
peut-être qu'elle tourne en rond dans son bureau en s'arrachant les
cheveux, frustrée de ne pas pouvoir trouver comment exposer un
point important. Mais elle ferait mieux de ne pas être en train de
faire du shopping ou de randonner dans les contreforts[1].

Je considère comme une donnée fondamentale que, dans des
circonstances normales, un agent au beau milieu d'une action
puisse typiquement fournir une réponse correcte à la question,
« qu'êtes-vous en train de faire ? » sur le champ, sans s'appuyer sur
l'observation ou le raisonnement[2]. Je suggère que ceci est possible
parce que la réponse qu'il donne, « Je suis en train de φ-er » est une
expression de ce qu'il a l'intention *d'être en train de faire*. On
devrait la distinguer, je pense, des diverses choses qu'il peut avoir
l'intention *de faire* : ce qu'il a l'intention d'être en train de faire doit

---

1. Les termes « ouvert » et « large » (*broad*) sont tirés de Galton, *The Logic of
Aspect*, Cambridge, Cambridge University Press, 1984.

2. Une réponse correcte, parce qu'il y aura bien sûr un nombre considérable de
réponses correctes à la question, qu'il ne serait pas pour la plupart en position de
donner sans observation.

*L'APA est le sigle de l'Association Américaine de Philosophie, *American
Philosophical Association*. L'auteur a présenté le contenu de cet article en 1999 à
l'occasion du 73e meeting annuel de la Division Pacifique de cette association.

**Le concept de porosité (*open texture*) a été introduit par F. Waismann pour
insister sur le fait que certaines de nos idées peuvent avoir un sens sans être pour
autant strictement vérifiables. Une proposition tombe sous le concept de texture
ouverte lorsqu'elle autorise tant de sens potentiels et variables qu'il nous est
impossible de savoir précisément à quelles conditions elle serait vraie.

être exprimé à la forme progressive puisque c'est une intention en voie (espère-t-on) d'être réalisée. Mais c'est un genre d'intention, et en tant que tel c'est clairement quelque chose que l'agent est en droit de déclarer avoir de prime abord sans observation. Or, tandis que son jugement, « Je suis en train de φ-er » exprime l'intention de l'agent d'être en train de φ-er, il n'est vrai, au contraire des expressions d'intention pour le futur, que si et seulement s'il *est*, à ce moment, *en train de* φ-er, de sorte qu'en l'offrant comme réponse à la question de savoir ce qu'il est en train de faire, l'agent présente son expression d'intention comme étant, simultanément, une *description* de ce qu'il est en train de faire. Cela pourrait ressembler à une duperie, mais je pense que nous avons une légitimité ou un droit général à employer des jugements à propos de nos propres actions dans ce double rôle, à moins qu'il n'y ait des raisons de penser que ce que nous avons l'intention d'être en train de faire n'est pas en train d'être fait. Ainsi, tandis que l'aptitude de quelqu'un à dire tout de suite ce qu'il est en train de faire est fondée sur la connaissance de ses intentions, une telle connaissance est aussi, dans les cas favorables, la connaissance de ce qu'il est en train de faire. Je suggère que nous considérions l'intention-d'être-en-train-de-φ-er, dans de tels cas, comme le véhicule de la connaissance qu'a l'agent de ce qu'il est en train de φ-er. D'où l'expression « connaissance en intention »[1].

1. Je suppose que si un agent est en train de φ-er intentionnellement, il a l'intention de φ-er. Cela ressemble à ce que Bratman (« Two Faces of Intention », dans A. Mele (ed.), *The Philosophy of Human Action*, New York, Oxford University Press, 1997) appelle la « thèse simple », mais la différence est que ma thèse est entièrement exprimée à la forme progressive. (La thèse simple est que si un agent φ-e à *t*, alors à *t* ou juste avant *t*, il avait l'intention de φ-er). Je pense que cette différence rend ma thèse moins vulnérable aux critiques que Bratman fait à la thèse simple. Mes « intentions d'être-en-train-de-φ-er » sont un genre d'intention *dans* l'action. Mais au contraire des autres défenseurs de notions d'intention dans l'action (par exemple, Searle, *L'Intentionalité, op. cit.*; Wilson, *The Intentionality of Human Action*, Palo Alto, Stanford University Press, 1989), je ne vois pas de différence fondamentale

III

Maintenant, le caractère ouvert de la forme progressive pourrait sembler fournir un moyen rapide et facile de justifier la possibilité de la connaissance en intention, de la façon suivante. Un ami s'approche de moi alors que je suis sur la piste, un après-midi, me préparant à courir. « Que fais-tu ? » demande-t-il, au moment où je m'élance sur la piste. « Je suis en train de courir un mile en moins de quatre minutes » *, lui dis-je en réponse, mais je m'arrête peu avant

entre de telles intentions et les intentions pour le futur. En effet, je pense qu'en disant « Je vais à San Francisco », en montant à bord de l'avion, j'exprime la même intention que celle que j'aurais pu exprimer la semaine précédente en disant, « Je vais à San Francisco la semaine prochaine », ou hier en disant, « Je vais à San Francisco demain ». Les différentes formulations sont requises si je dois maintenir le contact avec mon intention. J'ai ici à l'esprit la notion de « maintenir le contact » (*keeping track*) discutée par Evans (*The Varieties of Reference*, New York, Oxford University Press, 1982, p. 192 *sq.*). Puisque mes intentions-d'être-en-train-de faire telle ou telle chose sont des intentions dans le processus d'exécution, elles peuvent un peu remplir la fonction que certains philosophes ont attribuée aux *volontés* ou *volitions*. L'explication de la volition donnée par Sellars (« Thought and Action », dans K. Lehrer (ed.), *Freedom and determinism*, New York, Randhom House, 1966), par exemple, est motivée par la continuité entre « Je lèverai mon bras dans dix minutes », « Je lèverai mon bras dans cinq minutes », et « Je lèverai mon bras *maintenant* ». Il considère la dernière déclaration comme l'expression caractéristique d'une volition. Brandom (*Making It Explicit*, Cambridge, MA, Harvard University Press, 1994) reprend en grande partie la doctrine de Sellars mais insiste sur la continuité des expressions d'intention en appelant les volitions de Sellars des « intentions dans l'action ». Mon seul désaccord avec cette explication est que le temps futur subsiste encore dans « Je lèverai mon bras maintenant ». Une intention qui est de façon authentique *dans l'action* devrait être exprimée au temps présent. Puisque « Je lève le bras » (*I raise my arm*) peut seulement être employé pour décrire une action habituelle, nous sommes conduits à la formuler sous la forme progressive, « Je suis en train de lever mon bras » (*I am raising my arm*).

* Le « *four minute mile* » est, en athlétisme, une course d'un mile (1609,34 m.) en moins de quatre minutes (3'59"4). On a longtemps pensé qu'il s'agissait d'une performance physiquement impossible pour l'être humain.

le premier virage, épuisé, et je reviens d'un pas lent vers la ligne de départ. « Que s'est-il passé ? » me demande mon ami. « Eh bien », dis-je, « je n'ai pas couru un mile en moins de quatre minutes – en fait je pense que je *ne peux pas* courir un mile en moins de quatre minutes. Mais j'étais bien *en train de courir* un mile en moins de quatre minutes ; c'est juste que je ne l'ai pas terminé. Tu sais, de même que quelqu'un peut être en train de traverser la rue mais ne pas la traverser, de même j'étais en train de courir un mile en moins de quatre minutes, même si je ne l'ai pas fait ».

On ne peut bien sûr pas faire appel au caractère ouvert de la forme progressive de cette façon. Les détails précis des conditions de vérité des énoncés de forme progressive constituent un sujet d'une obscurité considérable, mais qu'il me soit possible de φ-er est sûrement une condition nécessaire pour qu'il soit vrai que je suis en train de φ-er[1]. Il s'ensuit que l'affirmation que je suis ou que j'étais en train de φ-er doit être retirée si en suivant le fil des événements il devient clair que je ne peux pas φ-er ; soit parce que je manque des compétences ou aptitudes requises pour φ-er, soit parce que je manque des matériaux requis pour φ-er. Si je mets la bouilloire sur la cuisinière et dis, « Je suis en train de faire du thé », et que l'on me dit que la cuisinière ne fonctionne pas, je ne dirais pas ensuite que j'étais *en train de faire du thé* quand j'ai appris que la cuisinière ne fonctionnait pas, je me replierais sur quelque chose comme, « J'allais faire du thé » (ou, « J'essayais de faire du thé »). D'un autre côté, si, alors que je suis en train de préparer la bouilloire pour le thé, le téléphone sonne et la préparation du thé avorte, je pourrais

---

1. Cette condition est probablement trop forte. Une personne pourrait dire en connaissance de cause qu'elle est en train d'écrire un livre même si elle sait qu'elle va mourir avant de l'avoir fini, auquel cas elle ne pourra pas écrire le livre (peut-être s'est-elle arrangée avec un collègue pour qu'il le finisse). Il serait plus correct de dire que pour qu'une personne soit en train de φ-er il doit être possible que le φ-er soit achevé (bien qu'il ne soit pas nécessaire que cela soit fait par l'agent qui l'a initié). J'ignorerai cette complication dans ce qui suit.

pourtant dire plus tard que j'étais en train de faire du thé quand mon ami a appelé, ce qui a eu pour résultat que je n'ai pas fait de thé. Le caractère ouvert de la forme progressive permet des interruptions d'actions-en-cours, y compris des changements d'avis. Mais du fait qu'un événement ou un processus d'un type donné pourrait ne pas avoir été achevé dans certaines circonstances, il semble suivre qu'aucun événement de ce type n'aurait pu être en cours.

Ces remarques se rapportent aux conditions de vérité des énoncés de forme progressive, mais elles ont des implications évidentes quant à ce qui autorise une personne à décrire ce qu'elle est en train de faire en employant de tels énoncés. En clair, pour prendre un exemple d'Anscombe, pour qu'il me soit permis de déclarer que je suis en train de peindre le mur en jaune, je dois savoir, ou du moins je dois être autorisé à croire, que ceci est de la peinture jaune, que ceci est un mur, et ainsi de suite ; toutes choses dont il ne peut y avoir de connaissance que par l'observation, comprise au sens large[1]. Il s'ensuit que les auto-attributions d'actions intentionnelles sont susceptibles d'être révisées à la lumière de considérations qui se manifestent au cours d'une observation ultérieure. Si, au cours de l'acte de peindre, j'acquiers, par l'observation, le témoignage, ou quoi que ce soit d'autre, des raisons de penser que cette peinture ne semble jaune qu'à cause de la lumière de cette pièce, mon droit d'affirmer que je suis en train de peindre le mur en jaune s'en trouverait sapé dans ses fondements. Comme le montre la source de l'exemple, Anscombe était bien consciente de ce point. Il est intéressant qu'elle ne l'ait pas considéré comme fatal pour la thèse selon laquelle on connaît ses propres actions inten-

---

1. [L'agent] peut bien sûr acquérir une telle connaissance par témoignage ou même au moyen d'une théorie, mais je suppose que la formule d'Anscombe, « connaissance sans observation » a pour but d'écarter non seulement l'idée que l'agent apprendrait ce qu'il est en train de faire en observant ses propres mouvements, mais aussi qu'il devrait s'appuyer sur le témoignage, l'induction, etc.

tionnelles sans observation. J'espère montrer qu'elle avait raison à ce propos.

IV

Mais d'abord je veux indiquer certaines difficultés pour la thèse des deux facteurs qui découlent du caractère général de la forme progressive. Prise dans sa forme la plus forte, au moins, la thèse des deux facteurs suggère que le mode d'accès de l'agent à ce qu'il est en train de faire se fait toujours via son observation d'événements qui sont, en principe, observables par une tierce personne, ce qui n'est pas vrai selon moi. Car c'est une conséquence du caractère général de la forme progressive qu'il y ait d'innombrables choses qu'une personne puisse être en train de faire à un moment donné, qui ne pourraient pas être simplement dérivées de ce qu'elle est en train de faire, dans un sens plus restreint, à ce moment. Supposez par exemple que j'aie un voisin fouineur qui m'espionne en utilisant un télescope braqué sur mon logement. Si je suis assis dans mon canapé un après-midi en train de lire un livre, il serait en mesure de voir ce que je suis ainsi en train de faire, mais il ne serait pas en mesure de voir, ce qui pourrait parfaitement être vrai comme noté ci-dessus, que je suis en train de fabriquer du pain. Que j'aie cette fin en vue même lorsque je ne suis pas en train de faire grand chose pour cela est une partie inéliminable de ce qui rend vrai que c'est pourtant ce que je suis en train de faire. Mon intention de faire ce qui est nécessaire pour atteindre cette fin est le véhicule par lequel l'action-en-cours se poursuit durant ces périodes où je suis en train d'attendre que la pâte lève, ou de prendre du temps pour mettre un paquet de linge à laver[1]. Pour cette raison, il est même, à

---

1. C'est pourquoi il est difficile de trouver des exemples de processus purement physiques, non-biologiques auxquels la forme progressive au sens large puisse être appliquée. Si un feu de forêt se dirige vers la zone naturelle de Dick Smith d'une façon

mon avis, difficile de faire la distinction, requise par la thèse des deux facteurs, entre ma connaissance de ce que j'ai l'intention d'être en train de faire du pain, et ma connaissance de ce que je suis en train de faire du pain, puisque ma connaissance du second fait consiste seulement, du moins durant de telles périodes, dans ma connaissance du premier. Je ne veux pas suggérer que dans de tels cas moi seul peux savoir ce que je suis réellement en train de faire. Si mon voisin pouvait voir dans la cuisine l'endroit où le pain est en train de lever dans un saladier, il aurait raison de croire que je suis en train de faire du pain, mais ma connaissance persistante de ce que c'est bien ce que je suis en train de faire n'a pas besoin de s'appuyer, comme la sienne le devrait, sur des coups d'œil répétés sur la pâte en train de lever. De plus, tous les aperçus de la pâte dont je pourrais bénéficier cesseraient de me fournir une raison de penser que je suis en train de faire du pain, si par exemple, à un certain moment, je changeais d'avis ou si j'abandonnais mon intention d'achever le processus. Mais, dans un tel cas, la présence ininterrompue de la pâte qui était bien la seule raison pour mon voisin de penser que j'étais en train de faire du pain, lui impose maintenant de croire faussement que je suis encore en train de le faire. (Ceci confirme le vieux dicton : « Quiconque ne vit que de pain, périt seul par le pain »). L'idée générale ici est que, du moins à l'intérieur de certaines limites, mes jugements à propos de ce que je suis en train de faire intentionnellement ne sont tout simplement pas relatifs aux genres d'observations qui peuvent constituer les seules bases sur lesquelles un observateur serait en mesure de former des jugements à propos de ce que je suis en train de faire.

Or, on pourrait dire que la raison pour laquelle je n'ai pas à observer la pâte en train de lever pour savoir que je suis en train de

---

telle que, pendant un temps, il ne se dirige pas dans cette direction, mais qu'après ce temps, il commence à tendre vers là-bas à nouveau, il est difficile de voir ce qui pourrait justifier que l'on dise qu'il tendait vers la zone naturelle pendant tout ce temps – a-t-il juste arrêté de le faire pendant un moment ?

faire du pain est que je me souviens avoir laissé le pain là-bas, et ce souvenir n'est-il pas en partie ce qui justifie que je déclare que je suis en train de faire du pain, et la mémoire ne compte-t-elle pas comme un genre d'« observation » au sens large ? J'ai deux commentaires à faire à ce propos, dont l'un n'interviendra que plus tard. Pour l'instant, laissez-moi remarquer que je peux prétendre être en train de faire quelque chose quand je commence juste à le faire, de sorte que le souvenir de ses parties que j'ai déjà faites ne forme aucune base pour mon affirmation que je suis en train de le faire. La question de savoir à partir de quand on peut dire de moi que je suis en train de faire du pain est assez vague : j'ai sûrement le droit de le dire quand je suis en train d'étendre la pâte au rouleau, mais puis-je le dire aussi quand je ne fais qu'ouvrir le sac de farine ? Je *ne peux* sûrement *pas* le dire quand je suis juste en train d'acheter la farine au marché, mais notez que la locution, « Je suis en train de φ-er pour fabriquer du pain » est à cheval entre des situations où l'on peut déjà dire de moi que je suis en train de faire du pain au moment où je suis en train de φ-er, et des situations où on ne le peut pas. Comparez : « Je suis en train d'acheter de la farine pour fabriquer du pain », et « Je suis en train d'étendre la pâte au rouleau pour fabriquer du pain ». Dans le second cas, nous pouvons dire que je suis en train de fabriquer du pain, mais non dans le premier[1]. Je pense que cela devrait nous conduire à nous demander s'il existe une autre raison de tracer la ligne où nous le faisons ici qu'« un usage nullement indispensable »[2]. Nous pouvons sûrement imaginer une communauté de locuteurs qui disent qu'ils fabriquent du pain quand le pain n'est encore qu'une étincelle dans leurs yeux. (Nous nous approchons de cela en Français : « J'achète de la farine

---

1. Voir Anscombe, *Intention*, *op. cit.*, p. 40, trad. fr. *L'intention*, *op. cit.*, p. 85 ; Thompson, « Naïve Action Theory », 1998.

2. Anscombe se demande à un moment s'il y a une raison autre qu'« un usage nullement indispensable » de ne pas appeler un commandement vrai s'il est exécuté. [*cf.* Anscombe, *L'Intention*, *op. cit.*, trad. fr., p. 36].

parce que demain *je fais du pain* »; «Je lis Sidgwick parce que *j'enseigne l'éthique* au prochain trimestre »)*. Feraient-ils erreur? Cela semble être une affirmation irréfléchie, en particulier puisque leur usage reflète plus clairement que le nôtre le fait que, pour paraphraser Michael Thompson : « l'unité qui joint l'achat de la farine à la fabrication du pain est l'unité qui joint les actes que nous voulons appeler les parties de la fabrication du pain les uns aux autres, et fait d'eux une action intentionnelle »[1]. En s'appuyant comme elle le fait sur une distinction plus ou moins radicale entre l'intention et l'action, la thèse des deux facteurs néglige la continuité qui existe entre eux.

Le fait qu'un agent puisse intentionnellement faire quelque chose d'une façon inhabituelle sert aussi à mettre en évidence la relative indépendance des jugements d'un agent sur ce qu'il est en train de faire vis-à-vis des sortes d'observations qui formeraient les seules bases possibles sur lesquelles un observateur pourrait apprendre ce qu'un agent est en train de faire. Supposez que j'aie l'habitude de quitter mon logement tous les jours à quatre heures de l'après-midi précises et de marcher jusqu'à mon pub favori pour boire une pinte et jouer aux fléchettes. Mon voisin fouineur le sait (il règle ses montres en fonction de cela), parce qu'il me suit à travers la ville pour surveiller mes activités. Je prends toujours une

---

1. Thompson (art. cit.), en mettant respectivement « achat-de-farine » et « fabrication-de-pain » pour « achat-d'œufs » et « fabrication-d'omelette » chez Thompson. Dans cet article éclairant, Thompson développe un conte dans le genre du « Mythe de Jones » de Sellars dans lequel une communauté qui n'a au début qu'un concept d'agir très général, tel qu'il inclut aussi bien vouloir, essayer, et avoir l'intention qu'agir lui-même, développe à partir de lui les différents concepts distincts que nous employons.

*L'auteur s'appuie ici sur le fait que le présent anglais, comme le français, a parfois un sens futur. En anglais, on utilise alors normalement le présent progressif, et non le présent simple. Par exemple, « Je pars pour Londres demain » se dira « I'm leaving for London tomorrow ».

certaine route plus ou moins directe de mon logement au pub, mais à cette occasion particulière, juste pour changer, je décide de prendre une route très indirecte, en prenant initialement une direction différente, et en traversant un parc à pied qui est très éloigné de la route du pub la plus directe, à tel point qu'à certains endroits je prends en réalité la direction opposée au pub. Alors qu'il me suit le long du trajet, l'appui inductif fort que mon voisin fouineur a pour penser que je suis en train de marcher vers mon pub peut justifier qu'il croit que c'est ce que je suis en train de faire, mais il est clair que le fait que je m'éloigne dans une direction différente est une *raison* pour lui de penser que je suis en train d'aller ailleurs. Et étant donné qu'il continue à me suivre, et me voit prendre, à certains endroits, une direction précisément opposée à celle du pub, il doit douter de plus en plus que ce soit bien là ma destination. Il se peut qu'il ne puisse pas dire que c'est vers là que je me dirigeais d'un bout à l'autre avant que j'y arrive réellement. Mais les observations de ma progression que *je* fais en route ne me fournissent aucune raison d'aucune sorte pour réviser le jugement selon lequel je suis en train de marcher vers le pub.

V

Dans chacun de ces deux exemples, une action d'un certain type était en cours pendant un intervalle de temps durant lequel rien d'accessible à un observateur ne pourrait justifier qu'on dise qu'une telle action était en cours. Dans l'exemple du pain, il n'y avait rien qui indiquait que j'étais en train de faire du pain, alors que c'était bien ce que j'étais en train de faire; dans le cas de la marche, il y avait réellement quelque chose qui indiquait que j'étais en train de faire quelque chose d'incompatible avec ce que j'étais en fait en train de faire. Et j'étais en fait en train de m'éloigner du pub pendant un moment, bien qu'il était pourtant vrai, même si ce n'était pas évident pour un observateur, que j'étais aussi en train de marcher vers le pub durant ce temps. Or il pourrait sembler que ce dernier fait n'est possible que dans la mesure où, comme c'était en effet le cas dans l'exemple du pub, l'agent était en train d'exécuter son plan d'action d'un bout à l'autre, de sorte qu'il ne s'est jamais observé en train de faire quoi que ce soit d'inconsistant avec ce qu'il avait l'intention d'être en train de faire. Les jugements de l'agent quant à ce qu'il est en train de faire ne sont-ils pas relatifs à ce qu'il observe dans la mesure au moins où un jugement dont le propos est d'exprimer le savoir en intention concernant ce qu'il est en train de faire doit être révisé si l'agent s'observe en train de faire quelque chose d'inconsistant avec son propre plan d'action ? La réponse est encore non, du moins dans certaines limites.

Supposez que mon voisin fouineur ait son télescope braqué sur ma cuisine un jour où je mets la bouilloire en marche et saisis la théière. « Il est en train de faire du thé », dit-il, assez justement. Il sait que je fais parfois du thé Irish Breakfast et parfois du thé Darjeeling, il n'a donc aucune base pour dire quel genre de thé je suis en train de faire jusqu'à ce qu'il me voit saisir une boîte marquée « Darjeeling », et mettre quelques cuillerées de son contenu dans la théière. À ce point il devrait bien sûr conclure que je suis en train de faire du Darjeeling. Or, supposez qu'en fait mon intention soit de faire du thé Irish Breakfast ; seulement je n'ai pas fait assez attention à ce que j'étais en train de faire pendant un moment. Quand j'observe que je verse une cuillère de Darjeeling dans la théière, dois-je retirer mon jugement que je suis en train de faire du thé Irish Breakfast, et conclure qu'après tout je suis en train de faire du thé Darjeeling ? Certainement pas : du moins pas aussi longtemps que je voudrai et que je serai capable de verser le contenu de la théière et de le remplacer par le bon contenant. Je pense que cela tend à montrer d'une certaine façon que l'indépendance des auto-attributions d'actions intentionnelles en cours vis-à-vis des observations que fait l'agent de ses mouvements corporels et de son environnement est tout à fait solide. Ici, j'étais en train de faire du thé Darjeeling depuis quelques instants – il y avait un événement de préparation de thé Darjeeling en cours, qui aurait été achevé si je n'avais pas remarqué l'erreur. Et mon jugement « Oups, je suis en train de faire du thé Darjeeling ! » exprime la connaissance obtenue par l'observation de quelque chose que j'étais en train de faire, bien que de façon non-intentionnelle. Mais ce jugement ne me force pas à retirer ma prétention d'être en train de faire du thé Irish Breakfast. Bien sûr, en voyant ce que j'ai fait je pourrais dire, « Eh bien, je pense que je suis en train de faire du thé Darjeeling », mais *ce* jugement n'exprimerait pas une connaissance acquise en observant que je suis (ou que j'ai été) en train de faire du thé Darjeeling ; il exprimerait un changement d'avis, et voudrait dire en réalité, « Je pense que je ferai du thé Darjeeling ».

Les gens font souvent maladroitement les choses. Même un mécanicien compétent tourne parfois un boulon à l'envers ; quand il le remarque, il n'a pas à conclure qu'il n'est pas en fait en train de fixer le moteur, mais qu'il est en train de le démonter. Si je quitte mon domicile de Santa Barbara pour conduire jusqu'à Los Angeles et que, troublé par une déviation près de l'entrée de l'autoroute, je me retrouve sur la 101 nord au lieu de la 101 sud, je n'ai pas à conclure que je vais à San Francisco plutôt qu'à L.A. Il est vrai que si, lorsque je suis en train de faire quelque chose, je fais des erreurs répétées et que j'ai des difficultés à les corriger, je devrais probablement commencer à douter de mon aptitude à le faire, et mon droit de dire que je suis en train de le faire s'en trouverait en effet sapé dans ses fondements. Mais il s'agit seulement d'un autre exemple de ce que j'ai déjà eu l'occasion de faire remarquer, à savoir qu'un jugement à propos de ce que je suis en train de faire est susceptible d'être révisé si je prends conscience de quelque chose qui me donne une raison de penser que je *ne peux pas* le faire.

Tous ces exemples illustrent le fait que la position d'un observateur et la position de l'agent supposent des engagements tout à fait disparates. Pour autant que mes jugements quant à ce que vous êtes en train de faire se veulent fondés sur l'observation, je m'engage à assurer qu'ils ne sont pas influencés par mes attitudes pratiques à l'égard de vos actions : ce que je veux que vous fassiez ou ce que j'ai l'intention que vous fassiez. Dans la mesure où je permets une telle influence, mes jugements perdent leur statut, et l'autorité caractéristique, de comptes rendus d'observation. D'un autre côté, le rôle de l'agent qui exerce un contrôle sur ce qu'il est en train de faire ne permet pas seulement, mais requiert aussi que ses jugements à propos de ce qu'il est en train de faire expriment ses attitudes pratiques, au point même qu'il puisse rabaisser comme sans pertinence pour leur vérité une partie de sa connaissance observationnelle de ce qu'il est en train de faire. L'observation rend l'agent capable de remarquer et de corriger des erreurs ; mais ce qui compte comme une erreur ici est déterminé par ce que l'agent est en train de faire, et ceci est déterminé à son tour dans une considérable mesure par ce qu'il a l'intention d'être en train de faire [1].

VI

Mais ce cas souligne aussi que dans l'action intentionnelle on s'appuie sur l'observation à un autre égard. L'observation de mon erreur dans ce cas était nécessaire pour que je persiste à déclarer que j'étais en train de faire du thé Irish Breakfast. Si je n'avais pas remarqué l'erreur avant d'avoir goûté le produit fini, mes déclarations antérieures selon lesquelles j'étais en train de faire du thé Irish Breakfast se seraient avérées fausses. En effet, dans toute action de préparation de thé, je m'appuie sur de l'information obtenue par la perception pour localiser la bouilloire, la théière et le thé, et pour m'assurer que le thé va bien dans la théière et non pas partout sur la table. Le sifflement de la bouilloire me dit si l'eau est bouillante, et l'odeur de l'infusion me dit si j'ai mis la bonne quantité d'eau et de

---

1. Le thème de ce paragraphe est élaboré avec beaucoup de subtilité et de perspicacité par O'Shaughnessy (*The Will*, Cambridge, Cambridge University Press, 1980, chap. 8).

thé. En marchant vers le pub, je m'appuie sur la perception pour qu'elle me dise si la lumière est rouge et donc si je dois attendre, et pour qu'elle me dise si c'est bien la rue Ortega et donc si je dois tourner à gauche. En faisant du pain, je dis au toucher si la pâte a la bonne consistance, et ainsi de suite. S'appuyer sur de l'information obtenue par la perception est, à mon avis, nécessaire pour toute action intentionnelle, et par conséquent, dans cette mesure, c'est une condition nécessaire pour que je sache ce que je suis en train de faire. Anscombe a recours à un exemple à plusieurs reprises dans *L'intention* qui n'est pas vraiment approprié pour ce phénomène. Elle utilise comme exemple de connaissance sans observation de ce qu'on est en train de faire la connaissance du fait que je suis en train d'écrire mon nom au tableau les yeux fermés. Or, pour autant que cet exemple est supposé représenter une situation dans laquelle le sujet n'a pas de donnée sensorielle quant à ce qu'il est en train de faire, il échoue évidemment, puisque dans un tel cas le sujet reçoit encore des informations tactiles, proprioceptives, et kinesthé-siques, et il est nécessaire qu'il ait un peu d'information de l'un au moins de ces genres pour écrire réellement quoi que ce soit au tableau. Anscombe suggère que l'exemple montre que quand quelqu'un est en train d'écrire de façon ordinaire, les yeux sont seulement une aide qui lui permet de s'assurer que ce qu'il est en train d'écrire est lisible, tandis que « la chose essentielle qu'il fait, à savoir écrire telle ou telle chose, il la fait sans les yeux »[1]. Ceci ne peut pas être vrai. La vision *ou* le toucher *ou* la proprioception est sûrement nécessaire pour qu'on soit en train d'écrire, pas uniquement pour qu'on soit en train d'écrire de façon lisible. Il est difficile d'imaginer une personne faire quoi que ce soit intentionnellement, même lever son bras au-dessus de sa tête, si elle est privée de toute forme de donnée sensorielle. Cibler et ajuster un mouvement corporel quelconque dépend d'un flux continuel d'information

---

1. Anscombe, *Intention*, *op. cit.*, p. 53 ; trad. fr. *L'intention*, *op. cit.*, p. 103.

sensorielle d'un genre ou d'un autre. L'action et la perception sont inextricablement liées. Aristote semble en avoir été bien conscient ; c'est pourquoi nous ne trouvons pas d'animaux capables de locomotion mais incapables de perception.

Il y a donc une diversité de façons dans lesquelles la connaissance obtenue par observation, interprétée au sens large, est une condition nécessaire pour qu'un agent sache ce qu'il est en train de faire intentionnellement. On s'appuie sur l'information sensorielle pour cibler et ajuster les mouvements corporels, et on a besoin de l'observation des matériaux et de l'environnement pour suivre (*keep track*) les progrès d'une action. On considère que connaître ses propres compétences et aptitudes au cours de l'action va de soi, et il est nécessaire de connaître, par l'observation, le témoignage ou la théorie, les diverses conditions d'arrière-plan pour savoir que l'on est en fait en train de faire ce que l'on a l'intention d'être en train de faire. Que les auto-attributions d'actions intentionnelles dépendent de ces divers genres de connaissance signifie aussi qu'elles sont susceptibles d'être révisées de plusieurs façons à la lumière de l'information obtenue par l'observation.

Tout ceci est-il fatal à la possibilité de la connaissance en intention ? Je ne le pense pas. Il est ici important de garder à l'esprit que du fait que savoir que q soit une condition nécessaire pour savoir que p, il ne suit pas que le fait ou la croyance que q doive figurer de manière essentielle dans la justification qu'on donne pour croire que p. Quoiqu'ils soient nécessaires pour qu'on sache ce qu'on est en train de faire, il se peut bien que certains, voire aucun des genres d'observation résumés à l'instant ne fournissent, et ne doivent nécessairement fournir d'information au sujet qui fasse partie de ce qui justifie qu'il croit être en train de faire ce qu'il a l'intention d'être en train de faire. En tous cas, c'est l'idée que je veux explorer. En le faisant, je vais d'abord me tourner vers un domaine où la distinction que l'on vient juste d'aborder est cruciale, à savoir la connaissance *a priori*. Elle constitue, je pense, un modèle valable pour réfléchir sur la connaissance en intention.

Il n'y a pas si longtemps, il était largement commun de penser que la connaissance *a priori*, si une telle chose existe, devrait consister en des croyances justifiées d'une façon telle qu'elles seraient absolument invulnérables à toute révision à partir de considérations empiriques. La pensée raisonnable selon laquelle aucune croyance n'est immunisée contre la révision à ce point a alors conduit, dans une ligne de pensée que Quine a rendue célèbre, à la conclusion qu'il n'existe pas de connaissance *a priori*. Il y a maintenant un consensus croissant parmi les philosophes de la logique et des mathématiques pour considérer que c'était une erreur de penser que la connaissance *a priori* doit satisfaire cette condition inappropriée. Savoir quelque chose *a priori*, c'est, en gros, le croire sur la base d'une justification *a priori*, et il n'est pour le moins pas évident que des justifications *a priori* doivent être absolument indéfaisables, ou même absolument indéfaisables à partir de considérations empiriques. Une justification *a priori* devrait être une justification qui ne dépend pas essentiellement de l'expérience des sens, mais à nouveau, il est peu vraisemblable qu'existe une façon d'obtenir une justification *a priori* qui soit entièrement indépendante de l'expérience. Les défenseurs de la possibilité de la connaissance *a priori* ont traditionnellement reconnu qu'elle dépend de l'expérience dans la mesure où l'expérience est requise pour acquérir des concepts logiques et mathématiques. Mais la dépendance de la connaissance logique et mathématique vis-à-vis de l'expérience des sens est beaucoup plus étendue que cette conception ne le reconnaît. La plupart d'entre nous ne pouvons conduire tous nos raisonnements mathématiques dans nos têtes ; nous avons besoin de nous appuyer sur des formules écrites, des diagrammes, et ainsi de suite. Même dans un raisonnement fait de tête, puisque toute activité de raisonnement prend du temps, le raisonneur doit se souvenir des étapes qu'il a déjà effectuées, afin qu'il puisse rassembler les diverses parties du raisonnement. La perception ou l'observation, interprétée au sens large, est omniprésente dans l'activité logique et mathématique. Mais ce n'est pas fatal pour la possibilité de la connaissance *a priori* à moins qu'une telle perception ou qu'un tel souvenir ne fournisse au raisonneur des prémisses empiriques qui constituent une partie de ce qui lui permet de croire aux théorèmes qu'il prouve. À la suite du travail récent de Tyler Burge, je vais soutenir que ce n'est pas le cas [1]. Je me concentrerai ici sur le rôle de la perception des symboles dans la construction d'une preuve.

Comment la perception que l'on a des symboles sur la page figure-t-elle dans la construction d'une preuve? À la suite de Burge, je pense que nous devrions dire qu'une telle perception joue un rôle *habilitant* (*enabling*) plutôt que *justificatif* (*justificatory*), vis-à-vis de la connaissance que quelqu'un a de la conclusion de la preuve. C'est-à-dire, la perception rend ici capable de saisir avec l'entendement les propositions auxquelles on s'intéresse – les propositions proprement mathématiques – et ainsi d'appréhender les relations logiques entre elles. La perception des symboles est habituellement transparente à la saisie des propositions qu'ils expriment. On ne raisonne généralement pas à propos des symboles; on n'élabore même pas de jugement à leur propos. On ne raisonne habituellement pas ainsi, « or puisque dans ce système la flèche signifie l'implication matérielle, alors cette proposition suit de celle-ci ». Je vois simplement les formules *comme* les propositions qu'elles expriment. En faisant cela, je m'appuie bien sûr sur ma connaissance de ce que les symboles signifient, et cette connaissance est une connaissance d'une collection de faits empiriques, contingents, comme le fait que la flèche signifie l'implication matérielle. Mais ces faits empiriques ne figurent pas dans ce qui justifie que je crois au théorème que j'ai prouvé quand j'en ai fini. Dans d'autres cas, on peut en effet faire appel à une inspection très détaillée des formules sur la page. Par exemple, je peux avoir besoin de compter les parenthèses ou de comparer les indices pour m'assurer que cette formule est bien l'antécédent de ce condi-

---

1. Voir T. Burge, « Content Preservation », *Philosophical Review* 102 (1993).

tionnel, afin que je puisse appliquer le *modus ponens*. Pourtant, je n'ai pas à citer ces jugements observationnels comme prémisses additionnelles dont dépend la conclusion de la preuve.

Si je laisse une preuve partiellement achevée toute la nuit, quand j'y reviens le lendemain je regarde la page pour voir où j'en étais, et ce faisant, je m'appuie sur la page comme sur une forme de mémoire externe. Mais la page ne me rendra vraiment capable de saisir ce que j'ai ou ce que je n'ai pas accompli hier que si, par exemple, les symboles n'ont pas été modifiés par des gremlins pendant la nuit. C'est un fait empirique qu'ils ne l'ont pas été. Mais cette possibilité ne conduit pas les mathématiciens à engager des observateurs pour surveiller leurs feuilles de travail toute la nuit, afin qu'ils puissent accompagner leurs soumissions aux revues d'affidavits certifiant que leur travail est fait sans gremlins. Si nous vivions dans un monde envahi par les gremlins, ou dans lequel on ne pourrait pas faire confiance à nos systèmes perceptuels, alors nous n'aurions pas beaucoup de connaissance *a priori*. Mais il ne s'ensuit pas que de tels faits doivent être cités comme une partie de ce qui justifie que *nous* croyons aux propositions logiques ou mathématiques[1].

S'appuyer sur la perception des symboles de ces manières amène avec soi la possibilité de divers genres d'erreur. Il est possible que les gremlins *aient été* de sortie la nuit dernière, et une information empirique pourrait révéler qu'ils l'étaient. Ainsi l'enquête empirique peut ébranler une justification *a priori*. Dans

---

1. Frege (*The Foundations of Arithmetic*, Oxford, Blackwell, 1978, p. VIII ; trad. fr. Cl. Imbert, *Les fondements de l'arithmétique*, Paris, Seuil, 1969) a ridiculisé Schroeder, son contemporain, pour avoir inclus parmi les axiomes d'un système formel un « axiome de stabilité numérique ». Wittgenstein aimait faire remarquer que les mathématiciens s'appuient sur la stabilité de leurs symboles. Je ne pense pas que l'intention était d'encourager par là le scepticisme à propos de la connaissance *a priori*. Cela semble plutôt avoir été de mettre en garde contre l'emploi du terme « *a priori* » comme ce que Wittgenstein appelle ailleurs un « superlatif philosophique ».

de tels cas, on peut avoir besoin de faire appel à des considérations empiriques pour consolider ce qui justifie de croire une proposition mathématique. Mais ce n'est pas quelque chose dont on doit s'inquiéter avant d'avoir une raison de le faire, et cela ne modifie en rien le fait qu'il nous est en général permis de tenir le raisonnement mathématique pour acquis, à tel point que nous pouvons encore dire que notre connaissance de la logique et des mathématiques est, dans des circonstances normales, *a priori*.

VII

Avec ceci à l'esprit, revenons à la connaissance qu'a l'agent de ce qu'il est en train de faire, en vue de voir dans quelle mesure la distinction entre s'appuyer sur des capacités ou des conditions habilitantes, d'un côté, et sur des faits ou des croyances proprement justificatives, de l'autre, peut être employée pour défendre la possibilité de la connaissance en intention. Je considèrerai à leur tour les divers genres d'observation impliqués dans l'action intentionnelle auxquels nous avons fait allusion plus tôt. Cibler et ajuster des mouvements corporels à l'aide de la vision, de la proprioception, et de la kinesthésie représentent des exemples clairs, je pense, de la dépendance vis-à-vis des capacités habilitantes. Le courant continu d'information sensorielle qui accompagne chaque action fait partie de ce qui me rend capable de le faire ; cela ne fait pas partie de ce qui me justifie à croire que je suis en train de le faire. En effet, la plus grande part de cette information demeure à l'intérieur du module perceptuel-moteur de l'esprit ; une partie m'est accessible, mais il n'y en a guère qui atteigne réellement le niveau du jugement. Pour cette raison, ce serait une erreur de parler de la dépendance vis-à-vis d'elle comme d'une forme d'*observation* de ce que je suis en train de faire. L'observation digne de ce nom est une activité, qui suppose l'attention, et donc aussi l'entendement. Elle se manifeste de façon caractéristique sous la forme de jugements (pensez à l'observation d'un oiseau dans un arbre). Mais quasiment aucune de nos actions ne s'accompagne de jugements à propos de ce que nous sommes en train de faire, et très peu supposent des jugements à propos de la façon dont nos membres se meuvent. Il est ici important de se rappeler qu'un grand nombre des choses que nous faisons consiste à faire fonctionner des routines perceptuelles-motrices élémentaires. La formation de l'intention de me brosser les dents déclenche directement le programme, si je puis dire, appelé *brossage de dents*. En lançant ce programme, on s'appuie sur la perception sous des formes diverses pour aller à la salle de bain, pour localiser la brosse à dent, et pour exécuter les mouvements de brossage des dents appropriés. Quand je m'appuie sur ce que révèlent les sens de cette façon relativement désinvolte et inattentive, j'ignore la possibilité que des gremlins soient passés par ici la nuit dernière et aient remplacé mon dentifrice par quelque substance insidieuse et empoisonnée, ou refait mes nerfs sensoriels et moteurs afin que je sois en réalité en train de me gratter le dos quand il me semble que je suis en train de me brosser les dents. J'ai le droit de le tenir pour acquis, de même que j'ai le droit de tenir pour acquis que le reste de la routine du brossage de dents continuera son cours de façon habituelle, afin que mon entendement puisse se tourner vers le problème de la connaissance en intention, de l'impératif catégorique, ou de n'importe quoi d'autre. Si au cours du processus quelqu'un m'interpelle en me demandant ce que je suis en train de faire, ma réponse « Je suis en train de me laver les dents » est simplement un compte rendu du programme que j'ai lancé, ou, pour paraphraser la métaphore, c'est une expression de ce que j'ai l'intention d'être en train de faire. Mon droit de supposer que le programme se déroule correctement me donne le droit d'employer cette *expression* d'intention comme une *description* de ce que je suis en train de faire. Nous avons ici une connaissance en intention d'une forme relativement pure. De façon similaire, en écrivant mon nom au tableau, la vision, le toucher et la proprioception forment une partie de ce qui me rend capable de le faire (et non pas seulement une partie de ce qui me rend capable de le faire de manière lisible). Mais ces sens ne m'apportent pas de l'information qui forme une partie de ma justification pour dire que je suis en train d'écrire mon nom[1].

L'exercice de compétences plus complexes, telles que fabriquer du pain ou marcher jusqu'au pub, suppose habituellement l'enchaînement de routines élémentaires ponctué par des occasions intermittentes de juger en se fondant sur une authentique observation. Remarquez, cependant, que la plupart des jugements observationnels que l'on fait au cours de l'exécution de telles choses sont des jugements à propos des matériaux sur lesquels on travaille, ou à propos de l'environnement, plutôt que des jugements de la forme, « Je suis en train de φ-er ». On juge que la pâte a la bonne consistance, que l'eau bout, que c'est la rue Ortega. Quand je suis en train de suivre une instruction d'une recette qui dit, « tourner jusqu'à ce que le mélange soit lié », je m'appuie sur l'observation pour me dire qu'il n'est pas encore lié, ou qu'il l'est, mais l'observation ne me dit pas que je suis en train de tourner jusqu'à ce qu'il soit lié. Pour suivre cette instruction, j'ai besoin d'être capable de reconnaître un mélange lié quand j'en vois un. Cette capacité générale à reconnaître est une partie de mon aptitude à faire ce genre de chose. C'est une connaissance habilitante d'une sorte assez évidente. En suivant cette instruction, les exercices de cette capacité à reconnaître prennent la forme de jugements observationnels particuliers : « ce mélange est suffisamment lié ». Ces jugements sont ici littéralement une partie de l'activité – ils sont des parties du processus par lequel cette sauce vient à l'existence. Ce ne sont pas des prémisses sur lesquelles je fonde des jugements *à propos* de ce que je suis en train de faire. (« Ce mélange est suffisamment lié, je suis donc en train de tourner jusqu'à ce qu'il soit lié? ». Cela n'a pas de sens).

---

1. Je suis redevable pour ma discussion des routines à quelques remarques d'I. Fox sur le sujet (dans un article présenté à UC Santa Barbara en octobre 1998).

L'aptitude à reconnaître, par l'observation, que l'on a fait quelque chose de façon non-intentionnelle joue, comme on l'a déjà noté, un rôle important dans l'action intentionnelle. Mais encore une fois je pense que c'est un rôle habilitant; l'aptitude de l'agent à reconnaître une erreur en tant que telle, et sa connaissance de la manière de la corriger, sont une partie de son aptitude à effectuer des actions d'un certain type.

La mémoire joue dans l'action un rôle très analogue au rôle qu'elle joue dans l'exécution d'un raisonnement de tête. Supposez que j'entreprenne de prouver une simple proposition mathématique, disons de la forme $P \rightarrow (Q \rightarrow R)$, de tête. Je dérive d'abord S de P, puis $S \rightarrow R$ de Q. Me souvenant que j'ai dérivé S de P, j'applique simplement le *modus ponens* et l'implication par deux fois. Et je n'ai pas à citer le fait empirique que *j'ai dérivé S de P* comme prémisse dont dépend la conclusion de la preuve. De façon similaire, je sais en intention, quand je laisse la pâte lever, que c'est ce que je suis en train de faire. Ce savoir m'est accessible quand je suis assis dans le canapé en train de lire, sous la forme, « J'ai laissé la pâte lever », et cela reste de la connaissance en intention (comme l'est ma connaissance, qui en est dérivée, de ce que la pâte est en train de lever – c'est une connaissance en intention du *produit* de l'une de mes actions).

Une grande partie de la connaissance des circonstances d'arrière-plan sur laquelle on s'appuie dans l'action est de la connaissance habilitante qui n'a pas besoin d'être considérée comme une partie de ce qui justifie que l'agent croit qu'il est en train de faire ce qu'il a l'intention d'être en train de faire. Le peintre a le droit de prendre au pied de la lettre les étiquettes sur ses boîtes de peinture (une forme de témoignage), et de s'appuyer sur son aptitude perceptuelle à juger des couleurs, du moins tant qu'il n'a pas de raison de mettre ces choses en question.

Là où il y a une raison de mettre de telles choses en question, une auto-attribution d'une action intentionnelle peut avoir besoin du soutien d'une information acquise par observation. Considérons l'exemple de Davidson de l'action de remplir un formulaire dont on fait dix copies carbones. Supposez que le clerc n'ait jamais fait autant de copies avec ce type de papier auparavant. Dans un tel cas, il peut en fait avoir besoin de vérifier qu'il est bien en train de réussir à le faire jusqu'à la dernière, et sa connaissance de ce qu'il est en train de faire sera fondée en partie sur de telles observations. Le besoin de soutenir par une telle observation ses prétentions d'être en train de faire des choses croît dans la mesure où l'on travaille avec des matériaux ou des outils qui ne sont pas familiers, ou lorsqu'on étend ses capacités au-delà des limites antérieures. Si l'homme en train de pomper de l'eau empoisonnée dans l'exemple fameux d'Anscombe vient juste d'installer cette machinerie compliquée en vue de réaliser ses intentions meurtrières, il peut ne pas être entièrement sûr d'empoisonner les habitants de la maison, et il peut avoir besoin de vérifier par observation que le poison est en train de s'écouler correctement[1]. Mais il doit être capable pour cela de tenir pour acquises des descriptions plus basiques de ce qu'il est en train de faire. Supposez que le poison soit introduit dans l'eau à partir d'un container ainsi relié au bras de la pompe, qu'à chaque fois que le bras de la pompe est abaissé, le container de poison est supposé être suffisamment incliné pour permettre au poison de s'écouler dans le courant d'eau qui est en train d'être pompé. Si l'homme se demande si ce mécanisme de connexion est bien en train d'accomplir sa finalité, et s'il veut vérifier que c'est le cas, il a besoin d'observer le mouvement du container pendant qu'il est en train de bouger le bras de haut en bas, et il tiendra pour acquis, sans regarder ni observer d'une autre façon, qu'il est maintenant en train de bouger son bras de haut en bas, mais pas maintenant, au moment

---

1. Voir Anscombe, *Intention*, *op. cit.*, p. 37 *sq.*; trad. fr. *L'intention*, *op. cit.*, p. 81 *sq.*

où il concentre son attention sur le container. Et il lui sera certainement permis d'agir ainsi [1].

VIII

S'il est en général permis aux agents de présenter leurs expressions de ce qu'ils ont l'intention d'être en train de faire comme des descriptions de ce qu'ils sont en train de faire, il est nécessaire que les expressions d'intention soient soumises aux mêmes genres de conditions habilitantes que les auto-attributions d'actions. Je pense que c'est en effet le cas, et cela représente une autre continuité entre l'intention et l'action qui mérite d'être notée. Par exemple, s'il apparaissait à l'homme qui pompe d'Anscombe que l'eau s'échappe du tuyau, dans la mesure où le problème ne pourrait pas être facilement résolu, il perdrait le droit de dire qu'il est en train d'empoisonner les habitants. Mais il serait aussi illogique de sa part de continuer à pomper *avec l'intention* de les empoisonner. De façon similaire, il serait aussi irrationnel pour quelqu'un comme moi d'affirmer que j'ai l'intention de courir un mile en quatre minutes que d'affirmer que je suis vraiment en train de le faire. Il est vrai que tandis que l'homme qui pompe ne pourrait pas dire, « J'étais en train de les empoisonner quand j'ai réalisé que l'appareil ne fonctionnerait jamais », il pourrait pourtant dire,

---

1. Je pense que ce point peut être généralisé. La connaissance observationnelle des propriétés des objets ou des choses de l'environnement dépend fréquemment de l'exercice de compétences pratiques. Pour obtenir une connaissance perceptuellement fondée de ce qu'un objet est *entièrement* rouge ou *plus large à l'arrière que devant*, je dois souvent le prendre et le tourner, ou marcher autour de lui, pour adopter différents points de vue sur lui. Dans de tels cas, on s'appuie sur des aptitudes pratiques en tant que capacités habilitantes pour atteindre une connaissance perceptuelle. Je pense que cela n'est possible que si ce qui me permet de croire que je suis réellement en train de faire ce que j'ai l'intention d'être en train de faire n'est pas fondé sur le flux d'information perceptuelle en cours.

« J'étais en train de pomper avec l'intention de les empoisonner quand j'ai réalisé que l'appareil ne fonctionnerait jamais ». Les déclarations d'intention ne sont pas rendues fausses par un échec ultérieur, même s'il apparaît que l'agent n'aurait pas pu faire ce qu'il avait l'intention de faire. Je pense que ce serait cependant une erreur de conclure qu'avoir une intention et agir diffèrent radicalement quant aux façons dont ils sont responsables de ce qui arrive réellement.

Imaginons une communauté qui emploie un concept similaire à l'intention – appelons-le intention jumelle (*twintention*) – qui diffère de l'intention en tant que l'affirmation que quelqu'un a l'intention de φ-er est rendue fausse par son incapacité à φ-er. Ce serait une notion d'intention quasi-« factive » (« *factive* »)* ; avoir l'« intention jumelle » de faire quelque chose veut approximativement dire, « avoir une intention qui peut effectivement être accomplie ». Il y aurait bien sûr d'autres différences entre notre discours sur les actions et le leur. Ils ne pourraient pas dire, « J'avais l'intention jumelle de le faire mais j'ai réalisé que je ne le pourrais pas, » par exemple ; au lieu de cela ils pourraient peut-être recourir à « Je pensais que j'avais l'intention jumelle de le faire mais j'ai réalisé que je ne l'avais pas ». Il pourrait sembler que la première personne n'aurait aucune autorité dans l'expression d'une intention jumelle, mais je ne pense pas que cela soit nécessairement le cas. Supposez que la raison pour laquelle ils parviennent à s'en sortir avec cette notion quasi-factive d'intention soit que leurs volontés sont tellement en harmonie avec leurs pouvoirs causaux qu'ils ne se trouvent réellement que très rarement incapables de faire (comme nous pouvons le dire bien qu'eux ne le puissent) ce qu'ils avaient l'intention de faire. Peut-être sont-ils même perplexes quand cela

---

* Pour les linguistes, un verbe factif est un verbe dont le complément décrit un fait réel. Par exemple, savoir est un verbe factif car « Pierre sait qu'il pleut » implique qu'il pleuve effectivement. À l'inverse, croire n'est pas un verbe factif car que « Pierre croit qu'il pleut » n'implique pas qu'il pleuve effectivement.

leur arrive, ce pourquoi ils n'ont qu'une façon assez maladroite de le décrire. Leur perplexité serait similaire à notre perplexité face à l'aveuglement envers soi, qui nous fournit bien sûr les seules occasions de dire, « Je pensais que j'avais l'intention de le faire mais j'ai réalisé que je ne l'avais pas ». Ma thèse est que nous ne trouverions pas ces gens incohérents ou inintelligibles, et je pense que c'est parce que leurs concepts pratiques diffèrent seulement en degré, mais non en genre, des nôtres.

Le fait que nos expressions d'intention soient relativement invulnérables à la falsification par échec ultérieur est une condition de possibilité de l'autorité de la première personne par rapport à elles, étant donné que nos volontés cherchent souvent à dépasser nos pouvoirs causaux. Mais cette autorité n'est pas absolue, et le décalage entre l'intention et l'action n'est pas un permis pour déclarer des intentions qui ne seraient pas fondées sur une considération sérieuse des aptitudes et des occasions pour agir. En effet, les auto-attributions d'intention d'une personne qui échoue obstinément à faire ce qu'elle déclare avoir l'intention de faire ne tardent pas à perdre de leur crédibilité avec le temps. C'est ce qui rend possible, et rend parfois les autres capables de détecter, les divers genres d'aveuglement envers soi dans le domaine pratique.

Notre concept d'intention est conçu pour permettre l'échec local ou occasionnel dans la réalisation des intentions, et reconnaît ainsi le fait que nous changeons parfois d'avis, oublions, sommes interrompus, ou réalisons que nous ne pouvons pas faire ce que nous avions prévu. Nous pouvons imaginer assez facilement des communautés qui emploient des concepts qui portent de claires ressemblances de famille avec nos concepts d'intention et d'action, mais où la continuité entre eux est sans rupture[1]. Mais je pense que

---

1. De l'une ou l'autre de ces deux façons. Plus tôt, nous avons imaginé une communauté qui considérait l'intention comme un stade initial de l'action. Les usagers de l'intention jumelle (*twintenders*), de l'autre côté, emploient un concept semblable à l'intention qui est plus proche de l'action que le nôtre en ceci que certains

nous ne pouvons pas imaginer une communauté qui permet une disjonction radicale ou globale entre l'intention et l'action. Par disjonction globale j'ai ce qui suit à l'esprit. Nous sommes tous familiers avec des explications de la nature de la douleur qui tentent de forger des liens constitutifs entre la douleur et le comportement de douleur. De telles explications sont confrontées à un problème apparemment fondé sous la forme de l'exemple des super-Spartiates de Putnam[1]. Il est clair qu'il pourrait exister une communauté de personnes qui font fréquemment l'expérience de la douleur mais qui ne déploient jamais, ou seulement rarement, le comportement caractéristique de la douleur. Nous avons ici une situation possible où la douleur et le comportement de douleur sont globalement dissociés. Maintenant, ce qui pour moi n'est pas cohérent, c'est une race de super-*fainéants*, qui emploient cette forme lexicale, « J'ai l'intention de faire ceci et cela », mais qui ne font jamais, ou seulement rarement, suivre cet énoncé d'aucune action. Dans une telle communauté, cette forme d'énoncé ne pourrait jamais jouer le rôle qu'elle joue pour nous, de nous permettre de prévoir et de coordonner nos activités individuelles et collectives. De plus, il y aurait peu d'intérêt à se préoccuper de ce que les expressions de quelqu'un de ces « intentions » aient bien été fondées sur une évaluation réaliste de ses aptitudes et des occasions d'agir – s'il est extrêmement peu probable que je prenne la moindre mesure pour faire ce que j'ai « l'intention » de faire, pourquoi devrais-je me tracasser pour savoir si je peux réellement le faire ? Au mieux, ces gens expriment ainsi des souhaits, ou des sentiments d'approbation envers le fait qu'ils effectuent certains genres de choses. Mais pour paraphraser Wittgenstein, « l'intention ne peut pas être un sentiment, parce qu'aucun sentiment ne pourrait

genres d'échec ultérieur rendent faux l'énoncé que l'agent avait l'intention jumelle d'agir ainsi.

1. H. Putnam, « Brains and Behavior », dans *Mind, Language and Reality*, Cambridge, Cambridge University Press, 1975.

avoir les conséquences de l'intention »[1]. Il manque simplement beaucoup trop des conséquences de l'intention aux énoncés de ces gens pour qu'ils comptent comme des expressions d'intention. (Remarquez qu'ils bénéficieraient d'une autorité de la première personne presque absolue dans ce domaine, mais cela ne compterait pas pour beaucoup)[2].

Par chance, la plupart d'entre nous ne formons pas l'intention de courir plus vite que des balles de pistolet, ou de sauter d'un seul bond par dessus de grands immeubles. C'est une partie des données de base qui créent le droit général de prendre nos propres expressions d'intentions, et celles des autres, au pied de la lettre[3]. Mais

---

1. Wittgenstein, *Philosophical Investigations*, *op. cit.*, p. 218; trad. fr. *Recherches philosophiques*, *op. cit.*, p. 306.

2. L'exemple du super-fainéant m'a été suggéré par Donnellan (« On Knowing What I'm Doing », *Journal of Philosophy* 60 (1963)), qui porta son attention sur les différences entre la douleur et le comportement de douleur, d'un côté, et les actions effectuées en réalisant une intention, de l'autre. Donnellan note que c'est un problème potentiel pour la thèse des deux facteurs, dont il soutient pourtant une version nuancée dans le même article. Je pense que cela devrait nous conduire à mettre en question comme étant au mieux trompeuse l'idée que, comme il l'écrit, mon intention d'agir « existera quoi que je sois en fait en train de faire ».

3. Cela ne veut pas dire qu'ayant décidé de φ-er, ma connaissance de ce que je φ-erai soit fondée sur une *preuve* dont le sens est qu'il est caractéristique que je fasse, ou que les gens en général fassent ce qu'ils ont l'intention de faire. Velleman (« Practical Reflection, *Philosophical Review* 94 (1985)) soutient cette thèse, et l'établit en partie en critiquant les remarques d'Anscombe à propos de son exemple du docteur qui dit à un patient, en présence de l'infirmière, « L'infirmière va vous emmener en salle d'opération ». Anscombe dit que cette remarque sert comme un ordre pour l'infirmière, comme une expression de son intention, et comme une information pour le patient, et elle est une information « alors même qu'il ne s'agit en aucune façon d'une prévision qui serait fondée sur des preuves ». Velleman objecte qu'alors qu'elle n'est pas « occasionnée par des preuves », la remarque du docteur est fondée sur des preuves, qui incluent « que l'infirmière est ici même en train de recevoir des instructions explicites pour [emmener le patient à la salle d'opération] et que les infirmières ont tendance à comprendre et à obéir à de telles instructions ». (Ceci aide à motiver la thèse de Velleman selon laquelle la connaissance que

cela confère aussi une autorité plus limitée, bien que pourtant significative, aux propres jugements de l'agent sur ce qu'il va faire, et
aussi à ses jugements à propos de ce qu'il est en train de faire [1]. Nous
nous appuyons sur la perception, la mémoire, le témoignage, et
beaucoup d'autres choses à la fois en formant des intentions et en
les exécutant. Mais l'essentiel de l'information accessible à un
agent quand il agit fait partie de ce qui le rend capable de faire ce
qu'il est en train de faire, plutôt que des prémisses qui font partie de
ce qui le justifie pour dire qu'il est en train de le faire. Les auto-
attributions d'actions intentionnelles par un agent sont susceptibles
d'être révisées à la lumière de l'observation (bien qu'il en soit
moins ainsi que pour les attributions d'actions à la troisième
personne), et certaines d'entre elles peuvent avoir besoin du
soutien de l'observation. Si nous vivions dans un monde dominé

quelqu'un a de ce qu'il a l'intention de faire est aussi fondée sur des preuves, dont une
partie est l'intention elle-même). Mais soutenir que la remarque du docteur est fondée
sur de telles preuves implique sûrement de dire que le docteur doit croire ces choses,
et que de telles croyances doivent jouer un rôle justificatif par rapport à ce qu'il a
affirmé au patient. Je pense, par contraste, que ce qui autorise son assertion consiste
dans le fait qu'il a un droit général à agir en sa qualité de docteur, ce qui implique en
partie qu'il donne des ordres aux subordonnés. Il n'a pas besoin d'avoir de preuve de
ce que ses commandements seront obéis, à moins qu'il n'y ait une raison de penser
qu'ils ne le seront pas. Velleman note que si le patient finit à la morgue à cause d'une
étrange mécompréhension, « il aura le droit d'affirmer que le docteur l'a mal
informé ». C'est bien sûr correct; il y a un nombre illimité de façons dont ce qu'a dit le
docteur pourrait se révéler faux (qui incluent l'enlèvement du patient par des
gremlins, etc.). Mais je ne pense pas qu'il s'ensuive que, pour que son assertion soit
autorisée, le docteur doive avoir des preuves de ce qu'aucune de ces choses ne se
produiront.

1. L'autorité caractéristique des expressions d'intention provient, je crois, du fait
qu'un jugement de la forme, « J'ai l'intention de φ-er », s'il est sincère, exprime
l'intention même que la phrase énoncée attribue de façon sémantique à l'agent. Par
conséquent, pourvu que l'agent soit rationnel de façon minimale, ses expressions
d'intentions sincères seront vraies. Je développe cette idée dans une explication de
l'autorité de la première personne par rapport aux croyances dans Falvey (« The Basis
of First Person Authority », *Philosophical Topics* 28/2 (2000)).

par les gremlins, où chaque tentative pour agir serait un saut dans l'inconnu, il y aurait peu, voire pas de connaissance en intention. Mais nous ne vivons pas dans ce monde, et presque aucune de nos actions n'est fondée sur l'observation, même au sens large du terme. Il y a de la connaissance en intention. Par contraste, la thèse des deux facteurs ne rend pas assez compte des façons dont ce qu'une personne a l'intention d'être en train de faire aident à déterminer ce qu'il est en train de faire. Elle néglige la distinction entre connaissance habilitante et connaissance justificative telle qu'elle s'applique à l'action. Et elle surestime l'indépendance de la connaissance que quelqu'un a de ses intentions par rapport aux divers genres de conditions habilitantes d'arrière-plan. La thèse des deux facteurs tire beaucoup sa plausibilité de ce que Richard Miller (écrivant dans un contexte différent) a décrit comme « notre préférence pour les corrélations simples entre de larges caractérisations métaphysiques de genres de faits et de larges caractérisations épistémiques de genres de connaissance ». Je pense que la morale que Miller recommande dans son contexte s'applique ici aussi bien : « résistez à l'attrait de la simplicité ».

Remerciements

Cet article fut présenté en tant que partie d'un Symposium de la Division Pacifique de l'APA sur la connaissance de ses propres actions en avril 1999, où il a bénéficié des commentaires de Sydney Shoemaker. Une version antérieure avait été présentée à l'université du Minnesota en novembre 1998. J'ai reçu d'utiles commentaires et suggestions de Francis Dauer, John Dolan, Geoffrey Hellman, Robin Jeshin, Bernard Kobes, Gene Mason, James Pryor, Abe Roth, Voula Tsouna, et George Wilson. Je remercie spécialement Matthew Hanser pour ses critiques et ses encouragements constants.

Bibliographie

ADAMS F. et MELE A., « The Role of Intention in Intentional Action », *Canadian Journal of Philosophy* 19 (1989), p. 511-532.

BRATMAN M., « Two Faces of Intention », dans A. Mele (ed.), *The Philosophy of Human Action*, New York, Oxford University Press, 1997.

BURGE T., « Content Preservation », *Philosophical Review* 102 (1993), p. 457-488.

DONNELLAN K., « On Knowing What I'm Doing », *Journal of Philosophy* 60 (1963), p. 401-409.

EVANS G., *The Varieties of Reference*, New York, Oxford University Press, 1982.

FALVEY K., « The Basis of First Person Authority », *Philosophical Topics*, 28/2 (2000), p. 69-99.

FREGE G., *The Foundations of Arithmetic*, Oxford, Blackwell, 1978 ; trad. fr. Cl. Imbert, *Les Fondements de l'arithmétique*, Paris, Seuil, 1969.

GALTON A., *The Logic of Aspect*, Cambridge, Cambridge University Press, 1984.

MILLER R., « Externalist Self-Knowledge and the Scope of the Apriori », *Analysis* 57 (1997), p. 67-74.

O'SHAUGHNESSY B., *The Will*, Cambridge, Cambridge University Press, 1980.

PUTNAM H., « Brains and Behavior », dans *Mind, Language and Reality*, Cambridge, Cambridge University Press, 1975.

SELLARS W., « Thought and Action », dans K. Lehrer (ed.), *Freedom and Determinism*, New York, Random House, 1966.

THOMPSON M., « Naïve Action Theory », à paraître.

VELLEMAN D., « Pratical Reflection », *Philosophical Review* 94 (1985), p. 33-61.

Traduction Hugo CLÉMOT

BIBLIOGRAPHIE

GÉNÉRALITÉS

BILODEAU R., « Philosophie de l'action », dans P. Engel (dir.), *Précis de philosophie analytique*, Paris, PUF, 2000, p. 189-212.

DESCOMBES V., « L'Action », dans D. Kambouchner (dir.), *Notions de philosophie*, t. 2, Paris, Gallimard, 1995, p. 103-174.

GINET C., *On Action*, Cambridge, Cambridge University Press, 1990.

LIVET P., *Qu'est-ce qu'une action ?*, Paris, Vrin, 2005.

MELE A.R., *Springs of Action*, Oxford, Oxford University Press, 1992.

– (ed.), *The Philosophy of Action*, Oxford, Oxford University Press, 1997.

MOYA C., *The Philosophy of Action*, Oxford, Blackwell, 1990.

NEUBERG M. (dir.), *Théorie de l'action : textes majeurs de la philosophie analytique de l'action*, Liège, Mardaga, 1991.

WHITE A. (ed.), *The Philosophy of Action*, Oxford, Oxford University Press, 1968.

INTENTION ET ACTION

ANSCOMBE E., *Intention* (1963), Ithaca, NY, Cornell University Press; trad. fr. M. Maurice et C. Michon *L'intention*, Paris, Gallimard, 2002.

BILODEAU R., « Du Pouvoir causal des intentions », dans *Actes du XXVIIᵉ Congrès de l'ASPLF*, Québec, Presses de l'Université de Laval, 1992.

BISHOP J., « Agent Causation », *Mind* 42 (1983), p. 61-79.

– *Natural Agency : An Essay on the Causal Theory of Action*, Cambridge, Cambridge University Press, 1990.

BRAND M., *Intending and Acting. Toward a Naturalized Action Theory*, Cambridge, MIT, 1984.

COSTA M., « Causal Theories of Action », *Canadian Journal of Philosophy* 17 (1987), p. 831-854.

DANTO A., *Analytical Philosophy of Action*, Cambridge, Cambridge University Press, 1973.

DAVIDSON D., « Actions, raisons et causes », dans D. Davidson, *Actions et événements*, trad. fr. P. Engel, Paris, PUF, 1993.

DESCOMBES V., *Le Complément de sujet. Enquête sur le fait d'agir de soi-même*, Paris, Gallimard, 2004.

DRETSKE F., *Explaining Behavior. Reasons in a World of Causes*, Cambridge, MIT, 1992.

KENNY A., *Actions, Emotion and Will*, London, Routledge & Kegan Paul, 1963.

– *Will, Freedom and Power*, Oxford, Blackwell, 1975.

LEPORE E. et MCLAUGHLIN B. (ed.), *Actions and Events. Perspectives on the Philosophy of Donald Davidson*, Oxford, Oxford University Press, 1985.

MELDEN A.I., *Free Action*, London, Routledge & Kegan Paul, 1961.

STOUTLAND F., « The Logical Connection Argument », *American Philosophical Quaterly Monograph* IV (1970), p. 117-129.

THALBERG I., « Do we Cause our Own Actions? », *Analysis* 27 (1967), p. 201-213.

– « Do our Intentions Cause our Intentional Actions? », *American Philosophical Quaterly* 21 (1984), p. 249-260.

VERMAZEN B. et HINTIKKA M. (ed.), *Essays on Davidson: Actions and Events*, Oxford, Clarendon Press, 1985.

WRIGHT G.H. von, *Explanation and Understanding*, New York, Cornell University Press, 1971.

WILSON G., *The Intentionality of Human Action*, Palo Alto, Stanford University Press, 1989.

WINCH P., *The Idea of a Social Science*, London, Routledge & Kegan Paul, 1958.

WITTGENSTEIN L., *Le Cahier bleu et le Cahier Brun*, trad. fr. M. Goldberg et J. Sackur, Paris, Gallimard, 1996.

– *Philosophical Investigations*, New York, Macmillan, 1953; trad. fr. F. Dastur, M. Elie, J.-L. Gautero, D. Janicaud, E. Rigal, *Recherches philosophiques*, Paris, Gallimard, 2004, § 611-628.

L'INDIVIDUATION DES ACTIONS

ANSCOMBE G.E., « Under a Description », dans G.E. Anscombe, *Collected Philosophical Papers*, vol. II, Oxford, Blackwell, 1981.

BENNETT J., « Shooting, Killing and Dying », *Canadian Journal of Philosophy* 2 (1973), p. 315-323.

BILODEAU R., « Actions, événements et forme logique », *Philosophie* 33 (1992), p. 53-71.

DAVIDSON D., « L'agir » et « La forme logique des phrases d'action », dans D. Davidson, *Actions et événements*, trad. fr. P. Engel, Paris, PUF, 1993.

GNASSOUNOU B., « La grammaire logique des phrases d'action », *Philosophie* 76 (2002), p. 33-51.

GOLDMAN A., *A Theory of Human Action*, New York, Prentice Hall, 1970.

– « The Individuation of Action », *Journal of Philosophy* 68 (1971), p. 761-774.

HORNSBY J., *Actions*, London, Routledge & Kegan Paul, 1980.

MACKIE D., « The Individuation of Action », *The philosophical Quaterly* 47 (1997), p. 38-54.

THALBERG I., « Singling out Actions, their Properties and Components », *Journal of Philosophy* 68 (1971), p. 781-787.

THOMSON J.J., « Individuating Actions », *Journal of Philosophy* 68 (1971), p. 774-781.

– « The Time of Killing », *Journal of Philosophy* 68 (1971), p. 115-132.

– *Acts and other Events*, Ithaca, Cornell University Press, 1977.

LE RAISONNEMENT PRATIQUE

ANSCOMBE E., *Intention* (1963), Ithaca, NY, Cornell University Press; trad. fr. M. Maurice et C. Michon *L'intention*, Paris, Gallimard, 2002, § 33-44.

– « Practical Inference », dans R. Hursthouse, G. Lawrence et W. Quinn (ed.), *Virtues and Reasons. Essays in Honour of Philippa Foot*, Oxford, Clarendon Press, 1995.

BRANDOM R., *Making it Explicit*, Cambridge, Harvard University Press, 1994.

– « Action, Norm and Practical Reasoning », *Philosophical Perspectives* 12 (1998), p. 127-139.

BRATMAN M., « Intention and Means-End Reasoning », *Philosophical Review* 90 (1981), p. 252-265.

– *Intention, Plans and Practical Reason*, Cambridge, Harvard University Press, 1987.

CHANG R., *Incommensurability, Incomparability, and Practical Reason*, Cambridge, Cambridge University Press, 1997.

CULLITY G. et GRAUT B. (ed.), *Ethics and Practical Reason*, Oxford, Clarendon Press, 1997.

DAVIDSON D., « Comment la faiblesse de la volonté est-elle possible ? », dans D. Davidson, *Actions et événements*, trad. fr. P. Engel, Paris, PUF, 1993.

DESCOMBES V., « Philosophie du jugement politique », *La Pensée politique* 2 (1994), p. 102-123.

– « Le Raisonnement de l'ours », dans S. Mesure (dir.), *La Rationalité des valeurs*, Paris, PUF, 1998.

GEACH P.T., « Kenny on Practical Reasoning », *Analysis* 26 (1966), p. 76-79.

HARE R.M., *Practical Inferences*, London, Macmillan, 1971.

HARMANN G., « Practical Reasoning », *Review of Metaphysics* 29 (1976), p. 431-463.

KENNY A., « Practical Inference », *Analysis* 26 (1966), p. 65-75.

KORSGAARD C., « The Normativity of Practical Reason », dans G. Cullity et B. Graut (ed.), *Ethics and Practical Reason*, Oxford, Clarendon Press, 1997.

MICHON C., « La Causalité formelle du raisonnement pratique », *Philosophie* 76 (2002), p. 63-81.

MILGRAM E., *Practical Induction*, Cambridge, Harvard University Press, 1997.

MÜLLER A., « How Theoretical is Practical Reason ? », dans C. Diamond et J. Teichman (ed.), *Intention and Intentionality. Essays in Honour of G.E.M. Anscombe*, Brighton, Harverster Press, 1979.

RICHARDSON H., *Practical Reasoning about Final Ends*, Cambridge, Cambridge University Press, 1994.

VOGLER C., *Reasonably Vicious*, Cambridge, Harvard University Press, 2002.

WIGGINS D., « Deliberation and Practical Reason », *Proceedings of the Aristotelian Society* 76 (1975-1976), p. 29-51.

WRIGHT G.H. von, *Philosophical Papers*, vol. I : *Practical Reason*, Oxford, Blackwell, 1983.

DÉSIR ET RATIONALITÉ

BRINK D., *Moral Realism and the Foundations of Ethics*, Cambridge, Cambridge University Press, 1989.

COHON R. « Are External Reasons Impossible ? », *Ethics* 96 (1986), p. 545-556.

– « Internalism about Reasons for Action », *Pacific Philosohical Quaterly* 74 (1993), p. 265-288.

DANCY J., *Practical Reality*, Oxford, Oxford University Press, 2002.

DARWALL S., *Impartial Reason*, Ithaca, Cornell University Press, 1983.

FALK W.D., *Ought, Reasons, and Morality : the Collected Papers of W.D. Falk*, Ithaca, Cornell University Press, 1986..

FITZPATRICK W., « Reasons, Value, and Particular Agents : Normative Relevance without Motivational Internalism », *Mind* 113 (2004), p. 285-318.

FOOT P., « Morality as a System of Hypothetical Imperatives », *Philosophical Review* 81 (1972), p. 305-316.

– « Does Moral Subjectivism Rest on a Mistake ? », *Oxford Journal of Legal Studies* 15 (1995), p. 1-14.

FRANKENA W.K., *Perspectives on Morality : Essays of William K. Frankena*, K.E. Goodpaster (ed.), Notre Dame, University of Notre Dame Press, 1976.

KORSGAARD K. « Scepticism about Practical Reason », *Journal of Philosophy* 83 (1986), p. 5-25.

HOOKER B., « Williams' Argument Against External Reasons », *Analysis* 47 (1987), p. 42-44.

MCDOWELL J., « Might There be External Reasons ? », dans J.E. Altham et R. Harisson (ed.), *World, Mind Ethics : Essays on the thical Philosophy of Bernard Williams*, Cambridge, Cambridge University Press, 1995.

NAGEL Th., *The Possibility, of Altruism*, Oxford, Clarendon Press, 1970 ; réimp. Princeton, Princeton University Press, 1978.

PARFIT D., « Reasons and Motivation », *Proceedings of the Aristotelian Society*, suppl. vol. 71 (1997), p. 99-130.

ROBERTSON J., « Internalism, Practical Reason, and Motivation », dans E. Millgram (ed.), *Varieties of Practical Reasoning*, Cambridge, MIT, 2001.

SMITH M., *The Moral Problem*, Oxford, Blackwell, 1994.

– « The Internalism's Wheel », *Ratio* 8 (1995), p. 277-302.

VELLEMAN J.D., *The Possibility of Practical Reason*, Oxford, Clarendon Press, 2000.

WALLACE R., « How to Argue about Practical Reason », *Mind* 99 (1990), p. 36-61.

WILLIAMS B., « Internal and External Reasons », dans B. Williams, *Moral Luck*, Cambridge, Cambridge University Press, 1981.

– « Internal Reasons and the Obscurity of Blame », dans B. Williams, *Making Sense of Humanity and other Philosophical Papers*, Cambridge, Cambridge University Press, 1995.

– « Some Further Notes on Internal and External Reasons », dans J.E. Altham et R. Harisson (ed.), *World, Mind, Ethics : Essays on the Ethical Philosophy of Bernard Williams*, Cambridge, Cambridge University Press, 1995.

LA THÉORIE DU CHOIX RATIONNEL ET SES PARADOXES

BRATMAN M., « Toxin, Temptation, and the Stability of Intention », dans M. Bratman, *Faces of Intention*, Cambridge, Cambridge University Press, 1999.

BROOME J., *Weighing Goods*, Oxford, Blackwell, 1991.

CAMPBELL R. et SOWDEN L. (ed.), *Paradoxes of rationality and Cooperation*, Vancouver, University of British Columbia Press, 1985.

ELSTER J., *Le Laboureur et ses enfants*, trad. fr. A. Gerschenfeld, Paris, Minuit, 1986.

FARRELL D.M., «On some Alleged Paradoxe of Deterrence», *Pacific Philosophical Quaterly* 73 (1992), p. 114-136.

GAUTHIER D. *Morals by Agreement*, Oxford, Oxford University Press, 1986.

– «Assure and Threaten», *Ethics* 104 (1994), p. 690-721.

KAVKA G., «Some Paradoxe of Deterrence», *Journal of Philosophy* 75 (1978), p. 285-302.

– «The Toxin Puzzle», *Analysis* 43 (1983), p. 33-36.

MACHINA M., «Dynamic Consistency and Non-expected Utility Models of Choice under Uncertainty», *Journal of Economic Literature* 27, p. 1622-1668.

MANDLER M., *Dilemmas in Economic Theory*, Oxford, Oxford University Press, 1999.

MCCLENNEN E., *Rationality and Dynamic Choice*, Cambridge, Cambridge University Press, 1990.

PARFIT D., *Reasons and Persons*, Oxford, Clarendon Press, 1984.

RABINOWICZ W., «To Have One's Cake and Eat it, too : Sequential Choice and expected-Utility Violations», *Journal of Philosophy* 92 (1995), p. 586-620.

LA CONNAISSANCE PRATIQUE

ADAMS F. et MELE A., «The Role of Intention in Intentional Action», *Canadian Journal of Philosophy* 19 (1989), p. 511-532.

ANSCOMBE E., *Intention* (1963), Ithaca, NY, Cornell University Press; trad. fr. M. Maurice et C. Michon *L'intention*, Paris, Gallimard, 2002, § 28-32 et 45-48.

CASTANEDA H.-N., *Thinking and Doing*, Dordrecht, Reidel, 1975.

DESCOMBES V., «Comment savoir ce que je fais?», *Philosophie* 76 (2002), p. 15-32.

FALVEY K., «Knowledge in Intention», *Philosophical Studies* 99 (2000), p. 21-44.

GEACH P. «God's Relation to the World», dans P. Geach, *Logic Matters*, Berkeley, University of California Press, 1980.

LIVET P. (dir.), *De la perception à l'action : contenus perceptifs et perception de l'action*, Paris, Vrin, 2000.

PACHERIE E., « La Dynamique des intentions », *Dialogue* XLII-3 (2003), p. 447-480.

SEARLE J., *Intentionality*, Cambridge, Cambridge University Press, 1983 ; trad. fr. Cl. Pichevin, *L'intentionalité*, Paris, Minuit, 1985.

INDEX DES NOMS[1]

---

1. Les numéros de page suivis d'un astérisque renvoient aux occurrences des adjectifs aristotélicien, cartésien, humien et kantien.

INDEX DES NOTIONS

TABLE DES MATIÈRES

LA CONNAISSANCE PRATIQUE :
SAVOIR CE QUE L'ON FAIT

À PARAÎTRE
DANS LA MÊME COLLECTION

Éthique environnementale, H.-S. Afeissa (dir.)
> Avec des textes de Th.H. Birch, J.B. Callicott, K.E. Goodpaster, E. Katz, A. Naess, B.G. Norton, H. Rolston III, Ch.D. Stone, R. Sylvan, P.W. Taylor

Histoire des sciences, J.-F. Braunstein (dir.)
> Avec des textes de G. Bachelard, G. Canguilhem, A. Comte, A. Crombie, L. Daston, P. Duhem, L. Fleck, M. Foucault, I. Hacking, A. Koyré, Th. Kuhn, P. Laffitte, R.K. Merton, P. Tannery

Logique, M. Cozic et D. Bonnay (dir.)
> Avec des textes de N. Belnap, M. Dummett, H. Field, G. Frege, S. Kripke, A. Prior, H. Putnam, W.V. Quine, S. Read, A. Tarski, B. Van Fraassen

Philosophie du théâtre, M. Haumesser (dir.)
> Avec des textes de A. Appia, Aristote, A. Artaud, B. Brecht, R. Caillois, P. Corneille, Ed.G. Craig, D. Diderot, F. Hédelin, Hegel, Nietzsche, Platon

Psychologie morale, M. Jouan (dir.)
> Avec des textes de N. Arpaly et T. Schroeder, P. Benson, M. Bratman, J. Christman, H. Frankfurt, A. Honneth, E. Kant, J.S. Mill, I. Thalberg, G. Watson, S. Wolf

Achevé d'imprimer par Corlet, Imprimeur, S.A. - 14110 Condé-sur-Noireau
N° d'Imprimeur : 108752 - Dépôt légal : novembre 2007 - *Imprimé en France*